浙江省哲学社会科学规划重点基地项目（14JDYW02YB）

浙江省哲学社会科学重点研究基地越文化传承与创新研究中心资助出版

越文化研究丛书

曹诣珍 著

明代越中
心学与文学

王阳明

中国社会科学出版社

图书在版编目（CIP）数据

明代越中心学与文学/曹诣珍著. —北京：中国社会科学出版社，
2019. 6（2020. 11 重印）
ISBN 978 - 7 - 5203 - 4503 - 3

Ⅰ.①明… Ⅱ.①曹… Ⅲ.①心学—研究—绍兴—明代②地方文学—
文学研究—绍兴—明代 Ⅳ.①B248.25②I209.955.3

中国版本图书馆 CIP 数据核字（2019）第 105000 号

出 版 人 赵剑英
责任编辑 耿晓明
责任校对 万文华
责任印制 李寡寡

出　　　版 中国社会科学出版社
社　　　址 北京鼓楼西大街甲 158 号
邮　　　编 100720
网　　　址 http://www.csspw.cn
发 行 部 010 - 84083685
门 市 部 010 - 84029450
经　　　销 新华书店及其他书店

印　　　刷 北京明恒达印务有限公司
装　　　订 廊坊市广阳区广增装订厂
版　　　次 2019 年 6 月第 1 版
印　　　次 2020 年 11 月第 2 次印刷

开　　　本 710×1000 1/16
印　　　张 17.25
插　　　页 2
字　　　数 256 千字
定　　　价 89.00 元

目　　录

绪　论

　　阳明心学与明代文学的关系，自 20 世纪 80 年代以来，一直备受学界关注。马积高《宋明理学与文学》、韩经太《理学文化与文学思潮》、许总《宋明理学与中国文学》、左东岭《王学与中晚明士人心态》、吴建国《雅俗之间的徘徊——16 至 18 世纪文化思潮与通俗文学创作》、宋克夫及韩晓《心学与文学论稿——明代嘉靖万历时期文学概观》等著作都曾对其做出综合论述，并且有大批高质量的论文面世。而明代的越中地区既是阳明心学的发端与成熟之地，也是诗文与戏曲文学的发展重镇，由此涌现众多具有心学背景的文学活动主体，这一现象吸引了许多学者探寻的目光。林丽娟《吾心自有光明月——王阳明诗探究》、华建新《王阳明诗歌研究》、左东岭《良知说与王阳明的诗学观念》、武道房《道学与王阳明诗歌的心路历程》、赵山林《王阳明与戏曲》等论著从不同角度探讨了王阳明的哲学思想与其文学理论及创作的关系。谭坤《晚明越中曲家群体研究》、宋克夫《徐渭与阳明心学》、周群《论徐渭的文学思想与王学的关系》、马晓虹及张恩普《心学背景下的徐渭文学情感观研究》等论著不同程度地梳理了心学思潮对徐渭个性特征和文学思想生成的影响。潘运告《冲决名教的羁络——阳明心学与明清文艺思潮》、张则桐《"一往深情"：张岱散文情感底蕴论》、王美伟《晚明"心式"小品——论心学思想对张岱小品文的影响》等论著则阐述了阳明心学对张岱的文学思想尤其是小品文创作的影响。这些成果都给予后来的研究者以众多的启发，但值得注意的是，它们基本都属于对某一位文学活动主体的个案研究，且主要集中于王阳明、徐渭、张岱等几位大家，对明代越中心学与文学之间的关系进行整体观照和系统研究的成果尚付阙如。而阳明心学之于明代越中文学的意义，显然不仅在于培育了几位大家，更由于其地缘、人缘、学缘等因素，越中文士深受阳明心学的影响已成一种广泛的群体现象，且这种影响是深刻而复杂的，既包含了心学所拥有的审美品格对它的正面指引作用，也包含了心学所拥有的非审美性质对它的制约作用。因此，在"明代越中"这样一个特定的时空背景下，对心学与文学的关系作整体性、全面性的思索，由此把握越文化的精神特质与风格特征，丰富地域文学、区域文化的研究，当是本书努力的方向。

本书所谓"越中"，即指绍兴。绍兴是春秋时期越国的中心，独具特色的越文化正是以这片土地为中心生成，因此史称"越中"，"宋以后以'越'或'越中'特指绍兴已成惯例"①。明代绍兴府下辖八县：山阴、会稽、上虞、余姚、诸暨、萧山、嵊县、新昌。明代中后期，风行天下的阳明心学正是从这片土地上萌生、发展。

从地理位置看，越中地处东海之滨，自然环境独特，总体特征是负山傍海，山环水绕。境内既有卧龙山、龟山、蕺山、会稽山、秦望山、云门山、宛委山、萧山、苎萝山等大小山峦，又有钱清江、曹娥江、余姚江、鉴湖、若耶溪、剡溪、五泄溪、兰渚等江湖溪流。在历史上的早先时期，越地的生存环境相当艰难，频繁的自然灾害尤其是水灾始终困扰此地。《管子·水地》云："越之水重浊而洎，故其民愚极而垢。"②《越绝书》记载勾践谈到越中一带的地理形势时说："西则迫江，东则薄海，水属苍天，下不知所止。"③《汉书·地理志》描述古越人"文身断发，以避蛟龙之害"④。为求生存，越中先民不避艰难，奋力拼搏，治山治水，终于使穷山恶水转变为佳山胜水。至魏晋南北朝时，越地已形成"从山阴道上行，山川自相映发，使人应接不暇。若秋冬之际，尤难为怀"，"千岩竞秀，万壑争流，草木蒙

---

① 钱明：《浙中王学研究》，中国人民大学出版社 2009 年版，第 1 页。
② 姜涛注：《管子新注》，齐鲁书社 2006 年版，第 315 页。
③ 张仲清校注：《越绝书校注》卷 4，国家图书馆 2009 年版，第 108 页。
④ 《汉书·地理志》，中华书局 1962 年版，第 1669 页。

笼其上，若云兴霞蔚"①的绝美景致。稽山毓秀，鉴水流芳，越中佳山胜水引无数文人骚客尽折腰。李白《送王屋山人魏万还王屋》赞叹："遥闻会稽美，一弄耶溪水。万壑与千岩，峥嵘镜湖里。秀色不可名，青辉满江城。人游月边去，舟在空中行。"②杜甫《壮游》感慨："越女天下白，鉴湖五月凉。剡溪蕴秀异，欲罢不能忘。"③陆游《舟中作》抒写了对家乡景致的一往情深："沙路时晴雨，鱼舟日往来。村村皆画本，处处有诗材。炊黍孤烟晚，呼牛一笛哀。终身看不厌，岸帻兴悠哉。"④李孝光《赋得越山越水》则吟咏："贺家湖上又秋风，放翁宅前东复东。两行云树忽远近，十里荷花能白红。游人耀足银河上，越女梳头青镜中。我欲张帆上南斗，扶桑碧海与天通。"⑤山环水绕的自然环境还形成越人"水行而山处"⑥的生活方式，使越人兼具山之质朴与水之灵动，又以前者为主导。张元忭在万历《绍兴府志》中曾论及越地与越人的关系："吾越诸山不若嵩、华之高，而类皆奇崛峥嵘，大小昂首各不相下。故其人亦多负气自好，不习为脂韦，往往见憎于世，曰越之人、越之云。然天下有事，则越人必争先，撄其锋，无论往代。"⑦可知越中自然环境对越人精神的锻铸之功。

越中又有悠久深厚的历史文化。草莱未辟，已有先民筚路蓝缕，劳动生息。考古发现证明，至迟在近万年前的新石器时代早期，越地已有先民活动的足迹。在1973年、1978年两次发掘的余姚市罗江乡河姆渡文化遗存，是震动国内外学术界的重大考古发现。遗址先

---

① （南朝宋）刘义庆撰，刘强会评辑校：《世说新语会评》，凤凰出版社 2007 年版，第 84、82 页。

② 瞿蜕园、朱金城校注：《李白集校注》，上海古籍出版社 1980 年版，第 957 页。

③ （唐）杜甫著，（清）仇兆鳌注：《杜诗详注》，中华书局 1979 年版，第 1439 页。

④ （宋）陆游著，钱仲联校注：《剑南诗稿校注》卷 41，上海古籍出版社 1985 年版，第 2577 页。

⑤ 陈增杰校注：《李孝光集校注》，上海社会科学院出版社 2005 年版，第 409—410 页。

⑥ 《越绝书校注》卷 8，第 200 页。

⑦ 万历《绍兴府志》卷 44《人物志十·乡贤之五·忠节》，《中国方志丛书》，成文出版社 1983 年版，第 3001 页。

后发掘面积 4000 平方米，出土文物达 4712 件。从遗址发现的遗物看，可划分为 4 个文化层。其中第四文化层距今约 7000—6000 年，稍早于黄河流域的仰韶文化时期西安半坡遗址；第三文化层距今约 6400—5900 年；第二文化层距今约 5800—5500 年；离地面最近的第一文化层亦有 5500—5000 年的历史。四个文化层层层叠压，文化内涵前后相承，延续时间达 2000 年①。而历史上，"越，舜、禹之邦也。古有三圣人，越兼其二焉"② 的说法也源远流长。相传帝舜为越人。《史记·五帝本纪》记载："舜耕历山，历山之人皆让畔。""正义"引《括地志》："越州余姚县有历山舜井③，又云："《会稽旧记》云舜上虞人，去虞三十里有姚丘，即舜所生也。周处《风土记》云舜东夷之人，生姚丘。"④ 禹与越地同样关联密切。禹巡狩会稽和死葬会稽的传说，在古代典籍中多有记载，如《墨子·节葬下》："禹东教乎九夷，道死，葬会稽之山。"⑤《吕氏春秋·安死篇》："禹葬于会稽。"⑥《淮南子·齐俗训》："禹葬会稽之山。"⑦《史记·夏本纪》："帝禹东巡狩，至于会稽而崩。"⑧ 春秋以来，"越为禹后说"也一直非常流行。《越绝书》记载："昔者，越之先君无余，乃禹之世，别封于越，以守禹冢。"⑨《吴越春秋·越王无余外传》沿袭这一说法，认为："禹以下六世而得帝少康。少康恐禹祭之绝祀，乃封其庶子于越，号曰无余。"⑩ 司马迁《史记·越王勾践世家》指出："越王勾践，其先禹之苗裔，而夏后帝少康之庶子也。封于会稽，以奉守禹

---

① 《绍兴通史》，浙江人民出版社 2012 年版，第 13—14 页。

② 曾枣庄、刘琳主编：《全宋文》卷 7761《孙因·越问序》，上海辞书出版社 2006 年版，第 337 册，第 2 页。

③ 《史记·五帝本纪》，中华书局 1959 年版，第 33 页。

④ 《史记·五帝本纪》，第 31 页。

⑤ 辛志凤等译注：《墨子译注·节葬下》，黑龙江人民出版社 2003 年版，第 140 页。

⑥ 张双棣等译注：《吕氏春秋译注·安死篇》，吉林文史出版社 1987 年版，第 272 页。

⑦ 顾迁译注：《淮南子·齐俗训》，中华书局 2009 年版，第 185 页。

⑧ 《史记·夏本纪》，第 83 页。

⑨ 《越绝书校注》卷 8，第 194 页。

⑩ （南朝宋）范晔著，张觉译注：《吴越春秋全译》，贵州人民出版社 2008 年版，第 193 页。

之祀。"① 班固《汉书·地理志》也云："其君禹后，帝少康之庶子云，封于会稽……后二十世，至勾践称王。"② 相关说法，虽后世不断有学者质疑，却已深入越人之心，且深切影响到这一方土地的民情风俗："虞俗被舜声，教民习勤俭，安耕织，不乐商贾，以故富籍无千金之产，臧获无百指之家，内外之辨甚严，贵贱之分不躐。士勤诵读，尊师友，以廉耻气节相高。嘉靖间严嵩当国，权倾内外。虞人人仕籍者，辄毅然首斥其奸，弹章踵接。至嵩父子有云：'天下人容我，独虞人不能容我。'此可以概其俗矣。"③ "嵊俗舜禹所过化也，本圣贤之教泽，系于水土而成于性。夫虞夏邈矣，而流风余韵，历数千年而犹有存者，岂独以地灵哉。"④ 故越地历来风土醇厚，崇尚气节，"好学笃志，尊师择友，弦诵之声，比屋相闻，不以殖赀货、习奢靡相高"⑤，相沿成风，相染成俗，积淀了极为深厚的文化底蕴。故邹守益在追溯阳明心学的发端时也说："舜江浚祥，禹穴炳灵；良知一振，群寐咸醒。"⑥

春秋时期，对后世越中影响最大的人物是越王勾践。勾践凭借弱小国力，击败强吴，进而逐鹿中原，成就霸业，功业固然可敬，但最令后人钦佩的还是他忍辱负重，卧薪尝胆，"十年生聚，而十年教训"⑦，终于兴越灭吴，报仇雪恨的韧劲。鲁迅曾满怀敬意地说："于越故称无敌于天下，海岳精液，善生俊异，后先络绎，展其殊才；其民复存大禹卓苦勤劳之风，同勾践坚确慷慨之志，力作治生，绰然足以自理。"⑧ 可以说，舜、禹为越人树立了家国天下、成圣作贤的宏

---

① 《史记·越王勾践世家》，第 1739 页。
② 《汉书·地理志》，第 1669 页。
③ 光绪《上虞县志》卷 38《杂志·风俗》，《中国方志丛书》，成文出版社 1970 年版，第 783 页。
④ 《嵊县志》卷 13《风土志》，民国二十三年（1934）排印本，第 1 页。
⑤ 《南宋会稽二志点校·嘉泰会稽志》，安徽文艺出版社 2012 年版，第 12 页。
⑥ 《王文成公全书·序目》，《万有文库第一集一千种》，商务印书馆 1933 年版，第 5 页。
⑦ （晋）杜预：《春秋经传集解·哀公元年》，上海古籍出版社 1978 年版，第 1708 页。
⑧ 《鲁迅全集·集外集拾遗补编·〈越铎〉出世辞》，人民文学出版社 1981 年版，第 8 卷，第 39 页。

远抱负，勾践则赋予越人刚柔并济、发愤图强的现实品性，两者相辅相成，对完善越人的文化个性都居功至伟。

自秦以降，越中在历史上主要有两次人文发达的契机。契机之一是南北朝之际，北方战乱，晋室南渡，给越地带来中原先进的文化："晋迁江左，中原衣冠之盛，咸萃于越，为六州文物之薮。高人文士云合景从，声名遂为江左之冠。"①越地聚集了大批人才，越人也由尚武转向崇文。东晋至南朝之间，盛行玄学，越中地区充溢着浓郁的哲理思辨氛围，《世说新语》中记载了大量谢安、支道林、孙绰等士人辨名析理，畅谈玄学的活动。浓郁的玄风对文人的思维、心态、审美和生活都产生重要影响，进而使他们的文学观念和创作都深受熏染。刘勰《文心雕龙·明诗》云："江左篇制，溺乎玄风，嗤笑徇务之志，崇盛忘机之谈"②，语带贬义，但从文学史的角度看，玄学促使文人"追索个体生命价值和人生意义，追求自然而然的生命状态，催生了文学乃至文化自觉时代的到来"③。永和九年（353）的暮春时节，王羲之、谢安、孙绰等人修禊兰亭，曲水流觞，传为千古佳话，王羲之写下的《兰亭集序》正是玄学与文学结合下产生的千古名作。

越中人文发达的契机之二是南宋建炎三至四年（1129—1130），宋高宗赵构避金兵暂驻越州，州治山阴为临时首都，名重一时。建炎五年（1131）正月，高宗改元"绍兴"，取"绍万世之宏休，兴百王之丕绪"④之意。十月，应越州官民之请，升越州为绍兴府，绍兴之名由此而始。绍兴地区的政治地位因此大大提高，一跃成为宋廷的陪都和浙东的政治中心，对推动越中的社会经济和文化的进一步发展起到不可忽视的作用。以科举为例，《嘉泰会稽志》云："今天下县亦多有学，而会稽诸邑为盛"，"国朝崇儒右文，眠古为重，而东南儒

---

① 万历《绍兴府志》卷12《风俗志》引司马相《郡志》，第946页。
② （南朝梁）刘勰著，周振甫注：《文心雕龙注释·明诗》，人民文学出版社1981年版，第49页。
③ 孙金荣：《魏晋玄学与魏晋文学》，《文史哲》2012年第4期。
④ （宋）徐梦莘：《三朝北盟会编》卷144，上海古籍出版社1987年版，第1045页。

风，宏槜盛美，会稽为最焉。"① 到南宋中期，每次朝廷开科，绍兴府举试者常常多达 6000 余人，登第者之众，为其他州府所少见。

宋室南渡后，理学大盛，名家辈出，流派纷呈。在南宋前期和中期，主要有以朱熹为代表的"朱学"，以吕祖谦为代表的"吕学"，以陆九渊为代表的"陆学"等。全祖望在《同谷三先生书院记》中说："宋乾、淳以后，学派分而为三：朱学也，吕学也，陆学也。三家同时，皆不甚合。朱学以格物致知，陆学以明心，吕学则兼取其长。"② 朱学继承和发展二程之学，又糅合周敦颐和张载"关学"及佛道思想，强调"未有天地之先，毕竟也只是理。有此理，便有此天地；若无此理，便亦无天地，无人无物，都无该载了"③，由此建构起以"理"为本的庞大哲学体系；陆学倡导"心即理"的观点，认为"人皆有是心，心皆具是理，心即理也"④，从而形成以"心"为核心的理论体系，故称为"心学"；吕学则折冲其中，兼纳朱、陆两家之学。越中地区的学术思想深受朱、陆两家的影响。宋孝宗淳熙年间，朱熹曾出任浙东提举，驻绍兴数年，学者云从；又应邀赴各县书院讲学，宣扬自己的学说，并与越中学者广泛交游，彼此切磋辩难，朱学由此得以在越地广为传播。与此同时，陆学在浙东各地也颇为活跃。与绍兴府毗邻的明州（庆元府）地区形成以杨简等"甬上四先生"为代表的四明心学，对越中学者也产生了很大的影响。在此学术环境下，以石墪、石宗昭、俞浙等为代表的越中学者往往表现出主朱学而兼陆学，或主陆学而兼朱学的倾向。

明朝建立后，元末大规模战乱的局面得以结束。百余年间，江浙一带社会稳定，自然环境良好。明朝政府鼓励垦荒，整治吏治，宽赋省役，百姓安居乐业，越中文化得以进一步发展。在社会习俗方面，尤其与浙西相比较，以绍兴为中心的浙东地区在很大程度上依然保持

---

① 《南宋会稽二志点校·嘉泰会稽志》，第 17、65 页。
② 《黄宗羲全集》第 5 册，《宋元学案》卷 51《东莱学案》，浙江古籍出版社 2005 年版，第 7 页。
③ （宋）黎靖德编：《朱子语类》卷 1，中华书局 1986 年版，第 1 页。
④ （宋）陆九渊：《陆象山全集》卷 11《与李宰二》，中国书店 1992 年版，第 95 页。

"尚古淳风"的文化传统。明人王士性《广志绎》曾拿两浙进行比较："两浙东西以江为界而风俗因之。浙西俗繁华，人性纤巧，雅文物，喜饰鬐帨，多巨室大豪，若家僮千百者，鲜衣怒马，非市井小民之利。浙东俗敦朴，人性俭啬椎鲁，尚古淳风，重节概，鲜富豪大贾。"① 而在文化教育方面，明朝建立之初，为巩固新生政权，朱元璋就非常重视文教事业，施行偃武修文的政策。绍兴官府也采取积极措施，促进文教事业的发展。从洪武三年（1370）至隆庆元年（1567），绍兴府较大规模地修建学校共有十六次。教育的普及为学术的繁荣和文学的兴盛奠定了广泛的社会基础，明代绍兴的科举成绩一直走在浙江省前列。据《明清进士题名碑录索引》记载，明代绍兴考中进士的就有 824 人，出状元 7 名，科举成绩在全国遥遥领先。

正是在这样的文化背景下，阳明心学应运而生，风行百年，"不仅在哲学上，即在明代文学上，也发生了极大的影响"②，一如当年玄学之作用于文学。而越中作为王阳明的故乡，它在明代中后期的文学的发展，因地缘、人缘、学缘关系的紧密，更是与阳明心学息息相关。本书的研究目标，即为历时性地寻绎明代越中心学和文学之间的衔接脉络，探究明代越中心学逐渐向文学渗透的进程，尽可能系统地考察阳明心学在明代越中文学发展过程中所起的作用，并将其放在历史的背景下作客观的分析和实事求是的评价。

---

① （明）王士性：《广志绎》卷 4《江南诸省》，中华书局 1981 年版，第 67 页。
② 郑振铎：《插图本中国文学史》，人民文学出版社 1957 年版，第 947 页。

第一章　王阳明的心学历程
与文学实践

　　王阳明（1472—1529）名守仁，字伯安，谥文成，余姚人。幼年随父迁居山阴，三十一岁结庐宛委山阳明洞天，自号阳明山人、阳明子，故世称阳明先生。他文武兼备，是明代最有影响的哲学家，心学运动的代表人物，且一生为保明王朝东南半壁江山鞠躬尽瘁，功业盖世，同时又诗、文成就斐然，故被视为"明第一流人物，立德、立功、立言皆踞绝顶"①。王阳明的诗与文章，前人评价甚高。如归有光虽为朱子学者，却将王阳明、方孝孺、宋景濂和王袆并列为四大文豪，且阳明居首位。他在《文章指南》中还将王阳明与"春秋左氏、司马氏、班氏、韩昌黎、柳柳州、欧阳氏、三苏氏"共十家，同列为古代散文家中的"历代名家"，并谓王阳明之文"平正，词学老苏而理优于韩"②，且在书中多举王文为例以教学者。茅坤在《唐宋八大家文钞》中也说："八大家而下，予于本朝独爱王文成公论学诸书及记学、记尊经阁等文，程朱所欲为而不能者。江西辞爵及抚田州等疏，唐陆宣公、宋李忠定公所不逮也……嗟乎！公固百世殊绝人物，区区文章之工与否，所不暇论。予特附揭于此，以见我本朝一代之人豪，而后世之品文者当自有定

---

①　（清）王世祯：《池北偶谈》卷9《谈献五》"王文成"条，中华书局1982年版，第201页。

②　（明）归有光：《文章指南·归震川先生总论看文法》，《四库全书存目丛书》，齐鲁书社1997年版，集部，第315册，第625页。

议云。"① 顾起元则记述：王世贞"平日论文章之达者，独首推王文成公，曰：'能道其胸中所欲言，婉折畅快，是国朝第一人。'"② 朱彝尊也盛赞阳明"揭良知之学，投荒裔，御大敌，平大难，文章卓然成一家之言，传所称三不朽者，盖兼有之"③。以上所论主要是针对阳明之文，阳明的诗同样深为后人赞赏。朝鲜李朝时期的著名文人张维在《溪谷漫笔》中认为阳明诗"俊爽可喜""超诣动人"④。穆文熙曰："王公功业、学术，振耀千古，固不必论其诗，而诗亦秀拔不可掩。"⑤ 黄中则以为阳明诗"如梧凤之音，万舞九奏，天风吹下，倏忽人间"，并赞叹："宋艺祖生于夹马营，异香满室，阳明之诗，所谓异香者乎？"⑥ 即如对心学相当反感的清代程朱派学者李光地，对阳明的诗也不禁另眼相看："王阳明诗，某少时略皆成诵"，"他才高，信笔写来，便有唐人风调"⑦。可见在很多文人心目中，阳明之诗文成就卓然独立，不必附庸于他的学术、功业之下，正如《四库全书王文成全书总目提要》所总结的："守仁勋业气节，卓然见诸施行，而为文博大昌达，诗亦秀逸有致，不独事功可称，其文章自足传世也。"⑧

而王阳明之所以能取得这样的文学成就，与他的哲学关怀尤其心学思想是密切关联的。他的文学创作并非完成于宁静安逸的书斋，无关嘲风弄月，亦非浅唱低斟，而是以居夷处困的政治磨难为背景，与动心忍性的哲学追求相依随，以讲学会友等学术活动为媒介。他借助

---

① （明）茅坤：《唐宋八大家文钞·论例》，《景印文渊阁四库全书》，台湾商务印书馆 1986 年版，集部，第 1383 册。

② （明）顾起元：《客座赘语》，中华书局 1987 年版，第 152 页。

③ （清）朱彝尊：《曝书亭集》卷 36《王文成公文钞序》，《四部丛刊初编》，上海商务印书馆 1929 年版，集部，第 1697 册，第 10 页。

④ ［朝鲜］张维：《溪谷漫笔》，转引自李圣华《论韩国诗人对明诗的接受与批评——以韩国诗话为中心》，《中州学刊》2007 年第 4 期。

⑤ （清）朱彝尊：《明诗综》，中华书局 2007 年版，第 1415 页。

⑥ （清）黄中：《黄雪瀑集·诗抄题·王阳明诗抄》，《四库未收书辑刊》第 7 辑，北京出版社 1997 年版，第 23 册，第 501 页。

⑦ （清）李光地：《榕村语录》卷 30，中华书局 1995 年版，第 541—542 页。

⑧ 《王阳明全集》，上海古籍出版社 2011 年版，第 1803 页。

诗文载体，将其心学思想中的"心""意""知""物""道"等概念形象地呈现出来，其诗文内容的表达向度正是他的心学思想的递进过程；通过对其诗文的剖析，可以更为深入地理解他的心学思想。同时，也正因为将哲学关照时时融入文学创作，所以他的诗文才能兼有道学家之精深洒落，和诗家之美学本色，最终熔铸成独特的风格，超越一味模古拟古之诗人，独步当时。

王阳明一生的文学活动伴随哲学思想的变迁，可分为四个阶段。第一阶段，是他早年的文学活动，约自发蒙至弘治十八年（1505）。这一时期，阳明在追求心性之学的道路上几经波折，文学上也历经起伏，但最终摆脱了复古路径，诗文总体风格呈现为清新秀拔，体现他求道的坚韧与执着。第二阶段是贬谪龙场及任职滁阳、南都时期（1506—1516），这是他开启"良知"理论，建构心学体系之时，诗文风格主要体现为沉实清冽、洒落高远的特色。第三阶段是在江西时期（1517—1521），阳明的心学思想进一步成熟，始揭"致良知"之教，诗文风格气势沉雄，更多显露出直道而行的大儒气象。第四阶段是晚年越中讲学及南征思恩、田州时期（1521—1528），期间阳明的哲学思想更趋完臻，诗文风格精深渊穆，光明俊伟。本章即以这四个阶段为序，结合阳明的人生经历，对他的心学历程与文学实践的关系作出解读。

第一节　王阳明早年的文学活动

王阳明早年的文学活动，约至弘治十八年（1505），即阳明抗疏相救给事中戴铣、御史薄彦徽之前。关于这一时期阳明的文学活动，学界探讨极少。其中原因，主要在于文献资料的匮乏。以阳明的诗歌为例，其诗歌结集是从三十一岁时所作《归越诗》开始。在此之前，他曾一度溺于辞章，与李东阳、李梦阳等当时文坛第一流诗人唱和交游，本应有不少诗作，但在全集中却几乎毫无踪影，仅在《续编四》

《上国游》和《年谱》中留存数首①。其中原因，应是阳明三十一岁之前的诗多为文人之诗，与道学家的审美格调、思想境界尚有距离，因此在结集时被基本删汰。但了解阳明早年的文学活动，对于理解他的心路历程有很大帮助，从中可窥见他不时闪现的心学思想端倪；同时，也正因为有过一段溺于辞章进而又痛悟其虚的人生经历，才使他能够跳出在那一时代令无数文人殚精竭虑甚至不惜泣血的文字樊笼，促使他更坚定地转向心性之学。钱穆说："要研究王学的人，不要忘了他成学前的那一番经历。"② 同理，要考察王阳明的文学实践，也不能忽视他早年的文学活动。

陈子龙对王阳明的文学天赋曾作这样的评价："文成才情振拔，少年颇擅风雅。"③ 于阳明而言，这种于少年时代即崭露的超群出众的才华与情志，既缘于天然的禀赋，也是家族世代累积的结果。据钱德洪所编《王阳明年谱》（以下简称《年谱》）等文献，阳明的先祖可追溯至西晋名臣王览。王览的曾孙"书圣"王羲之迁居山阴，王氏遂居山阴。至二十三世孙迪功郎寿，又自山阴迁居余姚，王氏遂为余姚人。而阳明所感受到的祖先之德，应该主要始自六世祖王纲，故《世德纪》为王纲之后的每一位祖先都做了详细介绍。王纲字性常，一字德常，"有文武长才"④，洪武四年（1371）为诚意伯刘伯温举荐，以文学征至京师，拜兵部郎中。未几，潮民作乱，王纲擢广东参议，在增城死于国难。洪武二十四年（1391），朝廷在增城为其建庙，以励忠贞。明世宗嘉靖七年（1528）十月，王阳明平定广西思、田之乱后回山阴，曾绕道增城谒祠奉祀，作《祭六世祖广东参议性常府君文》，并在其好友湛甘泉故居壁上题诗曰："我祖死国事，肇禋

---

① 《王阳明全集》卷29《续编四》钱德洪《序》云："是卷师作于弘治初年，筮仕之始也。自题其稿曰《上国游》。"（《王阳明全集》，第1143页）卷中却又混入其他时期的作品，如《夏日游阳明小洞天喜诸生偕集偶用唐韵》《将归与诸生别于城南蔡氏楼》《诸门人送至龙里道中二首》《赠陈宗鲁》等诗分明作于龙场时期。
② 钱穆：《阳明学述要》，九州出版社2010年版，第45页。
③ （清）朱彝尊：《明诗综》，中华书局2007年版，第1415页。
④ 《王阳明全集》，第1525页。

在增城。荒祠幸新复，适来奉初蒸。"（《书泉翁壁》）① 表达了对先祖丰功伟绩的敬仰之情与追思之念。阳明五世祖王彦达，痛父以忠死难，躬耕养母，终生不仕，号秘湖渔隐。阳明以为："父死于忠，子殚其孝，各安其心。"② 阳明四世祖王与准，字公度，号遁石，精《礼》《易》，尝著《易微》数千言，与父彦达"皆以德学为世隐儒"。阳明曾祖王杰，为王与准第二子，自号槐里子。王杰"自为童子，即有志圣贤之学。年十四，尽通《四书》《五经》及宋诸大儒之说"，后以明经贡举太学，其"言行一以古圣贤为法"，尝谓门人曰："学者能见得曾点意思，将洒然无入而不自得，爵禄之无动于中，不足言也。"③ 著有《易说》《春秋说》《周礼考正》《槐里杂稿》数卷。

王阳明的少年时期多与祖父王伦一起度过，王伦对阳明的成长影响至深。王伦字天叙，"性爱竹，所居轩外环植之，日啸咏其间。视纷华势利，泊如也"，因号竹轩。魏瀚《竹轩先生传》云：王伦"于书无所不读，而尤好观《仪礼》《左氏传》、司马迁《史》。雅善鼓琴，每风月清朗，则焚香操弄数曲。弄罢，复歌以诗词，而使子弟和之。识者谓其胸次洒落，方之陶靖节、林和靖，无不及焉。"④ 著有《竹轩稿》及《江湖杂稿》若干卷。王伦对阳明较少管束，为他提供了自由愉悦的成长环境。少年阳明心性"豪迈不羁"，其父龙山公"常怀忧，惟竹轩公知之"。而阳明的文学启蒙也多得自祖父。《年谱》记载，阳明五岁即能"诵竹轩公所尝读过书。讶问之。曰：'闻祖读时已默记矣'"⑤。王伦雅好诗文，喜订盟吟社，"为文章好简古而厌浮靡，赋诗援笔立就，若不介意，而亦未尝逸于法律之外"⑥，似已浮现王阳明日后的文学风格。

王氏家族的再度兴盛，始于阳明之父王华。阳明在为叔父王衮所

---

① 《王阳明全集》，第880页。
② 《王阳明全集》，第966页。
③ （明）戚澜：《槐里先生传》，《王阳明全集》，第1528—1529页。
④ （明）魏瀚：《竹轩先生传》，《王阳明全集》，第1530页。
⑤ 《王阳明全集》，第1346页。
⑥ （明）魏瀚：《竹轩先生传》，《王阳明全集》，第1530页。

写的墓志铭《易直先生墓志》中说："吾宗江左以来，世不乏贤。自吾祖竹轩府君以上，凡积德累仁者数世，而始发于吾父龙山先生。"① 王华字德辉，号实庵，晚号海日翁，尝读书龙泉山中，学者称龙山先生。自幼诗书经耳成诵，过目不忘，且气概超众，见者惊叹。明宪宗成化十七年（1481），王华为辛丑科进士第一甲第一人，授翰林院修撰。弘治元年（1488）与修《宪宗实录》，充经筵官。弘治九年（1496）命为明孝宗的日讲官，赐金带四品级。弘治十五年（1502），迁翰林院学士，与编《大明会典》《通鉴纂要》等书。王华立朝刚正，不畏权势，切直敢言，终因不附宦官刘瑾而被勒令致仕。其学"一出于正，书非正不读。客有以仙家长生之术来说者，则峻拒之曰：'修身以俟命，吾儒家法。长生奚为？'"著有《龙山稿》《垣南草堂稿》《礼经大义》《杂录》《进讲余抄》等，共四十六卷。而在文学方面，王华"为诗文取达意，不以雕刻为工，而自合程度"②。王华供职翰林院的第二年，就把远居家乡的阳明接到京城亲自教导。阳明在《送德声叔父归姚》中也曾记述："守仁与德声叔父共学于家君龙山先生。"③ 王华的品性才情以及言传身教，无疑对阳明都有深切的影响。

可知，王氏家族声名显著，家风渊远。性情学问方面，以儒为宗，尊奉"穷则独善其身，达则兼善天下"的处世原则，追求淡泊自适、洒落自得的精神境界；文学方面，则好简古，厌浮靡，但取达意，不事雕琢。这种深厚的家族文化积淀，为王阳明的哲学和文学之路作了很好的铺垫；而在关键时刻，对于极重孝道的阳明而言，也必然起着重要的指引作用。故湛若水在《阳明先生墓志铭》中感叹："'公其有所本之矣'！夫水土之积也厚，其生物必蕃，有以也夫。"④

阳明自幼性情活泼跳脱，不受羁绊，学识亦杂，据其自云八岁即

---

① 《王阳明全集》，第 1022 页。
② （明）杨一清：《海日先生墓志铭》，《王阳明全集》，第 1536 页。
③ 《王阳明全集》，第 829 页。
④ 《王阳明全集》，第 1538 页。

好佛、老①，而据学者考证，他亦八岁能诗。《天启海盐图经》卷3录《资圣寺杏花楼》诗：

　　东风日日杏花开，春雪多情故换胎。素质翻疑同苦李，淡妆新解学寒梅。心成铁石还谁赋？冻合青枝亦任猜。迷却晚来沽酒处，午桥真讶灞桥回。

《图经》于此诗云："王守仁幼从海日公授徒资圣寺，寺有杏花楼。"清人沈季友辑《檇李诗系》，卷40亦收录此诗，题为《从海日公授徒资圣寺登杏花楼赋》。资圣寺在海盐县。束景南认为此诗当作于成化十五年（1479），王华受聘海盐任子弟师，遂携阳明前往，可得同时受教②。此或为阳明现存最早的文字，少年习作，文辞清丽，但并无多少真切的情思。另有《棋落水诗》一首：

　　象棋终日乐悠悠，苦被严亲一旦丢。兵卒堕河皆不救，将军溺水一齐休。马行千里随波去，象入三川逐浪游。炮响一声天地震，忽然惊起卧龙愁。③

该诗流传较广。束景南以为作于成化十六年（1480）阳明九岁之时。但此诗首见于明末清初褚人获《坚瓠集》甲集卷一，小说家言，实不足采信。而钱德洪《年谱》中所录王阳明最早的诗作，是成化十八年（1482）阳明十一岁时所作：

　　龙山公迎养竹轩翁，因携先生如京师，先生年才十一。翁过金山寺，与客酒酣，拟赋诗，未成。先生从傍赋曰："金山一点

---

　　① 成年后的阳明并不讳言年幼时对佛道的喜爱，他曾说："仆诚生八岁而即好其说，今已余三十年矣。"（《王阳明全集·答人问神仙》，第887页）又曾坦言："某幼不问学，陷溺于邪僻者二十年，而始究心于老、释。"（《王阳明全集·别湛甘泉序》，第257页）
　　② 束景南：《阳明佚文辑考编年》，上海古籍出版社2012年版，第3页。
　　③ 《阳明佚文辑考编年》，第9页。

大如拳,打破维扬水底天。醉倚妙高台上月,玉箫吹彻洞龙眠。"客大惊异,复命赋蔽月山房诗。先生随口应曰:"山近月远觉月小,便道此山大于月。若人有眼大如天,还见山小月更阔。"①

金山寺位于镇江,有妙高台、白龙洞等胜景。阳明的这两首诗作,虽然都还略显稚嫩,意气外露,深韵不足,但出自十一岁少年之手而能发挥如此透辟的想象,确实令人印象深刻:前一首诗想象奇特,气势如虹,意态洒脱;后一首构思更为奇妙,从时空着眼,通过山和月的对照,大和小的对比,将事物放在比较中去认识,动态中去观察,论述时空中一切物体都是相对的,都与人的视觉距离的远近关系密切,通过即景的意象物揭示出心理时空的奥秘,将逻辑思考贯穿于诗句,其诗思之敏捷,想象之丰富,确为一般孩童所不及。蕴藏在上述两首诗中的人文抱负,以及不同于流俗的个性气质,虽阳明本人亦未必有所自觉,然不经意间实已有消息透露。施邦曜曾评价:"二诗系先生十一岁时随海日翁登金山作业,气概不凡若此,先生真天授载。"② 这两首诗作,虽然还谈不上"以心入文",却充满了奇趣、理性和个性,似乎预示着他终将成为一位伟大的哲人兼诗人。

阳明自少年时就有非凡的志向。《年谱》记载,阳明抵京师后,"尝问塾师曰:'何为第一等事?'塾师曰:'惟读书登第耳。'先生疑曰:'登第恐未为第一等事,或读书学圣贤耳。'"③ 希圣希贤之志,此时已然确立。《年谱》又云:

> (成化)二十有二年丙午,先生十五岁,寓京师。先生出游居庸三关,即慨然有经略四方之志:询诸夷种落,悉闻备御策;逐胡儿骑射,胡人不敢犯。经月始返。一日,梦谒伏波将军庙,赋诗曰:"卷甲归来马伏波,早年兵法鬓毛皤。云埋铜柱雷轰折,

---

① 《王阳明全集》,第 1346 页。
② (明)施邦曜辑评:《阳明先生集要》,中华书局 2008 年版,第 957 页。
③ 《王阳明全集》,第 1346—1347 页。

六字题文尚不磨。"①

这首《梦中绝句》，收录于王阳明《两广诗》中。伏波祠位于广西横县东部的乌蛮滩（邕江支流）上游。嘉靖六年（1527），阳明五十六岁，受朝廷之命前往广西思恩和田州平定叛乱。归乡途中，拜谒伏波祠，并作《谒伏波庙二首》。当时，他想起四十多年前，自己十五岁时在梦中所做的绝句，于是记录下来，并特意作序："此予十五岁时梦中所作。今拜伏波祠下，宛如梦中。兹行殆有不偶然者，因识其事于此。"② 阳明十五岁时的这首诗，表达了对马援为汉朝中兴而戍边障、建功业的景仰之情，似乎预言了他晚年平定思恩和田州叛乱之事。而诗中所流露的豪杰气概与家国情怀，也预示着少年阳明虽然一度溺于佛、老，但终究会以积极入世的儒学为最终归宿。

弘治二年（1489），阳明十八岁，归余姚途经江西广信，乘机谒见儒学名流娄谅。黄宗羲《明儒学案》记载，娄谅"少有志于圣学，尝求师于四方，夷然不屑曰：'率举子学，非身心学也'"，其学"以收放心为居敬之门，以何思何虑、勿助勿忘为居敬要指"③。阳明到访，娄谅"语宋儒格物之学，谓'圣人必可学而至'"，阳明"深契之"，"始慕圣学"④。黄宗羲也认为："姚江之学，先生（娄谅）为发端也。"⑤ 娄谅的学问及其对举业的态度对阳明都有较大影响，尤其是"圣人必可学而至"的观点，对阳明当有很大的鼓舞作用。《年谱》记载，弘治三年（1490），阳明十九岁，祖父竹轩公去世，父龙山公从京师回余姚治丧，"命从弟冕、阶、宫及妹婿牧相与先生讲析经义。先生日则随众课业，夜则搜取诸经子史读之，多至夜分。四子见其文字日进，尝愧不及，后知之曰：'彼已游心举业外矣，吾何及

---

① 《王阳明全集》，第 1347 页。
② 《王阳明全集》，第 877 页。
③ 《黄宗羲全集》第 7 册，《明儒学案·崇仁学案·教谕娄一斋先生谅》，第 37—38 页。
④ 《王阳明全集》，第 1348 页。
⑤ 《黄宗羲全集》第 7 册，《明儒学案·崇仁学案·教谕娄一斋先生谅》，第 38 页。

也！'"① 阳明把"随众课业"与"搜取诸经子史读之"相结合，"游心举业外"，其实就是把举业视为建立功业的途径，而以成圣为人生目标，不料因此取得"文字日进"的意外效果。明清两代，举业对文人心灵的摧残至为严重："一习八股，则心不得不细，气不得不卑，眼界不得不小，意味不得不酸，形状不得不寒，肠肚不得不腐"②，造就无数知识界的精神侏儒。阳明能够习于其中而游心于外，依旧保持独立的人格，阳刚的气质，正与他已以成圣为人生目标密不可分。

弘治五年（1492），阳明二十一岁，举浙江乡试。其乡试卷三篇，虽未收入《王文成公全书》，但可见于乾隆元年（1736）方苞等人编纂的《钦定四书文·化治四书文》③。在《志士仁人一节》中，阳明写道：

> 圣人于心之有主者，而决其心，德之能全焉。夫志士仁人皆心有定主，而不惑于私者也。以是人而当死生之际，吾惟见其求无愧于心耳，而于吾生何恤乎？……夫所谓志士者，以身负纲常之重，而志虑之高洁，每思有以植天下之大闲；所谓仁人者，以身会天德之全，而心体之光明，必欲有以贞天下之大节。是二人者，固皆事变之所不能惊，而利害之所不能夺，其死与生有不足累者也。是以其祸患之方殷，固有可以避难而求全者矣。然临难自免，则能安其身，而不能安其心，是偷生者之为，而彼有所不屑也……心迹无两全之势，而捐躯赴难以善天下之道者，虽灭身

---

① 《王阳明全集》，第 1348 页。

② （明）张岱：《石匮书·科目志》，《续修四库全书》，上海古籍出版社 1991 年版，史部，第 318 册，第 419 页。

③ 任文利《王阳明制义三篇》以为："查王阳明《年谱》，其于弘治五年壬子（1492）'举浙江乡试'，次年会试落第，后于弘治十二年己未（1499）会试'举进士出身'。可知此三篇制义或作于弘治五年，或作于弘治十二年。"（《北京青年政治学院学报》，2007 年第 1 期）束景南指出："《钦定四书文》称'化治四书文'，乃指成化、弘治年间科举考试之四书文，则此卷必是弘治五年阳明浙江乡试所作之四书文。弘治十二年阳明参加会试，中进士，然是年会试并无'志士仁人'四书义题，见《弘治十二年会试录》，故此卷显非弘治十二年会试四书文可知。"（《阳明佚文辑考编年》，第 20 页）

而无悔。当国家倾覆之余，则致身以驯过涉之患者，其仁也，而彼即趋之而不避，甘之而不辞焉，盖苟可以存吾心之公，将效死以为之，而存之由之不计矣；值颠沛流离之余，则舍身以贻没宁之休者，其仁也，而彼即当之而不慑，视之如归焉，盖苟可以全吾心之仁，将委身以从之，而死生由之勿恤矣。是其以吾心为重，而以吾身为轻，其慷慨激烈以为成仁之计者，固志士之勇为，而亦仁人之优为也，视诸逡巡畏缩而苟全于一时者，诚何如哉！以存心为生，而以存身为累，其从容就义以明分义之公者，固仁人之所安，而亦志士之所决也，视诸回护隐伏而觊觎于不死者，又何如哉！是知观志士之所为，而天下之无志者可以愧矣；观仁人之所为，而天下之不仁者可以思矣。[1]

文章主于"身心""生死""公私"两端立论，慷慨陈词，虽是制义之文，却"俊伟光明"，"有豪杰气象，亦少具儒者规模"，"气盛辞坚"[2]。尤其是"以是人而当死生之际，吾惟见其求无愧于心耳，而于吾生何恤"，"以吾心为重，而以吾身为轻"，追求"心体之光明"等论，结合阳明一生事迹来看，几乎已是夫子自道。可见此时的阳明虽还没有形成明确的心学理论，却端倪已现。

但也就是在这一年，阳明的学圣之路遭遇重大挫折。《年谱》记载："是年为宋儒格物之学。先生始侍龙山公于京师，遍求考亭遗书读之。一日思先儒谓'众物必有表里精粗，一草一木，皆涵至理'，官署中多竹，即取竹格之；沉思其理不得，遂遇疾。先生自委圣贤有分，乃随世就辞章之学。"[3] 不料在接下来的两次会试中，阳明又接连失利：

　　　明年春，会试下第，缙绅知者咸来慰谕。宰相李西涯戏曰：

---

[1] 《阳明佚文辑考编年》，第19—20页。

[2] （清）方苞等辑：《钦定化治四书文》卷3《论语》下，《景印文渊阁四库全书》，集部，第1451册，第11—13页。

[3] 《王阳明全集》，第1348页。

"汝今岁不第，来科必为状元，试作来科状元赋。"先生悬笔立就。诸老惊曰："天才！天才！"退有忌者曰："此子取上第，目中无我辈矣。"及丙辰会试，果为忌者所抑。同舍有以不第为耻者，先生慰之曰："世以不得第为耻，吾以不得第动心为耻。"识者服之。①

李西涯即李东阳，字宾之，号西涯，湖南茶陵人，天顺八年（1464）进士，官至太子少保礼部尚书兼文渊阁大学士。李东阳以台阁大臣之位，长期主持文坛，在"台阁体"之后，前、后七子前，形成一个以他为首的茶陵诗派，在明代前期产生广泛的影响。这则记载，虽有过于戏剧性之嫌，却反映了当时的文坛名宿李东阳对王阳明的赏识。而阳明的"悬笔立就"，也足见其文思之敏捷。多年后，远在贵州龙场，阳明曾作《晓霁用前韵书怀二首》诗，其中写道：

> 双阙钟声起万鸦，禁城月色满朝车。竟谁诗咏东曹桧？正忆梅开西寺花。此日天涯伤逐客，何年江上却还家？曾无一字堪驱使，谩有虚名拟八叉。②

回忆他供职京城，公事之余，与朋侪吟诗论文的生活。"八叉"即晚唐著名诗人、词人温庭筠。宋孙光宪《北梦琐言》云：温庭筠"才思艳丽，工于小赋，每入试，押宫韵作赋，凡八叉手而八韵成"③。后即以"八叉"喻人富于才华，文思敏捷。结合阳明少年时金山寺之作，可知在阳明早年的文学生涯中，才思敏捷应是非常显著的一个特征，因而得到"拟八叉"的风评。

连续两次会试失利，阳明虽不免郁郁，但终能处之淡然，根本的原因，就在于他此前已经完成了从单纯应举向以入圣为目标的道

---

① 《王阳明全集》，第 1349 页。
② 《王阳明全集》，第 782 页。
③ （宋）孙光宪著，林艾园校点：《北梦琐言》卷 4，上海古籍出版社 1981 年版，第 29 页。

德学问的方向转换。此时在阳明心中，举业仕进已降格为外在的"动心"之欲，不得第并不为"耻"，若不得第而"动心"，方是"耻"。但是，落榜意味着无法进入仕途，也就不能实现建功立业的梦想，要真正做到一心不动，又是何其之难。因此，在弘治九年（1496）的初冬时节，阳明在归乡途中游览山东任城的太白楼后，写下《太白楼赋》：

> 岁丙辰之孟冬兮，泛扁舟余南征。凌济川之惊涛兮，览层构乎任城。曰太白之故居兮，俨高风之犹在。蔡侯导余以从陟兮，将放观乎四海。木萧萧而乱下兮，江浩浩而无穷；鲸敖敖而涌海兮，鹏翼翼而承风；月生辉于采石兮，日留景于岳峰；蔽长烟乎天姥兮，渺匡庐之云松。慨昔人之安在兮，吾将上下求索而不可。寒余虽非白之俦兮，遇季真之知我。羌后人之视今兮，又乌知其不果？吁嗟太白公奚为其居此兮？余奚为其复来？倚穷霄以流盼兮，固千载之一哀！

阳明登楼远眺，放眼四海，感叹江山依旧，昔人已逝，难以上下而求索；李白当年仕途受挫，浪迹天涯，皆因朝政腐败，群小当道，而自己所处的时代又何尝不是如此。因此他进而感叹："信流俗之嫉妒兮，自前世而固然。怀夫子之故都兮，沛余涕之潺潺。庙堂之偃蹇兮，或非情之所好。唯不合于斯世兮，恣沈酣而远眺。"愤世嫉俗、落寞无奈的情绪显露无遗。但他希圣希贤的心志终究是坚定的，故于诗中反复强调："进吾不遇于武丁兮，退吾将颜氏之箪瓢"，"亦初心之无他兮，故虽悔而弗摧。"①

阳明回到余姚后，与魏瀚等人一起，在龙泉山寺组成一个诗社。《年谱》云："致仕方伯魏瀚平时以雄才自放，与先生登龙山，对弈联诗，有佳句辄为先生得之，乃谢曰：'老夫当退数舍。'"②魏瀚字

---

① 《王阳明全集》，第726—727页。
② 《王阳明全集》，第1349页。

五松，景泰甲戌（1454）进士，历仕北京佥都御史、江西方伯，是阳明祖父竹轩公的诗友，曾为竹轩公立传，其父菊庄翁和竹轩公"订盟吟社，有莫逆好"，其子魏朝端和阳明又"同举于乡"，属"累世通家"①。魏瀚向来以富于诗才自居，在阳明这位才思敏捷的青年诗友面前，却是甘拜下风。考场上失意的王阳明，置身于家乡林木葱茏的幽静环境中，歌诗自娱，寄情山水，倒也惬意悠闲。正如后来在京师所作《忆龙泉山》诗中表达的：

> 我爱龙泉寺，寺僧颇疏野。尽日坐井栏，有时卧松下。一夕别山云，三年走车马。愧杀岩下泉，朝夕自清泻。②

然而，期待能一展宏图的念头依然在阳明心中挥之不去，于是他以诗咏志，写就《次韵毕方伯写怀之作》：

> 孔颜心迹皋夔业，落落乾坤无古今。公自平王怀真气，谁能晚节负初心？猎情老去惊犹在，此乐年来不费寻。矮屋低头真局促，且从峰顶一高吟。③

结合《太白楼赋》，可见在这段失意调整的时光中，阳明一再以不忘"初心"来勉励自己。而尾联"矮屋低头真局促，且从峰顶一高吟"之句，又流露了青年诗人内心的抑郁不平之气，唯有登高长吟，方能一舒胸怀。

但这一阶段的文学活动依旧未能真正平复阳明的心境。《年谱》记载，弘治十一年（1498），阳明二十七岁，寓京师，"是年先生谈养生。先生自念辞章艺能不足以通至道，求师友于天下又不数遇，心持惶惑。一日读晦翁上宋光宗疏，有曰：'居敬持志，为读书之本，

---

① （明）魏瀚：《竹轩先生传》，《王阳明全集》，第1531页。
② 《王阳明全集》，第743页。
③ 《王阳明全集》，第1173—1174页。

循序致精，为读书之法.'乃悔前日探讨虽博，而未尝循序以致精，宜无所得；又循其序，思得渐渍洽浃，然物理吾心终若判而为二也。沉郁既久，旧疾复作，益委圣贤有分。偶闻道士谈养生，遂有遗世入山之意。"① 此时的阳明，一方面体会到辞章艺能虽可娱情于一时，却终究不足以通至道，一方面于身心之学又频频受挫，"物理吾心终若判而为二"，不免惶惑抑郁，导致旧疾发作，"益委圣贤有分"，欲遗世入山求养生之道，人生可以说是跌入了一个难以挣脱的低谷。

然而次年，即弘治十二年（1499），阳明终于进士及第，"观政工部。与太原乔宇，广信汪俊，河南李梦阳、何景明，姑苏顾璘、徐祯卿，山东边贡诸公以才名争驰骋，学古诗文"②。此次登第，显然大大鼓舞和振奋了阳明，也令他重拾在辞章艺能方面的兴趣和信心。他以极大的热情与文坛名士驰骋才华，研习古诗文，成为当时文学复古运动的积极参与者。从上面这则材料可知，与阳明共研诗文的主要有：乔宇，字希大，号白岩山人，山西乐平人，成化二十年（1484）进士；汪俊，字抑之，号石潭，江西弋阳人，弘治六年（1493）会试第一；李梦阳，字献吉，号空同，祖籍河南扶沟，弘治六年（1493）进士；边贡，字廷实，号华泉子，山东历城人，弘治九年（1496）进士；顾璘，字华玉，号东桥，江苏上元人，弘治九年（1496）进士；何景明，字仲默，号白坡，河南信阳人，弘治十五年（1502）进士；徐祯卿，字昌谷，一字昌国，吴县人，弘治十八年（1505）进士。皆当时文坛才俊，风华正茂，其中李梦阳、何景明、徐祯卿、边贡并称"弘治四杰"，后又共同名列"前七子"。王阳明与这些人"以才名争驰骋，学古诗文"，说明他已几乎跻身于一流诗人之行列。李梦阳在《朝正倡和诗跋》中也记载了这一时的盛况：

① 《王阳明全集》，第1349—1350页。

② （明）黄绾：《阳明先生行状》，《王阳明全集》，第1555—1556页。左东岭以为："此处所言有失实之处，如说阳明于弘治十二年观政时便与徐祯卿共为古诗文，即甚不通，盖因徐氏于弘治十八年始中进士，其与阳明发生交往则必在正德之后。"（《王学与中晚明士人心态》，商务印书馆2014年版，第128页）

诗倡和莫盛于弘治。盖其时古学渐兴，士彬彬乎盛矣。此一运会也。余时承乏郎署，所与倡和则扬州储静夫、赵叔鸣，无锡钱世恩、陈嘉言、秦国声，太原乔希大，宜兴杭氏兄弟，郴李贻教、何子元，慈溪杨名父，余姚王伯安，济南边庭实，其后又有丹阳殷文济，苏州都玄敬、徐昌谷，信阳何仲默，其在南都则顾华玉、朱升之其尤也。诸在翰林者，以人众不叙。①

李梦阳自弘治十一年（1498）任兵部主事时开始提倡古文辞令，为复古派"前七子"之魁首。阳明在这一时期作有一篇《春郊赋别引》，其中也提及一些当时相与倡和的文人：

钱君世恩之将归养也，厚于世恩者皆不忍其去，先行三日，会于天官郎杭世卿之第，以聚别。明日，再会于地官秦国声。与者六人：守仁与秋官徐成之、天官杨名父及世卿之弟进士东卿也……考功正郎乔希大闻之，来题其卷端曰："春郊赋别"。给事陈惇贤复为之图。皆曰："吾亦厚于世恩也，聊以致吾私。"②

其中的"世卿""东卿"即李梦阳《朝正倡和诗跋》中所提到的宜兴杭氏兄弟。杨名父即杨子器，名父其字，慈溪人，成化进士，官至河南布政使，与阳明是好友。阳明《寿杨母张太孺人序》一文即为杨名父而写。正德四年（1509）王阳明沿沅水乘船东下，曾在龙兴寺写下《辰州虎溪龙兴寺闻杨名父将到留韵壁间》，记述了二人真挚的友情。嘉靖三年（1524），李梦阳作《甲申中秋寄阳明子》诗寄赠远在越中的王阳明，其诗曰：

风林秋色静，独坐上清月。眷兹千里共，眇焉望吴越。窈窕

---

① （明）李梦阳：《空同集》卷59，《景印文渊阁四库全书》，台湾商务印书馆1986年版，集部，第1262册，第543—544页。
② 《王阳明全集》，第1129—1130页。

阳明洞，律兀芙蓉阙。可望不可即，江涛滚山雪。①

　　该诗表达了他们之间曾经保持的深挚情谊，但"可望不可即"之句，似乎又隐指二人最终在文学理念等方面的分道扬镳。以李梦阳为首的"前七子"复古运动与王阳明的心学在当时的文化思想界都引发了重大变革，同时代表了当时要求摆脱理学桎梏、张扬主体精神的进步思潮，历来的研究者多相提并论，如董其昌云："成弘间师无异道，士无异学。程朱之书立于掌故，称大一统。而修词之家，墨守欧曾，平平耳。时文之变而师古也，自北地始也。理学之变而师心也，自东越始也。"② 李贽在《与管登之书》中说："如空同先生与阳明先生同世同生，一为道德，一为文章，千万世后，两先生精光具在，何必更兼谈道德耶？人之敬服空同先生者，岂减于阳明先生哉？"③ 钱锺书也说："有明弘正之世，于文学则有李何之复古模拟，于理学则有阳明之师心直觉，二事根本抵牾，竟能齐驱不悖。"④ 而阳明之所以能"师心自觉"，与他在这一时期曾积极参与"复古模拟"并终悟其非，显然是有一定关联的。

　　这段时期，阳明对辞章之学予以了极为用心的研习。黄绾《阳明先生行状》记载："明年（弘治十三年），授刑部主事……日事案牍，夜归必燃灯读《五经》及先秦、两汉书，为文字益工。龙山公恐过劳成疾，禁家人不许置灯书室。俟龙山公寝，复燃，必至夜分，因得呕血疾。"⑤ 阳明为追求辞章之工，竟至时常读书至半夜以致得呕血之疾，难怪他日后回首这段经历，概括以"溺"字。"溺"者，沉迷不悟、不知节制也。其中提及读先秦、两汉书，正与李、何等"前七子"的"文复秦汉"主张相合，可见阳明确曾深溺于诗文复古活动

---

① （明）李梦阳：《空同集》卷10，第75页。
② （明）董其昌：《容台集》卷1《合刻罗文庄公集序》，西泠印社2012年版，第154页。
③ 《李贽文集》卷1《焚书》，社会科学文献出版社2000年版，第259页。
④ 钱锺书：《谈艺录》，中华书局1984年版，第33页。
⑤ 《王阳明全集》，第1556页。

中。而溺诗习气，在当时已是盛行文坛的风气。黄卓越指出：彼时，李东阳（宾之）、张泰（亨父）、谢铎（鸣治）、陆釴（鼎仪）、杨一清（石淙）、董越（尚矩）、李实（白洲）、乔宇（希大）及杨子器（名父）等均溺于诗，如李东阳记与董越"朝夕倡和，至相为谐谑，必为文"，与李白洲"过从倡和，动穷日夜，或沿流忘归，或燃絮继烛"，以一"斑"字、"般"字为韵便与吴宽往复各五首，与诸翰林斋居闭户作诗至"面目皆作青色"，几乎各种活动皆有诗志忆、调欢，至若获病而友朋相劝，仍不能遽止，其有诗诵曰："平生抱诗癖，虽病不能止。还同嗜酒客，枕藉糟邱里。"杨名父则喜作诗至"早朝苦内苦子俱有作，每一题多至三百首"①。身处这样的文坛氛围中，阳明不免深受影响，以至于严重损害了健康。弘治十五年（1502），他终于感叹："吾焉能以有限精神为无用之虚文也！"他深切体会到生命的脆弱，个人精神的有限；倘若将有限之精神都付诸"无用之虚文"，绝非自己所求。于是他毅然从刑部主事任上告病回到越中，研习仙、释之学，结束了他这一时期在文学上的积极活动。但是，需要强调的是，阳明反对的并非"文"本身，而是于世无补却损耗人精神的"无用之虚文"。因此，此番归去，并不意味着他不再从事文学创作，诗文依然是他抒情言志的重要手段。他的《归越诗》三十五首，即作于此次归乡养病期间。这些诗歌大都晶莹透彻，空灵高远，从中仿佛可以窥见阳明当时访寺问道、倾慕仙境的情怀，渴求超脱世俗、无念无思的愿望。如《山中立秋日偶书》：

> 风吹蝉声乱，林卧惊新秋。山池静澄碧，暑气亦已收。青峰出白云，突兀成琼楼。袒裼坐溪石，对之心悠悠。倏忽无定态，变化不可求。浩然发长啸，忽起双白鸥。②

这首诗将深山之中的新秋景致写得生动澄净，于动静生发中展现

---

① 参见黄卓越《明弘正间审美主义倾向之流布》，《中国文化研究》2002 年第 1 期。
② 《王阳明全集》，第 735 页。

一种洒脱澄明的情怀。其中"倏忽无定态，变化不可求"既是写云彩的变幻不定，也是写世事的纷繁凌乱、人心的出入无向，富含哲意，韵味深远。再如《又绝四首》其三：

> 人间酷暑避不得，清风都在深山中。池边一坐即三日，忽见岩头碧树红。①

诗人静坐禅定的修持功夫应该到了相当高的境界，似乎已经弃绝一切俗念，物我两忘，身心均在通融无碍的世界中畅游。

然而阳明很快发现，自己刚刚脱离溺于辞章，却又陷入了溺于佛老之境。《年谱》云："众惊异，以为得道。久之悟曰：'此簸弄精神，非道也。'又屏去。已而静久，思离世远去，惟祖母岑与龙山公在念，因循未决。久之，又忽悟曰：'此念生于孩提。此念可去，是断灭种性矣。'"② 孝道是孔孟之教的根本，也是儒学区别于佛、老的关键所在。阳明正是以孝为本，终悟佛、老之非，进而笃信儒学。事实上他在《九华山赋》中就写道："蓬壶之藐藐兮，列仙之所逃兮；九华之矫矫兮，吾将于此巢兮。匪尘心之足搅兮，念鞠育之劬劳兮。"③ 只是那时候纯粹是情感的牵绊，而此时更是哲理的领悟。于是阳明复思用世。弘治十六年（1503），他结束西湖疗养，回到京城。弘治十七年（1504）秋，出任山东乡试主考官，随即转任兵部武选清吏司主事。至弘治十八年（1505），阳明不再彷徨犹疑，最终确定圣贤之学为他精神上的终极追求。《年谱》记载："是年先生门人始进。学者溺于词章记诵，不复知有身心之学。先生首倡言之，使人先立必为圣人之志。"④ 对此由文至道的转变，阳明弟子王畿曾记述：

---

① 《王阳明全集》，第735页。
② 《王阳明全集》，第1351页。
③ 《王阳明全集》，第730页。
④ 《王阳明全集》，第1352页。

弘、正间，京师倡为词章之学，李、何擅其宗，阳明先师结为诗社，更相倡和，风动一时。炼意绘辞，寝登述作之坛，几入其髓。既而翻然悔之："以有限之精神，弊于无用之空谈，何异隋珠弹雀，其昧于轻重亦甚矣！纵欲立言为不朽之业，等而上之，更当有自立处，大丈夫出世一番，岂应泯泯若是而已乎？"社中人相与惜之："阳明子业几有成，中道而弃去，可谓志之无恒也。"先师闻而笑曰："诸君自以为有志矣。使学如韩、柳，不过为文人；辞如李、杜，不过为诗人。果有志于心性之学，以颜、闵为期，当与共事，图为第一等德业。譬诸日月终古常见，而景象常新。就论立言，亦须一一从圆明窍中流出。盖天盖地，始是大丈夫所为。傍人门户、比量揣拟，皆小技也。善《易》者不论《易》，诗到无言，始为诗之志。"①

这段记述中应该已经渗入王畿自己的一些思想，但其中提及阳明以追寻第一等德业为志向，并领悟到仅仅游心于诗文难以满足这种终极的追问，显然是合乎阳明早年思想发展的逻辑的。文人与诗人终究不是阳明追求的目标，唯有求心性之学以成圣贤，方是他心目中的第一等德业。他在这一年所做的《赠伯阳》诗中写道：

阳伯即伯阳，伯阳竟安在？大道即人心，万古未尝改。长生在求仁，金丹非外待。缪矣三十年，于今吾始悔！②

从中可以真切感受到诗人在冲破重重迷雾后，最终找到通往人生终极目标的路径的欢欣；这欢欣发自于内心最深处，同时带着痛悔前非的酣畅。而"大道即人心，万古未尝改"之语，似也已可视为阳明心学的发端。正如左东岭所说："阳明心学在弘治十八年时已经完成了所有的理论准备，从而达到了呼之欲出的地步"，只是还未能建

① 《王畿集》卷16《曾舜徵别言》，凤凰出版社2007年版，第459—460页。
② 《王阳明全集》，第745页。

立起自己的心学体系，因为"他不能达到'心与理为一'的程度，也就是说他的学说既不能解决现实的人生难题，也缺乏自我生命的真实体验，因而从阳明成圣的初衷看，他的心学理论尚未完成。在心（自我生命体悟）与理（各种人生哲理）之间，仿佛仍隔着层薄纸，需要有一个合适的契机将其捅破，从而达到浑融一片的境界。"① 说得更简明些，即还欠缺"事上磨炼"。

综合上述内容，可知"阳明是一个多方面有趣味的人，在他内心，充满着一种不可言喻的热烈的追求……他一方极执着，一方又极跳动，遂以形成他早年期的生活"②。他虽然在十二岁时就立下"学圣贤"之志，但对于经由何种途径实现这一志向，却终究是不明确的，因此经历了一系列的挫折，湛甘泉概括为："初溺于任侠之习；再溺于骑射之习；三溺于辞章之习；四溺于神仙之习；五溺于佛氏之习。"③ "溺于辞章之习"的时期，应该主要是指阳明自二十一岁时"随世就辞章之学"，至三十一岁感叹"焉能以有限精神为无用之虚文"，其间的十年。此十年中，弘治十二年（1499）为一重要结点，自此而始的数年时间内，阳明与当时文坛风云人物李梦阳、何景明等相与倡和，切摩交流。在他们的影响下，阳明用心学习古文辞，更兼"才情振拔"的天赋，使他的诗文创作达到较高水平。这使得他日后即使无意于辞章时，也能信手写出好诗好文。如钱基博所说："守仁未讲学时先与同辈学作诗文；故讲学之后，其往来论学书及奏疏，皆纡徐委备，如晓事人语，洞彻中边。虽识见之高，学力之到，然其得力，未始不在少年时一番简练揣摩也。"④ 对这一段经历，阳明后来虽然颇多追悔，但在此期间修习的文学功底却为他的诗文创作打下坚实基础。他后来之所以能写出那么多"达意"的文章和"秀拔"的诗篇，和这一时期的积累是分不开的。

阳明早年的诗文，反映出他对心性之学的孜孜追求，不时闪现心

① 左东岭：《王学与中晚明士人心态》，第131页。
② 钱穆：《阳明学述要》，九州出版社2010年版，第39页。
③ （明）湛若水：《阳明先生墓志铭》，《王阳明全集》，第1538页。
④ 钱基博：《中国文学史》，中华书局1993年版，第868页。

学思想的端倪。但因追求过程中的迷茫、惶惑甚至沉溺，使他难以拥有稳固的心态与明晰的方向，因而在文学创作上也就呈现出复杂的情感内涵，以及多变的、难以统一的格调体貌。受一时风气之影响，他这一时期的作品多有模仿前人诗歌的意象和字句的痕迹，也有讲求技艺的倾向，文体上似乎还颇偏爱铺张扬厉的赋，偶尔会作《九华山赋》这样的长篇以显示其才气。这些作品当然不能说没有真情实感，但确实有逞才使气的倾向，这在中后期的创作中是非常少见的。在这一阶段，阳明虽然确立了求心性之学以成圣贤的人生道路，却还未能建立起自己的心学体系，故不足以使他完全摆脱复古思潮的影响，形成自己的诗文风貌。而他所得出的"辞章艺能不足以通至道"，"焉能以有限精神为无用之虚文"的体悟，使他不再"溺"于辞章，这或许妨碍了他成为一位一流的诗人，却并不会阻碍他成为一位拥有独特个性和自我风貌的诗人。

第二节　龙场及滁阳、南都时期的文学创作

明武宗正德元年（1506）十月，给事中戴铣、御史薄彦徽共同上书弹劾宦官刘瑾，被逮系诏狱。阳明义愤难平，抗疏相救，于十一月上《乞宥言官去权奸以章圣德疏》，因此触怒刘瑾，"亦下诏狱。已而廷杖四十，既绝复苏。寻谪贵州龙场驿驿丞"[1]。

"龙场悟道"被许多人视为是阳明生命历程与学术生涯的转折点。阳明本人言：

> 守仁早岁业举，溺志词章之习，既乃稍知从事正学，而苦于众说之纷扰疲痈，茫无可入，因求诸老、释，欣然有会于心，以为圣人之学在此矣！然于孔子之教间相出入，而措之日用，往往缺漏无归，依违往返，且信且疑。其后谪官龙场，居夷处困，动心忍性之余，恍若有悟，体验探求，再更寒暑，证诸《五经》

---

[1] 《王阳明全集》，第1353页。

《四子》，沛然若决江河而放诸海也。①

对这三年的贬谪经历，阳明自认是其学圣生涯中的一大关键。多年后，他曾回忆道："往年区区谪官贵州，横逆之加，无月无有。迄今思之，最是动心忍性砥砺切磋之地。"② 又言："吾幼时求圣学不得，亦尝笃志二氏。其后居夷三载，始见圣人端绪，悔错用功二十年。"③ 湛若水也写道："正德丙寅，（阳明）始归正于圣贤之学。"④ 正德丙寅即正德元年，同样是将被贬龙场视为阳明正式归正圣学之期。黄宗羲在《明儒学案》中则作如下解析：

> 先生之学，始泛滥于词章，继而遍读考亭之书，循序格物，顾物理吾心终判为二，无所得入。于是出入于佛、老者久之。及至居夷处困，动心忍性，因念圣人处此更有何道，忽悟格物致知之旨，圣人之道，吾性自足，不假外求。其学凡三变而始得其门。自此以后，尽去枝叶，一意本原，以默坐澄心为学的。有未发之中，始能有发而中节之和。视听言动，大率以收敛为主，发散是不得已。江右以后，专提致良知三字，默不假坐，心不待澄，不习不虑，出之自有天则。盖良知即是未发之中，此知之前更无未发；良知即是中节之和，此知之后，更无已发……居越以后，所操益熟，所得益化，时时知是知非，时时无是无非，开口即得本心，更无假借凑泊，如赤日当空而万象毕照。是学成之后，又有此三变也。⑤

黄宗羲在此将阳明学说区分为前三变与后三变，所谓"前三变"，

---

① 《王阳明全集·朱子晚年定论》，第144页。
② 《王阳明全集·寄希渊（四）》，第179页。
③ 《王阳明全集·年谱一》，第1364页。
④ （明）湛若水：《阳明先生墓志铭》，《王阳明全集》，第1539页。
⑤ 《黄宗羲全集》第7册，《明儒学案·姚江学案·文成王阳明先生守仁》，第201页。

一指泛滥于词章，二指出入佛老，三指龙场悟道；而"后三变"是指默坐澄心，致良知，圆熟化境。这二者的区别，根据蔡仁厚之说，以为："前三变是异质的转变，后三变则是异根同质的发展，是同一个系统的圆熟完成，在功夫上虽有困勉与纯熟之别，在义理骨干上则并没有什么改变。"① 若以此前后三变，来探索阳明在学问思想上的变化历程，那么龙场悟道毫无疑问是居于转折处之关键。而阳明创作于这一时期的诗文作品，也就成为探究这一关键转折的重要指标。

阳明贬谪龙场驿时期的诗文，主要包括《赴谪诗》五十五首，《居夷诗》一百十首，还有《君子亭记》《象祠记》《瘗旅文》等二十余篇散文。在赶赴龙场之前，阳明写下《泛海》诗：

> 险夷原不滞胸中，何异浮云过太空！夜静海涛三万里，月明飞锡下天风。②

《泛海》可以说是王阳明所有诗歌中最脍炙人口、最深入人心的诗歌之一。关于这首诗的创作背景，据《年谱》所记，是阳明在前往龙场之前先赴谪至钱塘，为躲避刘瑾所派之人追杀而入野庙，实为虎穴，"夜半，虎绕廊大吼，不敢入"，天明，有僧人邀至寺，见到了二十年前在铁柱宫相识的道士，得其指点，并自算一卦，"得《明夷》，遂决策返"③，并在寺壁上题下这首诗。《年谱》所记过于传奇，恐未必属实。但是，这首诗确实表明阳明已经把人生的坎坷崎岖置之度外，做好充分的心理准备去直面艰苦的贬谪生涯。在他看来，世间万象，都不过是飘风浮云，不变的是自己宁静的心体，如太虚一样渊默深邃，周流不息。整首诗痛快酣畅，体现不计世间荣辱的洒然心态，又带有浓厚的禅意，"海阔天空，禅机玄妙。由'空'及'忘'，在静心虚气中达到从'心生万物'到'万物一体'的状态，物我两

---

① 蔡仁厚：《王阳明哲学》，九州出版社 2013 年版，第 13 页。
② 《王阳明全集》，第 757 页。
③ 《王阳明全集·年谱一》，第 1353 页。

忘，内圣外王，内化为涓涓禅道之意，最终完成了儒家思想的禅道诗化"①。冈田武彦指出：阳明的《泛海》和朱熹的《醉下祝融峰》有些相似，"但在内容上有差异。朱熹的《醉下祝融峰》描写的是自己登上祝融峰后的真实心境，而王阳明的《泛海》则是假借虚构的海上旅途，来表达自己冲破生死迷雾，决意奔赴龙场时的决心。"② 这一决心无疑是非常坚定的，但是，当贬谪之行正式开启之时，去国怀乡的悲愤依旧啮噬着诗人的心灵。《答汪抑之三首》写道：

> 去国心已恫，别子意弥恻。伊迩怨昕夕，况兹万里隔！恋恋歧路间，执手何能默？子有昆弟居，而我远亲侧；回思菽水欢，羡子何由得！知子念我深，夙夜敢忘惕！良心忠信资，蛮貊非我戚。

> 北风春尚号，浮云正南驰。风云一相失，各在天一涯。客子怀往路，起视明星稀。驱车赴长阪，迢迢入岚霏。旅宿苍山底，雾雨昏朝弥。间关不足道，嗟此白日微。切磋怀良友，愿言毋心违！

> 闻子赋茆屋，来归在何年？索居间楚越，连峰郁参天。缅怀岩中隐，磴道穷扳缘。江云动苍壁，山月流澄川。朝采石上芝，暮漱松间泉。鹅湖有前约，鹿洞多遗篇。寄子春鸿书，待我秋江船。③

这是阳明《赴谪诗》五十五首中的前三首。诗人开篇即点明，此番赴谪，内心充满了震惊和悲痛。虽然强调"良心忠信资，蛮貊非我戚"，但是，忠而获罪，远亲侧，别良友，不知归期何期……种种情绪，缠绕纠结，都令他不可避免地以迁客的心态来抒写离别之思。因此在后面的诗歌中，"去国""迁客""谪居""离忧"之类的词语，

---

① 敖运梅：《王阳明心学思想的诗化》，《船山学刊》2011 年第 4 期。
② ［日］冈田武彦：《王阳明大传》（上），杨田等译，重庆出版社 2015 年版，第 228 页。
③ 《王阳明全集》，第 749 页。

以及"君莫歌九章,歌以伤我心","风波忽相失,言之泪徒泫"等充满感伤情怀的诗句,依旧频频出现。正如阳明自己所云:"常嗤儿女悲,忧来仍不免。"①

赴谪途中,阳明备尝艰辛。在抵达龙场之前,他又作《去妇叹》五首,其《序》曰:"楚人有间于新娶而去其妇者。其妇无所归,去之山间独居,怀绻不忘,终无他适。予闻其事而悲之,为作《去妇叹》。"诗云:

> 委身奉箕帚,中道成弃捐。苍蝇间白璧,君心亦何愆!独嗟贫家女,素质难为妍。命薄良自喟,敢忘君子贤?春华不再艳,颓魄无重圆。新欢莫终恃,令仪慎周还。

> 依违出门去,欲行复迟迟。邻姬尽出别,强语含辛悲。陋质容有缪,放逐理则宜;姑老藉相慰,缺乏多所资。妾行长已矣,会面当无时!

> 妾命如草芥,君身比琅玕。奈何以妾故,废食怀愤冤?无为伤姑意,燕尔且为欢;中厨存宿旨,为姑备朝餐。畜育意千绪,仓卒徒悲酸。伊迩望门屏,盍从新人言。夫意已如此,妾还当谁颜!

> 去矣勿复道,已去还踌躅。鸡鸣尚闻响,犬恋犹相随。感此摧肝肺,泪下不可挥。冈回行渐远,日落群鸟飞。群鸟各有托,孤妾去何之?

> 空谷多凄风,树木何萧森!浣衣涧冰合,采苓山雪深。离居寄岩穴,忧思托鸣琴。朝弹别鹤操,暮弹孤鸿吟。弹苦思弥切,巑岏隔云岑。君聪甚明哲,何因闻此音?②

《去妇叹》列《居夷诗》之首。阳明用组诗的形式,刻画了一位隐忍坚强的弃妇形象。诗中所述去妇故事是否实有并不重要,观其内

---

① 《王阳明全集》,第749—754页。
② 《王阳明全集》,第765—766页。

容，毋庸置疑是阳明以去妇自况，仿汉乐府古诗，以隐喻手法，委婉类比，娓娓道出心中之悲，如泣如诉。受阴阳五行等观念影响，以夫妇关系来比拟君臣关系，自古诗文中常见；但在阳明的作品中，这类题材、这种比喻，实不多见。此前似仅见于《狱中诗》之《屋罅月》："宁知幽室妇，中夜独愁叹！良人事游侠，经岁去不返。"[1] 而此刻他竟然一连写了五首，以去妇自拟，自叹薄命，自惭陋质，不敢忘"君子贤"，认为"放逐理则宜"，只能憎恨离间的小人，"说明当时的他与一般士人并没有太大区别，他尚没有形成自立的学术品格，他的存在还必须靠朝廷与先圣的支撑，一旦离开这些，他便会产生强烈的孤独感"。但是，在第五首的末尾，阳明终究开始对"君聪甚明哲"的信念产生动摇，"这种对'明哲'的怀疑，应该是阳明先生之人格走向独立的信号，也是他心学产生的契机"[2]。

正德三年（1508）春，阳明在历经一年多的长途跋涉后，终于抵达贵州龙场。此前所作《答汪抑之三首》中的"江云动苍壁，山月流澄川。朝采石上芝，暮漱松间泉"是他想象中的谪居生活，虽然清苦，却有遗世独立、自然笑傲之风范。而现实中，龙场生存环境之艰苦可以说是超出阳明的想象："龙场在贵州西北万山丛棘中，蛇虺魍魉，蛊毒瘴疠，与居夷人鴃舌难语，可通语者，皆中土亡命。"[3] 甚至连居所都没有。于是阳明只能范土架木，结成一个仅能容身的草棚，并为此赋《初至龙场无所止结草庵居之》诗：

> 草庵不及肩，旅倦体方适。开棘自成篱，土阶漫无级。迎风亦萧疏，漏雨易补缉。灵濑响朝湍，深林凝暮色。群獠环聚讯，语庞意颇质。鹿豕且同游，兹类犹人属。污樽映瓦豆，尽醉不知夕。缅怀黄唐化，略称茅茨迹。[4]

① 《王阳明全集》，第748页。
② 左东岭：《王学与中晚明士人心态》，第136页。
③ 《王阳明全集·年谱一》，第1354页。
④ 《王阳明全集》，第768页。

条件之艰苦由此可知。此时的阳明，内心依然是时常感叹不平，思乡情切。如《采蕨》写道;

> 采蕨西山下，扳援陟崔嵬。游子望乡国，泪下心如摧。浮云塞长空，颓阳不可回。南归断舟楫，北望多风埃。已矣供子职，勿更贻亲哀!①

远离家乡，不能侍奉老父和祖母，是他内心最大的悲哀。尽管如此，他还是坦然面对现实，将系于胸怀之荣辱得失皆看淡而超脱，但自觉生死一念尚未参透。《年谱》记载:

> 时瑾憾未已，自计得失荣辱皆能超脱，惟生死一念尚觉未化，乃为石墩自誓曰:"吾惟俟命而已!"日夜端居澄默，以求静一;久之，胸中洒洒。而从者皆病，自析薪取水作糜饲之;又恐其怀抑郁，则与歌诗;又不悦，复调越曲，杂以诙笑，始能忘其为疾病夷狄患难也。因念:"圣人处此，更有何道?"忽中夜大悟格物致知之旨，寤寐中若有人语之者，不觉呼跃，从者皆惊。始知圣人之道，吾性自足，向之求理于事物者误也。②

通过澄净其心，阳明以求能更进一步看破生死之念，"久之，胸中洒洒"，以至于能在"从者皆病"的境遇下，亲自照拂看顾，甚至歌诗调曲，令其忘夷狄患难之忧。这一番作为，无关忠君、爱国，却尤其令人感佩，是内心已臻超然洒脱之境后自然展现的最动人的人性光辉。正是心境的纯净与专一，促使阳明的思想实现了质的超脱，终于迎来"顿悟"。他曾长期困惑于朱子所主张的要穷尽事物之理才能入圣，此时大悟，终于明白"圣人之道，吾性自足"，不须向外求理，天理即在我心中。有此大悟，他的心学思想真正开始浮现。

---

① 《王阳明全集》，第770页。
② 《王阳明全集·年谱一》，第1354页。

左东岭以为，阳明龙场悟道"首先是摆脱了对环境的依赖，超越了生死祸福的纠缠与威胁，形成了以自我为价值标准的人生态度"，更重要的，是"改变了自我的心态，即从忧谗畏讥的悲愤凄凉转向从容自得"①，"显示了明代士人正在开始艰难地摆脱长期的从属地位，从原来政治工具的角色转向道义的承担者，从姜妇的心态转向独立自主的心态"②。

生命一旦作如是观，阳明的心境一下子明亮起来，发现即使身处蛮荒，天地万物依旧是如此生机勃勃，人生依旧是如此美好而充满希望；贬谪生涯虽然艰苦，却由此获得了身心的自由和精神的愉悦，正所谓"投荒万里入炎州，却喜官卑得自由"③。于是他欣然晏然，把安身的荒洞取名为"阳明小洞天"，并感叹："夷居信何所陋，恬淡意方在。"仿佛此时才真正明白孔子"欲居九夷"时所说的"君子居之，何陋之有"④的圣人情怀。他还写道：

> 童仆自相语，洞居颇不恶。人力免结构，天巧谢雕凿。清泉傍厨落，翠雾还成幕。我辈日嬉偃，主人自愉乐。虽无榮戟荣，且远尘嚣聒。⑤

贬谪生涯，远山僻水，一般人难以忍受的恶劣环境，在诗人的笔下竟如此诗情画意，盎然有趣，读来让人感觉他仿佛并非远谪之人，而是逍遥于田园的羲皇上人。倘若没有高超的觉悟或修养，显然是很难超越苦难而达此乐境的，阳明终于把人生的痛苦消融于道学的智慧观照之中⑥。在这样的心境下，思亲叹远之意虽依旧会浮上心头，却不再为之所困；身处蛮荒，也不再自伤自怨，而是无时无刻不体察到

---

① 左东岭：《王学与中晚明士人心态》，第134页。
② 左东岭：《王学与中晚明士人心态》，第139页。
③ 《王阳明全集·龙冈漫兴（一）》，第777页。
④ 杨伯峻译注：《论语译注·子罕》，中华书局1980年版，第91页。
⑤ 《王阳明全集·始得东洞遂改为阳明小洞天三首》，第769页。
⑥ 武道房：《道学与王阳明诗歌的心路历程》，《安徽师范大学学报》（人文社会科学版）2010年第1期。

周遭一切都是如此充溢着诗意和哲意：

> 溪石何落落，溪水何泠泠。坐石弄溪水，欣然濯我缨。溪水清见底，照我白发生。年华若流水，一去无回停。悠悠百年内，吾道终何成！（《溪水》）

> 送远憩岨谷，濯缨俯清流。沿溪涉危石，曲洞藏深幽。花静馥常閟，溜暗光亦浮。平生泉石好，所遇成淹留。好鸟忽双下，鲦鱼亦群游。坐久尘虑息，澹然与道谋。（《水滨洞》）

> 三年谪宦沮蛮氛，天放扁舟下楚云。归信应先春雁到，闲心期与白鸥群。晴溪欲转新年色，苍壁多遗古篆文。此地从来山水胜，它时回首忆江门。（《过江门崖》）

> 江日熙熙春睡醒，江云飞尽楚山青。闲观物态皆生意，静悟天机入窅冥。道在险夷随地乐，心忘鱼鸟自流形。未须更觅羲唐事，一曲沧浪击壤听。（《睡起写怀》）①

诗中处处是随遇而安、随地而乐的清明畅朗之志。溪水泠泠，山花静馥，好鸟双下，鲦鱼群游，春雁翱翔，白鸥嬉戏，江日熙熙，江云飞尽……天地之间无一物不蕴涵无限生机。"心"与"物"，终于不再判然有别，这使诗人感受到无上的欢欣，似乎忍不住都要喜跃抃舞。而令阳明尤感欣慰的是诸生的到来：

> 简滞动罹咎，废幽得幸免。夷居虽异俗，野朴意所眷。思亲独疚心，疾忧庸自遣。门生颇群集，樽罍亦时展。讲习性所乐，记问复怀腼。林行或沿洞，洞游还陟巘。月榭坐鸣琴，云窗卧披卷。澹泊生道真，旷达匪荒宴。岂必鹿门栖，自得乃高践。（《诸生来》）

> 谪居澹虚寂，眇然怀同游。日入山气夕，孤亭俯平畴。草际见数骑，取径如相求；渐近识颜面，隔树停鸣驺；投辔雁鹜进，

---

① 《王阳明全集》，第771、772、790、793页。

携榼各有羞；分席夜堂坐，绛蜡清樽浮；鸣琴复散帙，壶矢交觥筹。夜弄溪上月，晓陟林间丘。村翁或招饮，洞客偕探幽。讲习有真乐，谈笑无俗流。缅怀风沂兴，千载相为谋。(《诸生夜坐》)①

　　虽然身处蛮荒，却依然有那么多的青年学子慕名而来，一同登山临水，分席夜坐，讲习问道，这令阳明的内心更为欢欣，甚至抵消了思亲的痛苦。他在教化诸生时，并不设置讲席诵读经书，而是和他们一起游山玩水，听风赏月，饮酒弹琴，畅快而歌，追求在天地造化中不知不觉地教书育人。阳明显然非常喜欢这种"随处点化人"的诗意的教学方法，并且终生都未改变。从这两首诗可以看出，此时于阳明而言，依然是艰苦的生存环境，依然有对远方亲人的思念和愧疚，但是，其诗歌中平静舒缓的节奏，从容自得的情调，都显示出他已经彻底摆脱了弃妇心态，人生情趣与人生境界都得到新的提升，已不仅是"险夷原不滞胸中"，更已参透生死，体悟到只有自我的良知才是最终的生命依托。这正如他在劝勉朋友时所说："塞以反身，困以遂志。今日患难，正阁下受用处也。知之，则处此当自别。"②体现的是儒者顺应时境、怡然自得的超脱之情。而在他看来，能将自己的所悟所得以"讲习"的方式传授给青年学子，使道有所承，更是"真乐"所在。

　　阳明到贵州龙场的第二年，即正德四年（1509）秋，写下著名的《瘗旅文》，哀悼素昧平生的吏目及其子、仆三人客死异乡的不幸。这篇祭文最大的特点，是运用第二人称，犹如生者与死者之间的对话，特别是后半部分采用歌体，如泣如诉，哀怨凄厉，读后催人泪下：

　　　　吾不宜复为尔悲矣，吾为尔歌，尔听之。歌曰：

---

① 《王阳明全集》，第772、773页。
② 《王阳明全集·赠刘侍御二首》，第787页。

连峰际天兮，飞鸟不通；游子怀乡兮，莫知西东。莫知西东兮，维天则同。异域殊方兮，环海之中；达观随寓兮，奚必予宫？魂兮魂兮，无悲以恫！

又歌以慰之，曰：

与尔皆乡土之离兮，蛮之人言语不相知兮。性命不可期，吾苟死于兹兮，率尔子仆来从予兮。吾与尔遨以嬉兮，骖紫彪而乘文螭兮，登望故乡而嘘唏兮！吾苟获生归兮，尔子尔仆尚尔随兮，无以无侣悲兮。道旁之冢累累兮，多中土之流离兮，相与呼啸而徘徊兮。餐风饮露，无尔饥兮；朝友麋鹿，暮猿与栖兮。尔安尔居兮，无为厉于兹墟兮！①

前一首是阳明唱给死者的安魂曲，劝慰死者四海皆可为家，勿悲勿惊。而在后一首哀歌中，阳明又将死者的不幸和自己的命运紧密结合起来，相互对比，同病相怜，哀人亦自哀，悲客死之人以抒发自己被贬异域的凄苦之情。只是与吏目等人不同的是，阳明此时虽身处逆境，但已能做到"达观随寓"，绝不沉沦。在祭文的结尾，他自宽自解，尚求振作，其旋律是高昂的，是昂扬的生命之歌。假如没有道学的支撑，没有哲人的智慧，无疑他很难摆脱自哀自怨又自怜的情绪；如果他的内心不够强大，在那样严酷的生存环境下，他也不一定能活着走出龙场，《瘗旅文》中吏目的客死异乡完全可能就是他的人生结局。他在文中总结自己"去父母乡国而来此，二年矣，历瘴毒而苟能自全，以吾未尝一日之戚戚也"②。正是因为他"未尝一日之戚戚"的道学修养功夫，才使他真正做到了"素富贵，行乎富贵；素贫贱，行乎贫贱；素夷狄，行乎夷狄；素患难，行乎患难：君子无入而不自得也"③，体悟到种种吉凶祸福，皆足以损害人，也皆足以玉成人；唯素位而行乐天知命之君子，能随处得益，反之，则随处受损。正是

① 《王阳明全集》，第 1049—1050 页。
② 《王阳明全集》，第 1049 页。
③ 陈成国校注：《礼记校注》，岳麓书社 2004 年版，第 417 页。

这些体悟，使他坚强地活了下来，并且在龙场那样一个蛮荒之地，活得诗情画意，晏然自若。而他为素昧平生的吏目三人所撰写的这篇哀祭文，视人若己，悲怆哀婉，极富人情色彩，展现了发自良知的恻隐之心，意尽而情不尽，可以说是他用"心"写就的一曲人生挽歌，具有震撼人心的力量，因此向来被视为是阳明散文中影响最大的精品代表作，被编选入《古文观止》。

贵州地处偏远，生活环境艰苦，同时也使阳明可以暂时远离政治漩涡中心，有更多的时间和精力整顿内心，从而对人生进行更为深刻的思考，终于带给他半生以来一直苦苦寻求的答案，造就"龙场悟道"这一思想上的大飞跃。阳明的前半生，常在辞章之学、功名举业与佛老思想的选择中挣扎，而圣贤之道，也受到朱学的阴影笼罩而无以自解，但终于在龙场开出自己的坦途。自龙场大悟以后，阳明与朱子理学彻底决裂，正式建立了自己的体系，将朱子的身外之理转变为理在心内，认为成圣之道"吾性自足"，不假外求。阳明悟道后的第二年，即正德四年（1509），他被提督学政席书聘请讲学于贵阳文明书院，"始论知行合一"[①]，学术上更进一层。

龙场悟道的确是阳明生命的一次巨大转折，经由此转折，无论是其学术还是生活都具有了全新的意义。而他正是靠心学的启悟与诗文的宣泄共同度过了这场生命的危机。纵观阳明这一时期所创作的诗歌，数量上相当可观，《赴谪诗》五十五首，《居夷诗》一百十首，合计共一百六十五首。从内容上看，其《赴谪诗》中还时时流露情感的激荡，以及"屡兴还屡仆，惴息几不免"[②] 不能见道的焦虑；而居夷后期所创作的诗歌中，已经没有对命运不公的抱怨，也没有怀才不遇的悲叹，甚至连衣食无着，也写得情趣盎然，表现出一种体道悟道、万物与我为一的自由洒脱情怀。从体貌风格上看，王夫之评阳明诗为"沉实清冽"[③]，龙场悟道时期，也正是阳明诗文风格的转折期，

---

① 《王阳明全集·年谱一》，第 1355 页。

② 《王阳明全集·阳明子之南也其友湛元明歌九章以赠崔子钟和之以五诗于是阳明子作八咏以答之》，第 750 页。

③ （清）王夫之：《明诗评选》，文化艺术出版社 1997 年版，第 126 页。

不再像之前以秀拔为主，而是转为沉实顿挫，清冽洒然，充满生命的张力和艺术感染力。而其赴谪初期所作之诗，包括赴谪之前所做的《狱中诗》十四首，其意象择取和字句运用，都还明显模仿汉魏五古；悟道之后的诗歌中则已鲜少模拟痕迹，而是挥洒自如，抒写性灵。钱谦益《列朝诗集小传》曰："先生在郎署，与李空同诸人游，刻意为词章。居夷以后，讲道有得，遂不复措意工拙。"① 大致也即此意。可以说，龙场悟道使阳明的文学创作在很大程度上摆脱了复古派的影响，而开始呈现鲜明的自我风貌。在这一时期，他做了一首《赠陈宗鲁》诗：

> 学文须学古，脱俗去陈言。譬若千丈木，勿为藤蔓缠。又如昆仑派，一泻成大川。人言古今异，此语皆虚传。吾苟得其意，今古何异焉？子才良可进，望汝师圣贤。学文乃余事，聊云子所偏。②

此诗较为集中地体现了他的文学理念。陈宗鲁，即陈文学，宗鲁其字，号五栗，贵州宣慰司人，是阳明在文明书院时的学生。当时随学之人数百人，而得其真传者，首推陈文学，是阳明后学黔中支派的佼佼者。所以此诗应作于阳明在贵州文明书院讲学期间。但不知何故，却被收入《全集》之《续编四》，钱德洪《序》云："是卷师作于弘治初年，筮仕之始也。自题其稿曰《上国游》。"③ 因此多有学者误以为是阳明早年之作。在诗中，阳明开宗明义，强调"学文须学古"，终结处又强调"学文乃余事"。由此可知：阳明并不反对"学文"，但认为"师圣贤"方是根本，"学文"须以"师圣贤"为前提；而"学文"的具体路径是"学古"，唯有学古，方能脱离凡俗，去除陈言，使自己的诗文如高耸入云的树木，不受藤蔓缠绕，又好像

---

① （清）钱谦益：《列朝诗集小传·丙集·王新建守仁》，上海古籍出版社1983年版，第269页。
② 《王阳明全集》，第1182页。
③ 《王阳明全集》，第1143页。

发源于昆仑山的流水，一泻千里汇成大川。其中"学文须学古"的理念，看似并未摆脱复古派的影响，其实已有不同。李梦阳等倡导复古，主张"学不的古，苦心无益。又谓文必有法式，然后中谐音度，如方圆之于规矩"①，强调要学习古人的"法式"；阳明亦言学古，但他强调的是要学习古文犹如"千丈木""昆仑派"的内在精神气度，而并非外在的作文"法式"。

阳明"学文乃余事"的文学理念，在两年后所写的《送宗伯乔白岩序》中，得到进一步发挥。正德四年（1509）岁末，王阳明离开龙场，前往庐陵任知县，终于度过了人生中的一大危难。正德六年（1511）正月，调吏部验封清吏司主事。好友乔白岩升南京礼部尚书，赴任前来到阳明处一起论学：

> 先生（乔白岩）曰："然。予中年而好圣贤之道。弈吾悔焉，文词吾愧焉，吾无所容心矣。子以为奚若？"阳明子曰："可哉！学弈则谓之学，学文词则谓之学，学道则谓之学，然而其归远也。道，大路也。外是，荆棘之蹊，鲜克达矣。是故专于道，斯谓之专；精于道，斯谓之精。专于弈而不专于道，其专溺也；精于文词而不精于道，其精僻也。夫道广矣大矣，文词技能于是乎出，而以文词技能为者，去道远矣。是故非专则不能以精，非精则不能以明，非明则不能以诚。故曰'惟精惟一'。精，精也；专，一也。精则明矣，明则诚矣。是故明精之为也，诚一之基也。一，天下之大本也；精，天下之大用也。知天地之化育，而况于文词技能之末乎？"②

乔白岩即乔宇，是弘治十二年（1499）前后与阳明"以才名争驰骋"的"诸公"之一，他自成化二十年（1484）中进士后就从李东阳游，诗文雄隽；而中年好圣贤之道后，不禁愧悔往日对棋艺和文

---

① （明）李梦阳：《空同集》卷62《答周子书》，第569页。
② 《王阳明全集》，第255页。

辞的爱好。阳明则为他指出：唯有"道"，方是康庄大路，其他都是布满荆棘的小径。诗文创作等只能在"精于道"的前提下进行，否则，越是沉溺于此，技艺越精湛，就越陷于歧途，是为"专溺""精僻"。"道"为一切之根本，只要领悟了道心，则可自然衍生出文词技能，甚至天下所有事物。可见，此时的阳明有了更为明确的诗文理念，且是作为其"心性之学"的一个有机部分存在，带有明显的心学色彩，寄托着他重振儒家圣贤之道的诉求。

正德七年（1512）十二月，阳明升南京太仆寺少卿，便道至越中归省。次年五月终，他与弟子徐爱等人，经上虞进入四明山，观白水山，探龙溪之源，访杖锡寺，登雪窦山，攀千丈崖，远眺天姥、华顶二峰，经宁波返回余姚，所到之处，均有诗作，"点化同志，多得之登游山水间也"。冬十月，至滁州。《年谱》记载："滁山水佳胜，先生督马政，地僻官闲，日与门人遨游琅琊、瀼泉间。月夕则环龙潭而坐者数百人，歌声振山谷。诸生随地请正，踊跃歌舞。旧学之士皆日来臻。于是从游之众自滁始。"① 阳明因作《龙潭夜坐》诗：

> 何处花香入夜清？石林茅屋隔溪声。幽人月出每孤往，栖鸟山空时一鸣。草露不辞芒履湿，松风偏与葛衣轻。临流欲写猗兰意，江北江南无限情。②

此诗物象众多，然皆紧扣"夜"字落笔，呈现了天地万物的静谧幽邃和心灵的敏锐澄澈。诗人先从嗅觉、听觉写起：花香暗暗，扑鼻而不知所自，溪声淙淙，盈耳却间隔石林茅屋。诗人于是踏月而行，露冷风凉，于偶尔的鸟鸣声中更感夜的孤寂空灵。尾联借传说中孔子作《猗兰操》的典故，哀伤生不逢时；而大江南北的壮丽山河，又使他抑郁的心情豁然开朗，足见诗人的胸怀坦荡豁达。整首诗景与心交汇融合，意味深长，表达的是圣者兼隐士的情怀。其言平易，其态

---

① 《王阳明全集·年谱一》，第 1363 页。
② 《王阳明全集》，第 806 页。

澹适自然，其风格则清冽爽逸，尤其是"江北江南无限情"的结尾，给人留下余韵悠长、含蓄不尽的无限遐想。李圣华评曰："洒脱风致，清隽近于晋人，谓之诗人之诗，奚曰不可？又体味道心，别开境界。"[1] 在游学琅琊山时，阳明又作《山中示诸生》五首，其第一首写道：

> 路绝春山久废寻，野人扶病强登临。同游仙侣须乘兴，共探花源莫厌深。鸣鸟游丝俱自得，闲云流水亦何心？从前却恨牵文句，展转支离叹陆沉![2]

阳明认为，鸣鸟游丝，闲云流水，天地万物均能自得，心中的天理同样不待外求，得之自然；倘若只知枯坐书斋，研读经典，受牵于文句，那么只能领略零星半爪，难以真正领会圣贤思想体系的完善与丰富。全诗既有说理，又有形象，既有理趣，也有诗的美感。其余四首为：

> 滁流亦沂水，童冠得几人？莫负咏归兴，溪山正暮春。
> 桃源在何许？西峰最深处。不用问渔人，沿溪踏花去。
> 池上偶然到，红花间白花。小亭闲可坐，不必问谁家。
> 溪边坐流水，水流心共闲。不知山月上，松影落衣斑。[3]

滁州山水在他笔下如同世外桃源一般蔚然深秀，不落凡尘，同时又生机无限，流露一种永恒的静谧。诗中的理趣已融化为物境，是他道学心态的形象表现。

在滁州期间，阳明的送别诗也没有寻常诗人的伤感消沉，而是具有潇洒达观、豪迈隽永之美。如《送德观归省二首》其一：

---

[1] 李圣华：《冷斋诗话》，上海古籍出版社2007年版，第8页。
[2] 《王阳明全集》，第805页。
[3] 《王阳明全集》，第805—806页。

雪里闭门十日坐，开门一笑忽青天。茅檐正好负暄日，客子胡为思故园？椿树惯经霜雪老，梅花偏向岁寒妍。琅琊春色如相忆，好放山阴月下船。①

"开门一笑忽青天"化用黄庭坚的名句"出门一笑大江横"②。诗人闭门静坐，静中感受天理即是吾心，开门见青天万里，又何尝不是心如青天、无纤毫之尘杂？诗人于是心领神会，一笑豁然；悟道之欢欣，尽在不言之中。正因有此心境，故无往而不自得，即便寒冬，也可负暄对日；再看椿树、梅花，在酷寒中更见生机，这显然也是见道之后便能超越生命困苦的一种隐喻③。整首诗虽以离别为主题，却无戚戚之情，但见体道后的达观豪迈。再如正德九年（1514）四月，王阳明被任命为南京鸿胪寺卿，又作《滁阳别诸友》，其小序曰：

滁阳诸友从游，送予至乌衣，不能别。及暮，王性甫汝德诸友送至江浦，必留居，俟予渡江。因书此促之归，并寄诸贤，庶几共进此学，以慰离索耳。

诗云：

滁之水，入江流，江潮日复来滁州。相思若潮水，来往何时休？空相思，亦何益？欲慰相思情，不如崇令德。掘地见泉水，随处无弗得；何必驱驰为？千里远相即。君不见尧羹与舜墙，又不见孔与跖对面不相识？逆旅主人多殷勤，出门转盼成路人。④

---

① 《王阳明全集》，第806页。

② 《黄庭坚全集》（一）正集卷5《王充道送水仙花五十枝欣然会心为之作咏》，四川大学出版社2001年版，第114页。

③ 武道房：《道学与王阳明诗歌的心路历程》，《安徽师范大学学报》（人文社会科学版）2010年第1期。

④ 《王阳明全集》，第809页。

在诗中，阳明用日复往来的扬子江潮来形容与弟子之间的思念之情，足见师徒情深。但他认为，只有不断地寻求明德，才是慰藉思念之情的最好办法。当初"尧殂之后，舜仰慕三年，坐则见尧于墙，食则睹尧于羹"[①]，他相信自己与弟子就像尧舜一样，彼此心意相通，即使相隔千里，仍然心心相系。悟道之后的欢欣自足，在这些诗篇中都显露无遗。

在南都任上，阳明又作《南都诗》四十七首。总体来看，阳明在滁州、南都时期的生活主要沿袭了龙场后期的模式：一方面，登临山水，亲近自然；另一方面，收徒讲学，共研心学，随时随地为弟子答疑解惑。并且将两者结合起来，形成独特的游学形式。由于良知境界的提升，阳明的心态更加从容，心境更加平和，因此诗文风格更为空灵高远，内容上也多表现悟道传道的洒脱与快适，同时体现了他对生命的珍惜与对天地万物的关怀。正如他自己当年所说："吾侪是处皆行乐，何必兰亭说旧游？"[②]

第三节　宸濠之变与《江西诗》

阳明一生的遭遇，有两大变故：一是远谪龙场，二是平定宁王朱宸濠之变，后者为阳明一生最大之功业。期间所作诗，以《江西诗》为主。《江西诗》共一百二十首，是阳明"正德己卯年，奉敕往福建处叛军。至丰城，遇宸濠之变，趋还吉安，集兵平之。八月，升副都御史，巡抚江西作"[③]。始自《鄱阳战捷》，终至《啾啾吟》。

正德十四年（1519）六月十四日，宁王朱宸濠在南昌发动叛乱，杀巡抚孙燧、江西按察副使许逵，革正德年号。叛乱迅速波及江西北部及南直隶西南一带，形式极为危急。阳明闻变，举兵勤王，会齐各地军兵，于七月二十日攻克南昌。朱宸濠闻讯，回救南昌，二十四日

---

① 《后汉书·李固传》，中华书局1965年版，第2084页。
② 《王阳明全集》，第736页。
③ 《王阳明全集》，第830页。

与王阳明军相遇于南昌东北的黄家渡，叛军败退八字堖。二十六日，明军以火攻，宸濠大败，将士焚溺而死者三万余人，宸濠与其世子、郡王等皆被擒。仅过四十三天，这场危及明王朝基业的叛变即为阳明所平定。

然而立此赫赫奇功的阳明不但没有得到朝廷应有的封赏，却反而被幸臣张忠、许泰、江彬等诬陷"通濠"，由此陷入比远谪龙场更为险恶的人生境遇中。阳明擒获朱宸濠后，好大喜功的明武宗欲御驾亲征，幸臣张忠、许泰、江彬等不但不加以阻拦，还怂恿万端，甚至要求阳明将已擒获的朱宸濠释放在鄱阳湖地区，希望再起战端。阳明断然拒绝，故衔恨者众，不但功高不赏，还被诬"通濠"。这段史事，《明史》记述为：

> 帝时已亲征，自称威武大将军，率京边骁卒数万南下。命安边伯许泰为副将军，偕提督军务太监张忠、平贼将军左都督刘晖将京军数千，泝江而上，抵南昌。诸嬖倖故与宸濠通，守仁初上宸濠反书，因言："觊觎者非特一宁王，请黜奸谀以回天下豪杰心。"诸嬖倖皆恨。宸濠既平，则相与媢功。且惧守仁见天子发其罪，竟为蜚语，谓守仁先与通谋，虑事不成，乃起兵。又欲令纵宸濠湖中，待帝自擒。守仁乘忠、泰未至，先俘宸濠，发南昌。①

《明史》所指"诸嬖倖故与宸濠通"事，武宗时的御史黎龙曾云："盖以逆濠之反，实有内应，人怀观望"②，谷应泰在《明史纪事本末》卷47也说：宸濠之谋逆，"十余年之间，棋布星罗，贼党几遍海内……宫掖树其私人，六卿半其羽翼"③。这些朝中奸佞罗织罪名，一意加害阳明，"群奸在侧，人情汹汹"，使阳明陷入人生至为危难

---

① 《明史·王守仁传》，第5164页。
② 《王阳明全集·年谱二》，第1407页。
③ （明）谷应泰：《明史纪事本末》卷47，商务印书馆1936年版，第30页。

之境。正德十五年（1520）正月，阳明欲觐见武宗以自明，却"为诸幸谗阻不得见。中夜默坐，见水波拍岸，汩汩有声。思曰：'以一身蒙谤，死即死耳，如老亲何？'谓门人曰：'此时若有一孔可以窃父而逃，吾亦终身长往不悔矣。'"从《年谱》的这段记述，可见阳明当时已做好身死的思想准备，但唯一放不下的是老父。二月，"以车驾未还京，心怀忧惶。是月出观兵九江，因游东林、天池、讲经台诸处"①，并再次游览九华山，创作了一系列诗歌。其中《重游化城寺》写道：

> 爱山日日望山晴，忽到山中眼自明。鸟道渐非前度险，龙潭更比旧时清。会心人远空遗洞，识面僧来不记名。莫谓中丞喜忘世，前途风浪苦难行。②

化城寺为九华山开山祖寺。阳明此诗描写了化城寺环境的清幽，然而险峻的鸟道，幽深的龙潭，尤其是最后一句"前途风浪苦难行"的感叹，似乎都透露着一丝苦涩，隐喻诗人此时处境的艰险。但是这样的作品却不多见，阳明重游九华山的诗大多是如下风格：

> 小小山园几树桃，安排春色候停桡。开樽旋扫花阴雪，展席平临松顶涛。地远不须防俗驾，溪晴还好著渔舠。云间石路稀人迹，深处容无避世豪。（《岩下桃花盛开携酒独酌》）③
>
> 尽日岩头坐落花，不知何处是吾家。静听谷鸟迁乔木，闲看林蜂散午衙。翠壁泉声穿乱石，碧潭云影透晴沙。痴儿公事真难了，须信吾生自有涯。（《岩头闲坐漫成》）
>
> 逢山未惬意，落日更移船。峡寺缘溪径，云林带石泉。钟声先度岭，月色已浮川。今夜岩房宿，寒灯不待悬。

①　《王阳明全集·年谱二》，第1400—1402页。
②　《王阳明全集》，第851页。
③　《王阳明全集》，第845页。

维舟谷口傍烟霏，共说前冈石径微。竹杖穿云寻寺去，藤筐采药带花归。诸生晚佩联芳杜，野老春霞缀衲衣。风咏不须沂水上，碧山明月更清辉。（《将游九华移舟宿寺山二首》)①

从这些诗篇中，几乎完全看不出作者的忧惧烦恼，反倒处处显示出闲适的心境与悠然的情趣，就像一位身无挂碍的平凡文士在旧地重游。阳明再传弟子万廷言在《阳明先生重游九华诗卷后序》中，对其良知境界与诗歌创作的关系有过透彻的论述。他认为一般文人身处"凶竖攘功""阴构阳挤""祸且莫测"的危险境地中，都会"垂首丧气"，即使善处患难的豪杰之士，也只能"绕床叹息"而已。但阳明先生却不然，他能够"捐得失之分，齐生死之故，洞然忘怀，咏叹夷犹于山川草木之间"，进而写出那么多超然自得、从容浑然的诗篇。他探求其中原因说：

> 盖其良知之体虚明莹澈，朗如太虚，洞视寰宇，死生利害祸福之变，真阴阳昼夜惨舒消长相代乎吾前，遇之而安，触之而应，适昭吾良知变见圆通之用，曾不足动其纤芥也。其或感触微存凝滞，念虑差有未融，则太虚无际，阴翳间生，荡以清风，照以日月，息以平旦，煦以太和，忽不觉转为轻云，化为瑞霭，郁勃之渐消，泰宇之澄霁，人反乐其为庆为祥，而不知变化消镕之妙，实在咏歌夷犹之间，脱然以释，融然以解，上下与天地同流矣。故观此诗而论其世，然后知先生之自乐，乃所以深致其力，伊川所谓学者学处患难，其旨信为有在。益知先生千古人豪，后世所当尚论而取法者也。②

在万廷言看来，阳明的良知境界与其诗歌创作之间互为依存，正是因为他有了以良知为核心的大丈夫人格，所以才能在患难危机中保

① 《王阳明全集》，第853页。
② （清）黄宗羲编：《明文海》，中华书局1987年版，第2802页。

持一份平和的心态，依然吟咏于山川草木之间。而那些"感触微存凝滞，念虑差有未融"的些许不快，也在"咏歌夷犹之间"变化消融，脱然以释，最终达到"上下与天地同流"的和乐之境。①

正德十五年（1520）六月，阳明抵达赣州后，立刻进行了一场大阅兵，教导兵卒作战。当时，江彬派人打探动静，"相知者俱请回省，无蹈危疑"，然而阳明说："吾在此与童子歌诗习礼，有何可疑?"②因作《啾啾吟》一诗：

> 知者不惑仁不忧，君胡戚戚眉双愁？信步行来皆坦道，凭天判下非人谋。用之则行舍即休，此身浩荡浮虚舟。丈夫落落掀天地，岂顾束缚如穷囚！千金之珠弹鸟雀，掘土何烦用镯镂？君不见东家老翁防虎患，虎夜入室衔其头？西家儿童不识虎，执竿驱虎如驱牛。痴人惩噎遂废食，愚者畏溺先自投。人生达命自洒落，忧谗避毁徒啾啾!③

这是阳明最著名的诗篇之一，表达了身陷谗谤的泰然自若和无所畏惧，以及乐天知命的洒落通达。阳明在诗中以"东家老翁"和"西家儿童"相对而言："东家老翁"防范再足，其恐惧气息和机心算计之气仍可为虎嗅出，反易招致虎的攻击；"西家儿童"却无欲则刚，无知无畏，反能驱虎。诗之末句云："人生达命自洒落，忧谗避毁徒啾啾!""洒落"一词，尤为重要。阳明曾就"洒落"作如下解说："君子之所谓洒落者，非旷荡放逸，纵情肆意之谓也，乃其心体不累于欲，无入而不自得之谓耳。"④要达到"洒落"的境界，关键就在于心体不为私欲所累，实即"不动心"。阳明说："用兵何术，但学问纯笃，养得此心不动，乃术尔。凡人智能相去不甚远，胜负之

---

① 左东岭：《良知说与王阳明的诗学观念》，《文学遗产》2010 年第 4 期。
② 《王阳明全集·年谱二》，第 1406 页。
③ 《王阳明全集》，第 863 页。
④ 《王阳明全集·答舒国用》，第 212 页。

决不待卜诸临阵，只在此心动与不动之间。"① 心动者，正如诗中所说，患得患失，千般算计，却难防百密一疏。不动心者，则只是依循"良知"，直道而行，不离天之正道故无患，能随机应变故无忧。此时阳明的大阅兵正是依循"良知"，直道而行，又有何可忧惧？阳明又曾言："尔那一点良知，是尔自家底准则。尔意念着处，他是便知是，非便知非，更瞒他一些不得。尔只不要欺他，实实落落依着他做去，善便存，恶便去，他这里何等稳当快乐。"② 正因此，他才能将大阅兵说得像"歌诗习礼"那样轻松，也才能在谗徒围困的处境中战胜忧愤危疑，依旧"稳当快乐"。那些谗言谤语，不过使他更确信"良知"的力量，更坚定直道的信念而已，正所谓"戒慎不睹，恐惧不闻，养得此心纯是天理"③。章太炎评价阳明心学时曾以"自尊无畏"④ 四字做概括，这种心境，在《啾啾吟》中得到了很好的体现。"他在极踌躇的境地，吐说出极超脱的话；他在极困厄的时候，发越出极自在的情态。"⑤ 外在恶劣环境的刺激与磨炼，更砥砺出阳明心灵的光辉，达到纯明无畏之境界。

在这不久，阳明写下祈祷世人觉醒的《睡起偶成》一诗：

> 四十余年睡梦中，而今醒眼始朦胧。不知日已过亭午，起向高楼撞晓钟。起向高楼撞晓钟，尚多昏睡正懵懵。纵令日暮醒犹得，不信人间耳尽聋。⑥

该诗振聋发聩，表达了诗人向道、悟道的急迫之情，并期盼懵懵昏睡的世人都能速速醒来，和他一起探寻"良知"，体悟大道。正如钱穆所言："阳明经受了此第二番的摧抑，他还能保存他那喷薄郁勃

---

① （明）钱德洪：《征宸濠反间遗事》，《王阳明全集·世德纪·附录》，第 1632 页。

② 《王阳明全集》，第 105 页。

③ 《王阳明全集》，第 42 页。

④ 章太炎在《答铁铮》中说："日本维新，亦由王学为其先导。王学岂有他长？亦曰'自尊无畏'而已。"（《章太炎全集》（四），上海人民出版社 1985 年版，第 369 页）

⑤ 钱穆：《阳明学述要》，第 43 页。

⑥ 《王阳明全集》，第 859 页。

的活气，不消沮，不退转，却不得不使他的认识更深刻，更真切地反归到他自己内心更深的一层。使他解悟得伸展自己无限的意志，发扬自己无限的感情，运使自己无限的智慧之所在，一切不在外界，而却在他自己之一心。他遂终于进一步的认识了他之所谓良知，而直呼着'致良知'口号，来指点学者与世人。"① 许寿裳于 1937 年 2 月到上海谒鲁迅墓后，曾作七绝一首："身后万民同雪涕，生前孤剑独冲锋。丹心浩气终黄土，长夜凭谁扣晓钟。"② 同样以"扣晓钟"的意象，来赞颂鲁迅为唤醒国民性以挽救中国所做的贡献，应是受阳明《睡起偶成》启发。而阳明和鲁迅，同为越中豪杰，在中国文化史上，确实有着相似的精神力量。

在阳明所做的一百二十首《江西诗》中，争议最多的却当属《纪梦》，值得特别关注，故详述之。

明正德十五年（1520）庚辰八月，王阳明时在江西，作《纪梦》诗并序：

> 正德庚辰八月廿八夕，卧小阁，忽梦晋忠臣郭景纯氏以诗示予，且极言王导之奸，谓世之人徒知王敦之逆，而不知王导实阴主之。其言甚长，不能尽录。觉而书其所示诗于壁，复为诗以纪其略。嗟乎！今距景纯若干年矣，非有实恶深冤郁结而未暴，宁有数千载之下尚怀愤不平若是者耶！

> 秋夜卧小阁，梦游沧海滨。海上神仙不可到，金银宫阙高嶙峋。中有仙人芙蓉巾，顾我宛若平生亲；欣然就语下烟雾，自言姓名郭景纯。携手历历诉衷曲，义愤感激难具陈。切齿尤深怨王导，深奸老猾长欺人。当年王敦觊神器，导实阴主相缘夤。不然三问三不答，胡忍使敦杀伯仁？寄书欲拔太真舌，不相为谋敢尔云！敦病已笃事已去，临哭嫁祸复卖敦。事成同享帝王贵，事败

---

① 钱穆：《阳明学述要》，第 54 页。
② 许寿裳：《我所认识的鲁迅》，人民文学出版社 1952 年版，第 102 页。

乃为顾命臣。几微隐约亦可见，世史掩覆多失真。袖出长篇再三读，觉来字字能书绅。开窗试抽《晋史》阅，中间事迹颇有因。因思景纯有道者，世移事往千余春；若非精诚果有激，岂得到今犹愤嗔！不成之语以筮戒，敦实气沮竟殒身。人生生死亦不易，谁能视死如轻尘？烛微先几炳《易》道，多能余事非所论。取义成仁忠晋室，龙逢龚胜心可伦。是非颠倒古多有，吁嗟景纯终见伸！御风骑气游八垠。彼敦之徒草木粪土臭腐同沉沦！

　　我昔明《易》道，故知未来事。时人不我识，遂传耽一技。一思王导徒，神器良久觊。诸谢岂不力？伯仁见其底。所以敦者傭，罔顾天经与地义。不然百口未负托，何忍置之死！我于斯时知有分，日中斩柴市。我死何足悲，我生良有以！九天一人抚膺哭，晋室诸公亦可耻。举目山河徒叹非，携手登亭空洒泪。王导真奸雄，千载人未议。偶感君子谈中及，重与写真记。固知仓卒不成文，自今当与频谑戏。倘其为我一表扬，万世万世万万世。

　　右晋忠臣郭景纯自述诗，盖予梦中所得者，因表而出之。①

　　全诗由三部分组成：序，正文，以及梦中所得郭景纯自述诗。关于这首《纪梦》，主要有三方面的问题值得考论：其一，诗之真伪；其二，诗之内涵；其三，诗中所体现的历史观。

　　首先，关于诗之真伪。

　　阳明《纪梦》所云"晋忠臣郭景纯氏"，即东晋著名文学家和卜筮学家郭璞，景纯其字。晋元帝永昌元年（322），王敦兴兵谋反，令时任记室参军的郭璞卜筮，郭璞直言"无成"，"明公起事，必祸不久"②，王敦大怒而杀之。《晋书》郭璞本传等具载其事。然而在阳明梦中，郭璞愤恨的对象却主要是王导，而并非王敦；他痛陈王敦之逆实由"王导阴主之"，王导"深奸老猾长欺人"，"神器良久觊"，乃

---

① 《王阳明全集》，第856页。
② 《晋书》，中华书局1974年版，第1909页。

是"真奸雄"。阳明梦醒之后，检阅《晋史》，以为"中间事迹颇有因"，对郭璞的观点深以为然。整首诗以揭王导之奸、扬郭璞之忠为主旨，措辞用语相当激切，令许多学者颇感困惑。民国时期余重耀已指其"可异"："梦果非幻，景纯何以诉之于其族裔，而先生亦绝不为尊者讳耶？"①冈田武彦也认为："王阳明身为王家子孙，却假借托梦之举对祖先提出批判，这种行为是不可思议的"②，"身为千年之后的子孙，王阳明此举让人颇感怪异"③。有学者进而质疑这首诗的真实性。如张克伟以为："《纪梦》诗中阳明借晋人郭璞之口以辱骂晋相王导为奸雄，笔者以为此事不无商榷之处。稽之史册谱牒，王导乃阳明之远祖，阳明岂有自骂其祖之理？而此诗作于明正德十五年庚辰七月阳明重上《江西捷音疏》之后，其后以功高不赏，复又遭馋谤，门人好友中，或有不胜其愤者，假托阳明之名而伪作此诗。阳明谢世后，门人编搜逸文，不稽诸史，只凭似是而非之片言只语，漫不加察而收入《王阳明全集》内，加上时儒好言纪梦，往往失诸考据而持之以为确论，这未免使人纳罕。"④钱明也赞同此说，并进一步举上海图书馆所藏《泰和王氏族谱原序》为佐证⑤，指出：在该序文中，阳明不但没有极言王导之奸，甚至为彰显先祖，激励后人，而对王导褒奖有加，"要知道，阳明撰写此序时，已重病缠身，动笔甚难，为泰和王氏族谱作序，反映了他在弥留之际为彰显王氏世家的良苦用心，而根本看不出他在《纪梦》诗中痛斥王导时的那种'卓识真见'"⑥。

综合以上论述，可知学者之所以对《纪梦》心存疑惑，并进而推断其为伪作，主要原因有二：其一，认为王导为阳明远祖，从常理推断，阳明不当自骂其祖；其二，在《泰和王氏族谱原序》中，阳明

---

① 余重耀：《阳明先生传纂》，中华书局1923年版，第3页。
② ［日］冈田武彦：《王阳明大传》（上），第28页。
③ ［日］冈田武彦：《王阳明大传》（下），第113页。
④ 张克伟：《记王阳明父子梦兆二三事》，王晓昕、李友学主编《王学之魂》，贵州民族出版社2005年版，第174页。
⑤ 《泰和王氏族谱原序》载镇海《蛟川王氏宗谱》卷首，清王世灯等纂修，光绪七年（1881）三槐堂刻本。
⑥ 钱明：《儒学正脉——王守仁传》，浙江人民出版社2006年版，第5页。

极力称美王导及其世泽，与《纪梦》思想相悖。因此，若要探讨《纪梦》诗的真伪，就有必要理顺王导与王阳明的关系，并对《泰和王氏族谱原序》一文加以细致考察。

关于王导与王阳明的关系，古今学者观点不一。《年谱》云："其先出晋光禄大夫览之裔，本琅琊人，至曾孙右将军羲之，徙居山阴；又二十三世迪功郎寿，自达溪徙余姚；今遂为余姚人。"① 胡俨《邃石先生传》（阳明高祖王与准传）、戚澜《槐里先生传》（阳明曾祖王杰传）、陆深《海日先生行状》（阳明父王华传）、湛若水《阳明先生墓志铭》、黄绾《阳明先生行状》等文献中，也都将王阳明的家族世系追溯至王览及王羲之②。王览，字玄通，琅琊临沂人，其同父异母兄即为"卧冰求鲤"之王祥，兄弟二人并以孝悌之行名闻天下。自王祥、王览始，琅琊王氏日趋显贵。永嘉之乱后，王览之孙王敦、王导拥司马睿过江，即位建康，重建晋室，王家更是名重江左，致有"王与马，共天下"③ 之说。而"书圣"王羲之为王览之曾孙，乃王导堂兄弟王旷之子，与王导是同脉不同支。因此，认为王阳明乃王羲之一族遗脉，与王导只是宗亲关系，可以说是明儒的普遍看法。至清康熙年间，俞嶙辑编《王阳明先生全集》，其中《年谱》所记阳明先祖依然是王羲之。

而认为阳明所在的姚江秘图山王氏并非出自王羲之，实是出自王导，这基本是当代学者的观点。诸焕灿、褚纳新、钱明、华建新等学者通过研究光绪二十九年（1903）存本堂刻《姚江开元王氏宗谱》、民国二年（1913）三槐堂刻《余姚孝义官人宅王氏宗谱》等族谱发现：王导为王氏乌衣大房一世祖；至第三十三世王季时，迁居余姚秘图山，是为姚江秘图山派之始祖；王季生四子，长子纲，是为阳明六世祖。依此推算，王阳明是王导的第四十世孙④。这一结论为不少学

---

① 《王阳明全集》，第 1345 页。
② 《王阳明全集》，第 1526—1554 页。
③ 《晋书》，第 2554 页。
④ 诸焕灿《王阳明世系考索》，《浙江万里学院学报》2001 年第 4 期；褚纳新《在尘封的历史中探问王阳明家世》，《寻根》2007 年第 5 期；钱明《儒学正脉——王守仁传》，第 5 页；华建新《姚江秘图山王氏家族研究》，宁波出版社 2010 年版，第 13 页。

者认可，但显然还需要进一步商榷和求证，因为它几乎完全建立在家族谱文献的基础上。而历代家族谱内容的真实性，尤其是关于远代世系的记述的真实性，其实早已备受质疑。唐人颜师古在为《汉书·眭弘传》作注时说："私谱之文出于闾巷，家自为说，事非经典，苟引先贤，妄相假托，无所取信，宁足据乎?"[①] 宋人苏洵则云："自秦、汉以来，仕者不世，然其贤人君子尤能识其先人，或至百世而不绝，无庙无宗而祖宗不忘，宗族不散，其势宜忘而独存，则由有谱之力也。盖自唐衰，谱牒废绝，士大夫不讲，而世人不载，于是乎由贱而贵者，耻言其先；由贫而富者，不录其祖，而谱遂大废。"[②] 既然谱牒在唐代已"无所取信"，谱学在唐末之乱后更是"废绝"，因此，宋以后的士大夫，与前代士族其实"并无直接联系，即或有联系，亦亡其谱牒，不明来处……宋明之后的族谱，与汉唐间的谱牒或氏族志一类典籍，中间本来存在断裂，并非一脉相承的记录"[③]。而现存家族谱大都是明清时期所修，其中远攀华胄、冒接世系等乱象相当严重。黄宗羲在《唐氏家谱序》中指出："今日谱之为弊，不在作谱者之矫诬，而在伪谱之流传，万姓芸芸，莫不家有伪谱。"[④] 于《淮安戴氏家谱序》中又云："以余观之，天下之书，最不可信者有二：郡县之志也，氏族之谱也。"[⑤] 杭世骏说："纵览天下之籍，每叹夸诞而不足征者，莫如家谱。"[⑥] 钱大昕更是尖锐地批评家族谱"支离傅会，纷纭踳驳，私造官阶，倒置年代，遥遥华胄，徒为有识者喷饭之助矣"[⑦]。当代学者也指出，明清时期家族谱中的远代世系往往"被编造得非常整齐，甚至天衣无缝，成为表达士大夫文化认同的一种历史记忆方式，以致直到今天竟更常被人们视作信史。治史之人当知其讹，惟以之窥探明清以来世态风习之流变，断不可用以为古史考辨之

---

① 《汉书》，第 3153 页。
② 《苏洵集·谱例》，中国书店 2000 年版，第 128 页。
③ 刘志伟：《明清族谱中的远代世系》，《学术研究》2012 年第 1 期。
④ 《黄宗羲全集》第 19 册，第 40 页。
⑤ 《黄宗羲全集》第 19 册，第 61 页。
⑥ 《杭世骏集》，浙江古籍出版社 2015 年版，第 72 页。
⑦ 陈文和主编：《嘉定钱大昕全集》，凤凰出版社 2016 年版，第 9 册，第 412 页。

证据"①。而目前学者据以考察阳明世系的各种王氏家族谱，均为清末民初所造，其中关于阳明远代先祖的记述的真实性无疑是非常值得商榷的。倘若据此即判定阳明为王导四十世孙，进而认为阳明不会自骂其祖、《纪梦》为他人伪作，实难令人信服。

事实上，因为年代的久远，关于王阳明的远代先祖，无论是明儒所持的王羲之论，还是当代部分学者所持的王导论，很可能都与历史真实不相符。但可以肯定的是，当胡俨、戚澜、陆深、湛若水、黄绾、钱德洪等明儒在为阳明或其父、祖作传时，不可能随意编造他们的家世渊源，而必定是参照了当时阳明所在王氏家族自身的观点。也就是说，不论历史真实如何，在明代王阳明族人的心目中或叙述中，应是以王羲之为先祖的。并且，这一认知应该是一直延续到清代及民国。据曾拜谒过王家家庙的日本学者东正堂的弟子介绍，"羲之在上，子孙昭穆下列，辟别室单独奉祭阳明"②，可为佐证。同样，在阳明的心目中，应也是以王羲之为先祖，而不会是王导；他和王导之间只是宗亲关系，并不比与王敦的关系近；更何况，这种宗亲关系已相距近一千二百年！如此遥远的关系，对当时"良知"思想几已成型的阳明而言，恐怕是不足以影响他的判断及写作的。

但是，在另一篇署名"王守仁"的《泰和王氏族谱原序》中，所阐述的观点又确实与《纪梦》完全相悖。今录其要如下：

> 琅琊王氏，自晋太傅导，佐元帝中兴，存中华文物于江左三百余年，有功于世道甚大，故郭璞尝为筮之曰："淮水绝，王氏灭。"淮水岂有绝哉？太傅后家金陵，久而称盛，有谱牒。南唐世擢王公崇文为吉州刺史，金陵之世家也。其从孙贽，字至之，从之官，因家于吉州之泰和，天禧初擢进士第，有文武才，深见知于仁宗、英宗，初以礼部侍郎致仕……元盛时，有讳以道、字臣则者，因张伯刚、李道复遇仁宗于汴，固邀从入京，固辞曰：

---

① 刘志伟：《明清族谱中的远代世系》，《学术研究》2012 年第 1 期。
② ［日］冈田武彦：《王阳明大传》（上），第 22 页。

受父母命游汴而已。归而弟子弥众，竟以隐终。此其人非抱高世之节，安能若是耶！太傅公之遗泽未艾也。其子子与，博学，尤以诗名，今行于世，太祖高皇帝聘以讲书，擢为福建盐运副使，辞不拜。其季曰子启，仕为监察御史，迁广西按察司佥事，知崇庆州，归老于家。子与有子伯贞，继为广东佥事，今历朝至中顺大夫，知琼州府，以子直官翰林院修撰，蒙特恩，即致其仕，其荣盛为何如哉？何其与先祖遭逢相似耶！直字行俭，间持其家谱示予，求予之序，既疏其事如上，而又必推太傅之世家，明积善之不可诬也……矧先公与子与君为莫逆，而子启君之出而仕也，与先叔父同年，幼时尝及拜谒，而不能知其详……时在嘉靖七年岁次戊子秋九月之吉，兵部尚书王守仁拜撰。①

此序不见于明代隆庆六年（1572）谢廷杰编刊的《王文成公全书》，也不见于吴光等编校、上海古籍出版社 1992 年和 2011 年出版的《王阳明全集》，但同样是吴光等编校，由浙江古籍出版社 2010 年出版的《王阳明全集》（新编本）作为佚文收入。该文对王导世泽之称颂可谓不遗余力，一再赞叹王导"有功于世道甚大"，"遗泽未艾"，"积善之不可诬"，与《纪梦》诗中的观点迥不相同，二者之间必有真伪之辨。而细检其中文字，可发现此序当属伪作无疑，主要论据有二：

其一，正文之误。据文中所述，此序由江西泰和人王直字行俭者，官翰林院修撰，持家谱求阳明作序。稽之文献，明代确有王直其人，且《明史》有传："王直，字行俭，泰和人。父伯贞，洪武十五年以明经聘至京。时应诏者五百余人，伯贞对第一。授试佥事……建文初，复以荐知琼州……直幼而端重，家贫力学。举永乐二年进士，与曾棨、王英等二十八人同读书文渊阁。帝善其文，召入内阁，俾属草。寻授修撰……在翰林二十余年，稽古代言编纂纪注之事，多出其

---

① 《王阳明全集》（新编本），浙江古籍出版社 2010 年版，第 1900—1901 页。

手……天顺六年卒，年八十四。赠太保，谥文端。"① 明代李贤所著《古穰集》中《吏部尚书致仕赠太保谥文端王公神道碑铭》一文则云："公讳直，字行俭，别号抑庵，系出琅琊晋太傅导之后也。导辅东晋，遂家金陵。后数世有崇文者，仕唐为吉州刺史，因家吉州。又数世孙赞仕宋为户部侍郎，徙居泰和，代有显人。曾祖以道，祖子兴②，隐居不仕。父伯贞，仕国朝为肇庆知府……永乐改元，遂领乡荐，明年登进士第。时太宗皇帝笃意古学，诏选进士曾棨等二十八人为翰林庶吉士，俾读中秘书，冀成远大之器。公在选中，感激奋志，不数年文辞追古作者。上以公卓越诸士，召入内阁，凡机密之政属执笔焉，寻授翰林修撰……天顺六年九月二十三日以疾终于正寝，享年八十有四。"③ 将上述两则文献所叙人物生平及家族世系与《泰和王氏族谱原序》相比对，显见文中"王直"均为同一人。也就是说，《泰和王氏族谱原序》中请阳明作序的"王直"，就是《明史》有传、李贤为之作碑铭传记的明代重臣"王直"。而问题就在于，无论是《明史》，还是李贤之文，都明明白白记述着：王直为"永乐二年进士"，卒于明英宗天顺六年（1462），其时距阳明出生的明宪宗成化八年（1472）还有整整十年，又怎么可能于"嘉靖七年（1528）岁次戊子秋九月"持家谱示阳明，并求为序？显系伪造。进而可推断序文后半部分所述"先公与子与君为莫逆"云云，皆系伪造。

其二，此序落款署"兵部尚书"，其误尤为明显。阳明于正德十六年（1521）"升南京兵部尚书，参赞机务"④，"南京兵部尚书"并不等同于"兵部尚书"。明代以北京和南京为两京，两京都设有一套中央政权机构，然而，北京才是明代中后期的京师，政治的中心，原来的首都南京其地位已经下降为陪都。南京兵部在南都机构中职事重

---

① 《明史》，第4537—4541页。

② 《泰和王氏族谱原序》记王直之祖名为"子与"，李贤记为"子兴"，必有一误，形近而讹。

③ （明）李贤：《古穰集》卷12，《景印文渊阁四库全书》，台湾商务印书馆1986年版，集部，第1244册，第601—602页。

④ 《王阳明全集》，第1414页。

要，但在很多方面都受北京兵部的约束，在职掌范围、权力方面都有所减小。阳明所任之职为"南京兵部尚书"，作区区一谱序，又岂敢妄署"兵部尚书"？由此可推断，此序很可能是清代王氏后裔伪造，故不熟悉明代的政权机构设置，不知明代有"兵部尚书"与"南京兵部尚书"之别。

综言之，无论是王导与王阳明的关系，还是《泰和王氏族谱原序》，都不足以证明《纪梦》是伪作。且诗之小序云"觉而书其所示诗于壁"，尚有余姚市梨洲文献馆所藏木刻拓本为佐证（如图1-1）：

图1-1　王阳明《纪梦》诗书迹

上图所示为其中部分拓本。计文渊《王阳明法书集》著录："王阳明纪梦诗书迹刻本，为余姚周巷何氏旧藏，经尚乘曾得拓本，后赠堵福诜，因原板已毁，拓本已成孤本，为广流传，于民国廿年影印。纪梦诗原为阳明题壁手迹，书于正德庚辰年（1520）八月廿八日。此系木板重刻拓本，镌时字行改易，然神气俱存。"[1] 阳明题于壁上之诗即梦中所得郭景纯诗，但与《纪梦》诗中所录略有差异，应是"复为诗以纪其略"时作了润色修改。从墨迹的流传过程和手迹分析，拓本应为阳明真迹传世，这也进一步证实了《纪梦》诗的真实性。

---

① 计文渊：《王阳明法书集·法书考释》第41条"纪梦诗题壁"，西泠印社1996年版。

其次，关于诗之内涵。

王阳明于正德十五年（1520）八月忽作此《纪梦》诗，盖有深意，对此，学者们早有领会。朝鲜李朝时期的散文大家张维在《溪谷漫笔》中写道："余窃疑此诗作于宸濠变后，无乃方濠盛时，朝中大臣或有主其谋而竟幸免者，故阳明记此以风刺之也。"① 余重耀认为，阳明这是在借古讽今，"以寄其嫉邪刺谗之意"②。冈田武彦指出："这是王阳明在假托郭璞来表白自己的内心"③，"王阳明通过这样的方式将当时自己对武宗身边那群奸佞的义愤吐露了出来"④。束景南以为："阳明于此诗中隐以王敦比宸濠，以郭景纯比冀元亨，以王导比张忠、许泰乃至王琼、杨廷和之流，灼然可见。"⑤ 上述观点都倾向于将《纪梦》的创作与宸濠之逆关联起来，认为阳明此诗非徒以翻历史旧案，正借以指今日之事。惜所论多为片言短简，且对诗中郭璞形象的具体理解尚存分歧，或以为阳明自况，或以为比冀元亨。因此，有必要就阳明此诗所包蕴的史事、思想与情感作一细致梳理。

明武宗正德十四年（1519）六月十四日，宁王朱宸濠在南昌发动叛乱。兴兵之前，朱宸濠曾四处揽接名士，并欲笼络阳明。为探虚实，阳明委派"素所爱厚"⑥ 的门生冀元亨前往。冀元亨，字惟乾，常德府武陵县人。正德三年（1508），阳明被贬龙场，途径常德，冀元亨携蒋信初次拜见阳明。正德五年（1510），阳明升庐陵县知县，"过常德、辰州，见门人冀元亨、蒋信、刘观时辈俱能卓立，喜曰：'谪居两年，无可与语者，归途乃幸得诸友！'"⑦ 正德十一年（1516），冀元亨乡试中举人，次年赴京闱未取，转而跟随王阳明至江西。《明史·王守仁传》记载：

---

① ［朝鲜］张维：《溪谷集》，韩国民族文化推进会编：《韩国文集丛刊》，景仁文化社 1992 年版，第 92 册，第 673 页。

② 余重耀：《阳明先生传纂》，第 3 页。

③ ［日］冈田武彦：《王阳明大传》（上），第 30 页。

④ ［日］冈田武彦：《王阳明大传》（下），第 113 页。

⑤ 束景南：《阳明佚文辑考编年》，第 658 页。

⑥ 《王阳明全集》，第 674 页。

⑦ 《王阳明全集》，第 1357 页。

（元亨）从守仁于赣，守仁属以教子。宸濠怀不轨，而外务名高，贻书守仁问学，守仁使元亨往。宸濠语挑之，佯不喻，独与之论学，宸濠目为痴。他日讲《西铭》，反覆君臣义甚悉。宸濠亦服，厚赠遣之，元亨反其赠于官。①

阳明在《书佛郎机遗事》一文中，也对此事作了记述：

初，予尝使门人冀元亨者因讲学说濠以君臣大义，或格其奸。濠不怿，已而滋怒，遣人阴购害之。冀辞予曰："濠必反，先生宜早计。"遂遁归。②

冀元亨受阳明委派，不顾危险接近朱宸濠，晓以君臣大义；又及时将朱宸濠必反之事告知阳明，使阳明能预作准备，为后来迅速平定叛乱立下大功。然而武宗昏庸，诸嬖倖"故与宸濠通"，罗织罪名，一意加害阳明。而曾被派遣至朱宸濠处的冀元亨首当其冲，不免于难：

已，宸濠败，张忠、许泰诬守仁与通。诘宸濠，言无有。忠等诘不已，曰："独尝遣冀元亨论学。"忠等大喜，榜元亨，加以炮烙，终不承，械系京师诏狱。③

冀元亨入狱后"备受考掠"，然自始至终"无片语阿顺"④，真正做到以生命实践"知行合一"之学问。阳明多方营救，于正德十五年（1520）八月上《咨六部伸理冀元亨》，强调冀元亨"忠信之行，孚于远迩；孝友之德，化于乡间"，接近朱宸濠是受自己委派，"后宸濠既败，痛恨本职起兵攻剿，虽反噬之心无所不至；而天理公道所

---

① 《明史》，第5169—5170页。
② 《王阳明全集》，第1015页。
③ 《明史》，第5170页。
④ 《王阳明全集》，第1408页。

在，无因得遂其奸；乃以本生系本职素所爱厚之人，辄肆诋诬，谓与同谋，将以泄其仇愤"，并激愤万端地写道：

> 本生笃事师之义，怀报国之忠，蹈不测之虎口，将以转化凶恶，潜消奸宄，论心原迹，尤当显蒙赏录；乃今身陷俘囚，妻子奴虏，家业荡尽，宗族遭殃。信奸人之口，为叛贼泄愤报雠，此本职之所为痛心刻骨，日夜冤愤不能自已者也。本职义当与之同死……又恐多事纷纭之日，万一玉石不分，竟使忠邪倒置，徒以沮义士之志，而快叛贼之心，则本职后虽继之以死，将亦无以赎其痛恨！①

此文所作时间，与《纪梦》几乎同时；文中所述内容，也正可为《纪梦》作注脚：平定宸濠之乱本应是阳明毕生最大的一场事功，但其功勋非但没有得到武宗朝臣的认可，反而"群奸在侧，人情汹汹"②，"谗言朋兴，几陷不测"③，且带累冀元亨"身陷俘囚，妻子奴虏，家业荡尽，宗族遭殃"，阳明因此"痛心刻骨，日夜冤愤不能自已"，这应该也就是他创作《纪梦》时的处境和心境。诗中所述梦境，或许真是日有所思夜有所梦，又或许纯为假托，但借此以比附现实是毋庸置疑的：诗中痛斥的王导"事成同享帝王贵，事败乃为顾命臣"的阴暗心理，实即武宗朝中"诸嬖幸"的险恶用心。而郭璞"有实恶深冤郁结而未暴""数千载之下尚怀愤不平"的形象，结合人物的身份和经历看，显然首先是对应着冀元亨：当年王敦反，王导为奸，郭璞身为记室参军，"不成之语以筮戒"，忠而被戮；与朱宸濠反，张忠、许泰等为奸，冀元亨托名论学，"反覆君臣义"欲规止其反叛，却忠而被冤，历史与现实，是何等相似！但同时，在整个事件中，元亨又是受阳明委派，二人同气连枝，元亨之忠即阳明之忠，

---

① 《王阳明全集》，第 673—674 页。
② 《王阳明全集》，第 1400 页。
③ 《王阳明全集》，第 504 页。

元亨之冤也即阳明之冤，他们的命运是紧密关联在一起的。因此，诗中郭璞的形象又何尝没有凝结着阳明自己的身影。也就是说，《纪梦》诗中的"晋忠臣"郭璞形象，既是他喻，也是自喻，其实是叠合了冀元亨与王阳明的双重影像，不应执一而论。

细读王阳明的《纪梦》，可以发现，贯穿全诗的基本主题是忠奸之辨，但同时也伴随着生死之问，二者是交错融合在一起的。在阳明看来，"人生生死亦不易，谁能视死如轻尘"，每一个生命都是可贵的，谁都难以做到将死亡视同尘芥，但是，对龙逢、龚胜、郭璞等忠义之士而言，"取义成仁"依旧会是他们的必然选择。"我死何足悲，我生良有以！"生命存在的价值并不以死亡为结点，而自有它的因缘与判定。虽然"是非颠倒古多有"，但这些忠义之士的冤情必定"终见伸"，甚至"御风骑气游八垠"，纵横于天地之间，为万世敬仰，虽死犹生。而那些叛臣贼子，他们的必然命运和最终结局只能是"草木粪土臭腐同沉沦"，虽生犹死……这一番体悟，归纳到最后，实则也就是"良知"。正如阳明自己所云："学问功夫，于一切声利嗜好俱能脱落殆尽，尚有一种生死念头毫发挂带，便于全体有未融释处。人于生死念头，本从生身命根上带来，故不易去。若于此处见得破，透得过，此心全体方是流行无碍，方是尽性至命之学。"① 当初他被贬龙场，身处"蛇虺魍魉，蛊毒瘴疠"的蛮荒之地，"瑾憾未已，自计得失荣辱皆能超脱，惟生死一念尚觉未化，乃为石墩自誓曰：'吾惟俟命而已！'日夜端居澄默，以求静一；久之，胸中洒洒"，终于一日"中夜大悟格物致知之旨"，"始知圣人之道，吾性自足，向之求理于事物者误也"②。他正是在超脱生死之念的基础上，开启了"良知"理论。同时被贬到贵州安庄驿的工部主事刘天麟，在阳明到龙场之后九个月就死于瘴疠，阳明悲痛不已，作《祭刘仁徵主事》文："吁乎！死也者，人之所不免。名也者，人之所不可期。虽修短枯荣，变态万状，而终必归于一尽。君子亦曰：'朝闻道，夕死可

---

① 《王阳明全集》，第 123 页。
② 《王阳明全集》，第 1354 页。

矣.'视若夜旦。其生也奚以喜？其死也奚以悲乎？其视不义之物，若将浼己，又肯从而奔趋之乎？而彼认为己有，恋而弗能舍，因以沉酗于其间者，近不出三四年，或八九年，远及一二十年，固已化为尘埃，荡为沙泥矣。而君子之独存者，乃弥久而益辉。"① 其中所阐发的生死观，正与《纪梦》相同。而在经历宸濠谋逆的生死之变后，阳明更加深刻地体验到"良知"对于统摄身心和适应灾变的决定性作用，从而启发他进一步提出"致良知"的重要哲学命题。据《年谱》记载，正德十六年（1521）正月，王阳明"居南昌。是年先生始揭致良知之教"；"自经宸濠、忠、泰之变，益信良知真足以忘患难，出生死，所谓考三王，建天地，质鬼神，俟后圣，无弗同者。乃遗书守益曰：'近来信得致良知三字，真圣门正法眼藏。往年尚疑未尽，今自多事以来，只此良知无不具足。譬之操舟得舵，平澜浅濑，无不如意，虽遇颠风逆浪，舵柄在手，可免没溺之患矣。'"他又对门人陈九川说："我此良知二字，实千古圣圣相传一点滴骨血也。""某于此良知之说，从百死千难中得来，不得已与人一口说尽。"② 他晚年在越中讲学时又告诫学生："世上人都把生身命子看得来太重，不问当死不当死，定要宛转委曲保全，以此把天理却丢去了。忍心害理，何者不为？若违了天理，便与禽兽无异，便偷生在世上百千年，也不过做了千百年的禽兽。学者要于此等处看得明白。比干、龙逢只为他看得分明，所以能成就得他的仁。"③ 可以说，王阳明的心学理论，在很大程度上正是以"知生死"为根基的，生死的价值判定，又以"义""理"为标准。而《纪梦》诗中的忠奸之辨、生死之问，显然正与此血脉相承，相呼相应。

正德十六年（1521）三月，明武宗去世，明世宗即位，王阳明的功绩重新被肯定，张忠、许泰、江彬等宵小被清算。在王阳明的不断努力下，冀元亨最终获释，但因受刑过重，出狱五日即卒。阳明"为

---

① 《王阳明全集》，第1141页。
② 《王阳明全集》，第1141、1411—1412页。
③ 《王阳明全集》，第117页。

位恸哭之"①，愧疚痛心不已，不愿接受朝廷封赏："复有举人冀元亨者，为臣劝说宁濠，反为奸党构陷，竟死狱中。以忠受祸，为贼报仇。抱冤赍恨，实由于臣。虽尽削臣职，移报元亨，亦无以赎此痛。此尤伤心惨目，负之于冥冥之中者。"②并书《仰湖广布按二司优恤冀元亨家属》牌文，要求湖广方面通知常德府"速将举人冀元亨家属，通行释放；财产等项，亦就查明给还收管。仍将本生妻子，特加优恤，使奸人知事久论定之公，而善类无作德降殃之惑。"③ 冀元亨之死可以说是阳明一生最为憾恨事之一。《明史》云："守仁弟子盈天下……惟冀元亨尝与守仁共患难。"④ 这也是《明史·王守仁传》末独独附有冀元亨传的重要原因。而阳明与元亨之间的深厚师生情谊，对五百年后的读者而言，似乎也还能从《纪梦》"顾我宛若平生亲""携手历历诉衷曲"等句中，约略感知一二。

再次，关于诗中的历史观。

王阳明的这首《纪梦》诗，史论意味浓厚，在关乎王导的评论史上有较大影响。明代杨慎曰："慎尝反复《晋书》，目王导为叛臣，颇为世所骇异……近读阳明《纪梦》诗，尤为卓识真见，自信鄙说之有稽而非谬也。"⑤另一明人徐树丕亦称："千古贼臣孰有过于王导者……王文成快论乃托之于梦，何胆之不坚耶！"⑥ 明末清初尤侗赋《满江红·偶览稗史，载王文成梦郭景纯极言王导之奸。敦之反，导阴主之也。因为赋此》词，无论用语、用意，皆受阳明《纪梦》影响。历史上，王导历仕晋元帝、明帝和成帝三朝，可以说为东晋乃至南朝在江东的近三百年基业奠定了基础。然而，对王导其人，历代史家褒贬不一，毁誉纷纭。历时而观，北宋之前，可谓极尽褒奖。《世说新语·言语》记温峤见王导，"既出，欢然言曰：'江左自有管夷

① 《王阳明全集》，第1408页。
② 《王阳明全集》，第504页。
③ 《王阳明全集》，第685页。
④ 《明史》，第5169页。
⑤ 王仲镛笺证：《升庵诗话笺证》，上海古籍出版社1987年版，第472页。
⑥ （明）徐树丕：《识小录》卷1，《涵芬楼秘笈》，民国间上海商务印书馆影印。

吾，此复何忧'"①。《晋书》载桓彝与王导"极谈世事"之后，原本
因为"朝廷微弱"而忧惧失望的心情也为之一变，对人说："向见管
夷吾，无复忧矣。"都将王导比作辅佐齐桓公称霸的管仲，以为"提
挈三世，终始一心，称为'仲父'，盖其宜矣"②。《宋书》曰："元
帝中兴之业，实王导之谋也。"③ 唐人李翰编著《蒙求》，王导传记也
名为《王导公忠》。都对王导赞誉备至。至北宋司马光，始认为东晋
"既不能明正典刑，又以宠禄报之，晋室无政，亦可知矣。任是责者，
岂非王导乎"④，开始对王导有负面评价，但也主要就其"聩聩"之
政而言，并未指其奸。至南宋朱黼，则云："王敦之反，王导不能无
罪也。晋灵公欲杀赵盾，盾出奔，其弟赵穿遂弑灵公于桃园。《春
秋》书曰：'赵盾弑其君。'夷皋客有毁郭解者，解之客杀之，公孙
弘曰：'解虽不知，其罪甚于解杀之。'遂族解。二事虽不同，原心
定罪，推其所自来，盾、解固有难辞其责者。导既当国，敦其从父兄
也，以王氏失职致兴兵犯顺，导不能防之于始，又不能止之于今，虽
欲辞其责可乎？贼既东下，始阖门待罪。至石头失守，位爵如昨。至
行胸臆报恩怨，不免假手于贼。自'我不杀伯仁，伯仁由我而死'
一语推之，导虽有格天之烈，盖世之功，欲免赵盾、郭解之诛，终不
能也。"开始明确认为王敦之反、伯仁之死，王导都难辞其咎。另一
位南宋学者黄震认为：王导"阴拱中立，以观王敦之成败，而胸怀异
谋。观敦与导书，'平京师日，当亲割温峤之舌'，非素有谋约者，
敢为此言？敦已伏诛，当加戮尸污官之罪，又请以大将军礼葬之；敦
死后，导与人言恒称'大将军'。又言'大将军昔日为桓文之举'，
此为漏网逆臣无疑。徒以子孙贵盛，史家掩恶以欺万世，谓之'江左
夷吾、管氏'，舆台亦羞之矣。"进一步确指王导为"漏网逆臣"⑤。

---

① （南朝宋）刘义庆撰，刘强会评辑校：《世说新语会评》，第 56 页。
② 《晋书·王导传》，第 1747—1756 页。
③ 《宋书·五行志五》，中华书局 1974 年版，第 988 页。
④ （宋）司马光等：《资治通鉴·晋纪》，中华书局 1956 年版，第 2970 页。
⑤ （清）徐文靖：《管城硕记》卷 19，《景印文渊阁四库全书》，子部，第 861 册，第
264—265 页。

将朱黼与黄震之论与阳明的《纪梦》相比对，可发现阳明对王导的负面评价并非突发奇论，而很可能是受到朱、黄二人的影响。朱黼，字文昭，南宋温州府平阳人，人称永嘉先生，为陈傅良学生，叶适好友。黄震，字东发，学者称于越先生，南宋庆元府慈溪人，为"东发学派"创始人。两位学者均以理学名世，且与阳明地域相近，阳明曾拜读过他们的著作并受到一定影响，完全是有可能的。只不过他们在后世的声名不如阳明显赫，所以在关于王导之奸的评论上，人们提到更多的还是阳明的《纪梦》。

在《纪梦》诗中，阳明主要以王敦之乱为背景，借郭璞之口叙三事以证王导的"深奸老猾"：其一，王敦兴兵后，欲重用周顗（字伯仁），询之王导，三问三不答，致王敦杀之；其二，王敦叛乱，温峤（字太真）领命御之，王敦致书王导，欲拔太真之舌，二人有共谋嫌疑；其三，王敦病笃，王导率子弟举哀，是为"嫁祸"行径。由此三事，得出"当年王敦觎神器，导实阴主相缘夤"的结论，认为王敦之乱，王导实怀有"事成同享帝王贵，事败乃为顾命臣"的险恶用心。在《纪梦》所附郭璞自述诗中，还有"偶感君子谈中及"之句，说明阳明很可能在日常闲谈中就涉及了相关问题。通读全诗，可知阳明对王导的评判，均从王导的本始心迹出发，注重王导的心思动念，也就是说，阳明与朱黼等学者一样，认同的是"原心定罪"这一汉初以来的重要决狱原则。董仲舒在《春秋繁露·精华》中最先指出："《春秋》之听狱也，必本其事而原其志。志邪者不待成，首恶者罪特重，本直者其论轻。"① 班固《汉书·薛宣传》云："《春秋》之义，原心定罪。"② 桓宽《盐铁论·刑德》曰："《春秋》之治狱，论心定罪。志善而违于法者免，志恶而合于法者诛。"③ "心""志"成为重要的定罪依据。同样，在阳明看来，个体性的"吾心""良知"是选择、评判是非善恶的根本依据："尔那一点良知，是尔

---

① （汉）董仲舒：《春秋繁露》，中华书局1975年版，第104页。
② 《汉书》，第3395页。
③ 王利器校注：《盐铁论校注》，天津古籍出版社1983年版，第579页。

自家底准则。尔意念着处，他是便知是，非便知非，更瞒他一些不得。尔只不要欺他，实实落落依着他做去，善便存，恶便去"①，"夫良知者，即所谓'是非之心，人皆有之'，不待学而有，不待虑而得者也"②，"良知只是个是非之心，是非只是个好恶，只好恶就尽了是非，只是非就尽了万事万变"③，"这些子看得透彻，随他千言万语，是非诚伪，到前便明。合得的便是，合不得的便非。如佛家说心印相似，真是个试金石、指南针"④。相应的，无论是对现实人物的评价，还是对历史人物的批判，也都不能只论外在的迹象，更要探寻其内在的本心。因此，当阳明上《咨六部伸理冀元亨》时，一再强调的是"论心原迹"，冀元亨是出于"笃事师之义，怀报国之忠"，"将以转化凶恶，潜消奸宄"，方才"蹈不测之虎口"；而在指斥王导时，看到的也更是他的所谓"格天之烈，盖世之功"表象下的真实用心。

与正统史家相比，阳明在《纪梦》诗中对王导的评价显然带有鲜明的"异端"色彩，这其实也正是他的心学理论影响到史学思想的重要体现。"王阳明心学理论的根本点，是将程朱理学逻辑中分裂的心与理合而为一，把外在的天理融入主体的意识之中，从理论上赋予'吾心'极大的能动性、自主性，使主体从外在天理的服从者，变成为了天理的拥有者，在消解原君临主体的外在的思想权威的同时，也使主体的思想获得解放。"⑤ 其影响及于学术，便是提倡创新精神和学术个性，破除迷信，张扬自我，追求"只眼""独见""自得"。四库馆臣在《史纠提要》中称："明代史论至多，大抵徒侈游谈，务翻旧案。"⑥ 其中所谓"务翻旧案"，从积极意义上讲，也正是阳明心学影响下，张扬个性、逆反传统成说的异端精神在史学中的表现。

中国古代诗歌史上有着数量众多的纪梦诗，由此形成一个重要的

---

① 《王阳明全集》，第 105 页。

② 《王阳明全集》，第 311 页。

③ 《王阳明全集》，第 126 页。

④ 《王阳明全集》，第 105 页。

⑤ 向燕南：《晚明士人自我意识的张扬与历史评论》，《史学月刊》2005 年第 4 期。

⑥ 《四库全书总目·史评类·史纠》，中华书局 1965 年版，第 755 页。

派生类别，无论在题材、意境、技巧上，都显现出鲜明的个性。王阳明的这首《纪梦》以游仙为手段，借梦境抒发意向、指斥现实，在艺术手法上，显然是受到李白《梦游天姥吟留别》、韩愈《纪梦》、元稹《梦上天》、白居易《梦仙》、梅尧臣《梦登河汉》等诗篇的影响。平心而论，从文学的角度看，阳明此诗算不得佳作，语言上确有"仓卒不成文"之迹象，清人姚莹在《康輶纪行》中尤其对所附郭景纯诗有"颇浅陋不类"之讥①。但是，从"诗史"的角度看，此诗作于阳明人生至为困苦之时，而正是这种"百死千难"的困苦，逼逐出他的"致良知"宗旨之开悟。因此，无论诗之真伪、内涵及其中所体现的历史观，都值得我们后人细辨详解，以求更为真切地探知一代大儒彼时之思想与情感。

第四节　王阳明晚年的文学活动

黄宗羲曾分析阳明有"学成后之三变"，推崇其晚年境界：

> 居越以后，所操益熟，所得益化，时时知是知非，时时无是无非，开口即得本心，更无假借凑泊，如赤日当空而万象毕照。②

"居越以后"，是指阳明于武宗正德十六年（1521）归越至嘉靖七年（1528）逝世为止。嘉靖元年（1522），世宗接位，曾召阳明入朝受封，但遭到大学士杨廷和的反对，于是只"拜守仁南京兵部尚书。守仁不赴，请归省。已，论功封特进光禄大夫、柱国、新建伯，世袭，岁禄一千石。然不予铁券，岁禄亦不给"③，明迁暗黜。于是阳明托言父死守孝，辞爵回乡，进行讲学活动。

回到越中以后，阳明讲学于稽山书院及余姚的龙泉寺天中阁，招

---

① 刘建丽校笺：《康輶纪行校笺》，上海古籍出版社 2017 年版，第 650 页。
② 《黄宗羲全集》第 7 册，《明儒学案·姚江学案》，第 201 页。
③ 《明史·王守仁传》，第 5166 页。

收了下第归来的王畿、邹守益、钱德洪等绍兴八县及湖广、直隶、南赣等地三百余人入学听讲，各地慕名而来之学者络绎不绝。至嘉靖二年（1523），门下弟子日益增多，讲学呈现空前的繁盛景象。钱德洪曾在《传习续录》二卷的跋文中描述了当时的盛况：

> 先生初归越时，朋友踪迹尚寥落，既后，四方来游者日进。癸未年已后，环先生而居者比屋，如天妃、光相诸刹，每当一室，常合食者数十人；夜无卧处，更相就席；歌声彻昏旦。南镇、禹穴、阳明洞诸山，远近寺刹，徙足所到，无非同志游寓所在。先生每临讲座，前后左右环坐而听者，常不下数百人，送往迎来，月无虚日；至有在侍更岁，不能遍记其姓名者。每临别，先生常叹曰："君等虽别，不出天地间，苟同此志，吾亦可以忘形似矣！"诸生每听讲出门，未尝不跳跃称快。尝闻之同门先辈曰："南都以前，朋友从游者虽众，未有如在越之盛者。此虽讲学日久，孚信渐博，要亦先生之学日进，感召之机申变无方，亦自有不同也。"①

连当时的绍兴知府南大吉也拜他为师。在这样热烈而充满自由的思想氛围和学术环境下，阳明自然是如鱼得水，游刃有余，因此"所操益熟，所得益化"，思想更趋成熟。在这段时间里，阳明写下许多发挥他哲学思想的书信。在《书与陆子静》一文中，他进一步阐述了"知行合一"的含义："'是非之心，人皆有之'，即所谓良知也。孰无是良知乎？但不能致之耳。《易》谓'知至，至之'，知至者，知也；至之者，致知也。此知行之所以一也。近世格物致知之说，只一知字尚未有下落，若致字工夫，全不曾道著矣。此知行之所以二也。"② 这年十月，南大吉依据薛侃所刻《传习录》三卷，增补二卷，共五卷，在越中出版。这是王阳明哲学的代表作，记载

---

① 《王阳明全集》，第 134 页。
② 《王阳明全集·与陆原静（二）》，第 211 页。

了他的语录和论学书信，王学也由此发扬光大。

嘉靖四年（1525）十月，阳明又在绍兴城西郭门内光相桥之东，创建阳明书院讲学，向钱德供、王畿等人传授了他晚年哲学思想的宗旨——"四句教"："无善无恶是心之体，有善有恶是意之动，知善知恶是良知，为善去恶是格物"①，思想更趋完善臻熟。而阳明亦思专意于讲学，不事他求。在此期间，他"逢人便与讲学，门人疑之。叹曰：'我如今譬如一个食馆相似，有客过此，吃与不吃，都让他一让，当有吃者'"②。传道的使命感与紧迫感溢于言表。正是在阳明的热情召唤下，成百上千的友人云集绍兴，许多人甚至从数千里外来。据说当时越中讲学，"四方鸿俊，千里负笈，汉氏以来，未有此盛"③，同门聚会者最多时竟达二三千人之多，阳明弟子董沄尝赋《丙戌除夕》诗曰："二三千个同门聚，六十九年今夜除。"④丙戌年即嘉靖五年（1526）。除夕之夜本应家家团聚，却有二三千人聚集在越中听阳明讲学，可见影响力的确非同一般。是故时人云："当时及门之士，相与依据尊信，不啻三千徒。"⑤钱明以为："名震四方、英才聚集的越中地区，在当时称得上是名副其实的阳明学派讲学活动的中心。"⑥

在阳明晚年，与传道的使命感、紧迫感相一致，他对于"无用之虚文"的抨击也更为激烈。在《答顾东桥书》中，他写道：

圣学既远，霸术之传积渍已深，虽在贤知，皆不免于习染，其所以讲明修饰，以求宣畅光复于世者，仅足以增霸者之藩篱，而圣学之门墙遂不复可睹。于是乎有训诂之学，而传之以为名；

---

① 《王阳明全集》，第133页。
② 《黄宗羲全集》第7册，《明儒学案·南中王门学案·尤西川纪闻》，第687页。
③ （明）黄省曾：《五岳山人集》卷38《临终自传》，《四库全书存目丛书》，集部，第94册，第850页。
④ 钱明编校：《徐爱·钱德洪·董沄集》，凤凰出版社2007年版，第352页。
⑤ （明）王宗沐：《敬所王先生文集》卷1《阳明先生图谱序》，《四库全书存目丛书》，齐鲁书社1997年版，集部，第111册。
⑥ 钱明：《浙中王门研究》，第57页。

有记诵之学，而言之以为博；有词章之学，而侈之以为丽。若是者纷纷籍籍，群起角立于天下，又不知其几家，万径千蹊，莫知所适。世之学者，如入百戏之场，欢谑跳踉，骋奇斗巧，献笑争妍者，四面而竞出，前瞻后盼，应接不遑，而耳目眩瞀，精神恍惑，日夜遨游淹息其间，如病狂丧心之人，莫自知其家业之所归。时君世主亦皆昏迷颠倒于其说，而终身从事于无用之虚文，莫自知其所谓……记诵之广，适以长其敖也；知识之多，适以行其恶也；闻见之博，适以肆其辨也；辞章之富，适以饰其伪也……呜呼！士生斯世，而尚何以求圣人之学乎！尚何以论圣人之学乎！士生斯世而欲以为学者，不亦劳苦而繁难乎？不亦拘滞而险艰乎？呜呼，可悲也已！所幸天理之在人心，终有所不可泯，而良知之明，万古一日，则其闻吾"拔本塞源"之论，必有恻然而悲，戚然而痛，愤然而起，沛然若决江河而有所不可御者矣！非夫豪杰之士，无所待而兴起者，于谁与望乎？[①]

《答顾东桥书》是阳明晚年的重要作品，孙奇逢谓此文"以宇宙为一家，天地为一身，真令人恻然悲戚然痛愤然起。是《集》中一篇大文学，亦是世间一篇有数文字。"[②] 在这篇文字中，阳明指出：正因为"圣学既远"，所以后世方有训诂、记诵、辞章之学，沽名钓誉，夸博逞丽，以致学者"耳目眩瞀"，"精神恍惑"，"如病狂丧心之人"；倘若"终身从事于无用之虚文"，只能是不知所谓，徒增伪饰而已；只有悟得良知之明，致力于圣人之学，方能力挽狂澜，拯救世道人心。文中用词用语相当激切，具有震撼人心的力量，是阳明晚年传道的紧迫感的体现。嘉靖五年（1526），在给邹东廓的信中，阳明又进一步阐述了他反对"虚文"的主张：

书院记文，整严精确，迥尔不群，皆是直写胸中实见，一洗

---

① 《王阳明全集》，第62—64页。
② （明）孙奇逢：《理学宗传》，凤凰出版社2015年版，第171页。

近儒影响雕饰之习，不徒作矣……后世大患，全是士夫以虚文相诳，略不知有诚心实意。流积成风，虽有忠信之质，亦且迷溺其间，不自知觉……今欲救之，惟有返朴还淳是对症之剂。故吾侪今日用工，务在鞭辟近里，删削繁文始得。然鞭辟近里，删削繁文，亦非草率可能，必须讲明致良知之学……前书"虚文相诳"之说，独以慨夫后儒之没溺词章、雕镂文字以希世盗名，虽贤知有所不免，而其流毒之深，非得根器力量如吾谦之者，莫能挽而回之也！①

可见，阳明所指"虚文"主要有两方面的特质：就内容情感而言，全无"诚心实意"；就外在形式而言，徒逞侈丽，雕饰成习。这类文章，于世无补，还会使学者沉溺其中不知自拔。在阳明心中，真正的好文章，应是"直写胸中实见"，具有真情实感，并且朴质精炼，即具有"鞭辟近里""删削繁文"的特点。而唯有"返朴还淳"，"讲明致良知之学"，方能纠正文坛风气，拔除"流毒之深"。

阳明晚年的诗文创作是他的文学理念的实践，注重真切表达自己的思想与情感，而更不着意于工拙。在此期间，为了更好地阐释、传播他的哲学思想，他连续作了很多首吟咏良知的诗，如《示诸生三首》之二：

> 人人有路透长安，坦坦平平一直看。尽道圣贤须有秘，翻嫌易简却求难。只从孝弟为尧舜，莫把辞章学柳韩。不信自家原具足，请君随事反身观。②

以近乎口语的方式，写成人人易读之诗句，将其学说言简意赅地涵盖其中。再如《咏良知四首示诸生》：

---

① 《王阳明全集·寄邹谦之》，第228页。
② 《王阳明全集》，第870—871页。

　　个个人心有仲尼，自将闻见苦遮迷。而今指与真头面，只是良知更莫疑。

　　问君何事日憧憧？烦恼场中错用功。莫道圣门无口诀，良知两字是参同。

　　人人自有定盘针，万化根源总在心。却笑从前颠倒见，枝枝叶叶外头寻。

　　无声无臭独知时，此是乾坤万有基。抛却自家无尽藏，沿门持钵效贫儿。①

　　同样以组诗的形式，阐述自己对良知的见解。其一指出圣门之道即在每个人的心中，不必外求，只要致良知，便能得心之本体。其二阐明人之所以忧心忡忡，烦恼万端，皆因不能回归良知本体；良知乃是圣门秘诀，可收道家参同契之效。其三认为良知是每个人心中固有的定盘针，也与天地万物之根本相联结，然而世人却往往舍本逐末。其四以为良知是乾坤之基；倘若抛弃了自家良知，却向外求理以企见道，实为颠倒错乱，如人不自知家有无尽宝藏，却去沿门乞讨。类似这样的诗作，由于剥离情感，缺少形象，纯粹说理，因而缺乏美感和情韵，但读来却意味深长，发人深省，便于读者记忆和咀嚼回味，也不能不谓之诗之一格。其他如《答人问良知二首》《答友人问道》等诗，也都是以诗歌的形式阐发他的哲学思想。

　　在阳明晚年的诗歌中，非常值得注意的是"月"的意象。阳明的诗作有将近二十首都以"月"作为歌咏对象。在他前中期的诗歌中，"月"意象多与寒冷、孤寂、思念的情感密切相关。如狱中时期所写的《见月》：

　　屋罅见明月，还见地上霜。客子夜中起，旁皇涕沾裳。匪为严霜苦，悲此明月光。月光如流水，徘徊照高堂。胡为此幽室，奄忽

---

　　① 《王阳明全集》，第 870 页。

蹁飞扬？逝者不可及，来者犹可望。盈虚有天运，叹息何能忘？①

诗人从房屋的缝隙处看到天上的明月，想到自己一片忠心，仗义执言，却被廷杖下狱，不仅自身命运未卜，更令高堂添忧，不禁悲伤彷徨，对现实的失望和悲愤心情不自觉地从诗中溢显出来。再如居龙场时所做的《无寐》诗：

> 烟灯暧无寐，忧思坐长往。寒风振乔林，叶落闻窗响。起窥庭月光，山空游罔象，怀人阻积雪，崖冰几千丈？②

中庭的月光伴以烟灯、寒风、落叶、空山、积雪、冰崖等寒冷孤寂的意象，越发衬托出内心的悲凉。而随着阳明心学思想的日渐成熟，明月在他的诗作中也越来越多地开始和心性的光明关联起来，如"千年绝学蒙尘土，何处澄江无月明"（《赠熊彰归》），"好携双鹤矶头坐，明月中宵一朗吟"（《登蟂矶次草泉心刘石门韵二首》），"风咏不须沂水上，碧山明月更清辉"（《将游九华移舟宿山寺二首》）③ 等。至后期的《居越诗》，则尤为集中、鲜明。如《碧霞池夜坐》：

> 一雨秋凉入夜新，池边孤月倍精神。潜鱼水底传心诀，栖鸟枝头说道真。莫谓天机非嗜欲，须知万物是吾身。无端礼乐纷纷议，谁与青天扫宿尘？④

碧霞池位于王阳明府邸内，附近即为稽山书院。首句的写景即为全诗定下清新爽朗的格调。于阳明而言，一草一木、池边孤月、潜鱼栖鸟全都呈现了道之真谛，因此才吟道："万物是吾身。"而"潜鱼水底传心诀，栖鸟枝头说道真"，心与道，正是阳明心学中最重要的

---

① 《王阳明全集》，第747页。
② 《王阳明全集》，第773页。
③ 《王阳明全集》，第802、837、853页。
④ 《王阳明全集》，第865页。

两个范畴，就在这活泼泼的自然之境中得以圆融。尾联则转入对现实政治的关注，对朝廷群臣在大礼议中的纷争深表忧虑。诗中"倍精神"的"孤月"，似乎暗喻了积极进取的精神，又有一种清醒而独立的风范。再如《月夜二首与诸生歌于天泉桥》：

> 万里中秋月正晴，四山云霭忽然生。须臾浊雾随风散，依旧青天此月明。肯信良知原不昧，从他外物岂能撄！老夫今夜狂歌发，化作均天满太清。
>
> 处处中秋此月明，不知何处亦群英？须怜绝学经千载，莫负男儿过一生！影响尚疑朱仲晦，支离羞作郑康成。铿然舍瑟春风里，点也虽狂得我情。①

据《年谱》，此诗作于嘉靖三年（1524）中秋，阳明在出征思、田前夕，宴门人于天泉桥。"中秋月白如昼，先生命侍者设席于碧霞池上，门人在侍者百余人。酒半酣，歌声渐动。久之，或投壶聚算，或击鼓，或泛舟。先生见诸生兴剧，退而作诗，有'铿然舍瑟春风里，点也虽狂得我情'之句。明日，诸生入谢。先生曰：'昔者孔子在陈，思鲁之狂士。世之学者，没溺于富贵声利之场，如拘如囚，而莫之省脱。及闻孔子之教，始知一切俗缘皆非性体，乃豁然脱落。但见得此意，不加实践以入于精微，则渐有轻灭世故，阔略伦物之病。虽比世之庸庸琐琐者不同，其为未得于道一也。"②《年谱》中的这段记载是对《月夜》诗很好的注脚。在诗中，阳明对月抒怀，将良知比作青天明月，认为良知也许会一时被雾浊尘埃所遮蔽，但清风过后，依然自在澄明。阳明坚信自己的良知说是圣门千年绝学，对郑玄及朱熹的汉宋学都进行了批评，认为只需致其良知，便能如孔门弟子曾点那样达到"铿然舍瑟春风里"的自由洒脱之境③。另，《秋夜》

---

① 《王阳明全集》，第 866 页。
② 《王阳明全集·年谱三》，第 1424—1425 页。
③ 武道房：《道学与王阳明诗歌的心路历程》，《安徽师范大学学报》（人文社会科学版）2010 年第 1 期。

诗云：

> 天迥楼台含气象，月明星斗避光辉。闲来心地如空水，静后天机见隐微。①

《夜坐》诗又云：

> 独坐秋庭月色新，乾坤何处更闲人？高歌度与清风去，幽意自随流水春。②

都是以月之光辉照应心性之光明。嘉靖三年（1524）八月十五，阳明又作《中秋》诗：

> 去年中秋阴复晴，今年中秋阴复阴。百年好景不多遇，况乃白发相侵寻！吾心自有光明月，千古团圆永无缺。山河大地拥清辉，赏心何必中秋节！③

自苏轼《水调歌头》中"人有悲欢离合，月有阴晴圆缺"一句以来，咏月之诗无出其右。阳明此时的阴晴圆缺之叹，情景上与东坡词类似，但是立论上更别出新意。他以"心外无理""心外无物"自况，感叹"吾心自有光明月，千古团圆永无缺"。一般诗人容易入情，阳明作为大儒，又寻一层通透达观、高远超脱的意思。这不仅仅是对风花雪月的吟咏，更是对自己学问次第的一个印证。

阳明晚年居越期间，其心学思想感召了众多文人，进而也促使他们的诗文风格发生转变。其中的典型人物是董澐。董澐字复宗，号萝石，海盐人，"以能诗闻江湖间。与其乡之业诗者十数辈为诗社，旦夕操纸

---

① 《王阳明全集》，第867页。
② 《王阳明全集》，第867页。
③ 《王阳明全集》，第873页。

吟鸣，相与求句字之工，至废寝食，遗生业。时俗共非笑之，不顾，以为是天下之至乐矣。"① 嘉靖三年（1524）春，董澐出游会稽：

> 闻阳明子方与其徒讲学山中，以杖肩其瓢笠诗卷来访。入门，长揖上坐。阳明子异其气貌，且年老矣，礼敬之。又询知其为董萝石也，与之语连日夜。萝石辞弥谦，礼弥下，不觉其席之弥侧也。退，谓阳明子之徒何生秦曰："吾见世之儒者支离琐屑，修饰边幅，为偶人之状；其下者贪饕争夺于富贵利欲之场，而尝不屑其所为，以为世岂真有所谓圣贤之学乎，直假道于是以求济其私耳！故遂笃志于诗，而放浪于山水。今吾闻夫子良知之说，而忽若大寐之得醒，然后知吾向之所为，日夜弊精劳力者，其与世之营营利禄之徒，特清浊之分，而其间不能以寸也。幸哉！吾非至于夫子之门，则几于虚此生矣。吾将北面夫子而终身焉，得无既老而有所不可乎？"②

在董澐对何秦所说的这段话中，清晰地阐述了他思想转变的原因：俗儒的支离琐屑，汲汲于富贵功名，使他认为世间并无真正的圣贤之学；所谓"道"，不过是很多人谋求私利的工具而已。正是这样的认知，使他远离身心之学，而笃志于诗文山水。但他在听闻阳明的良知之说以后，幡然醒悟，意识到自己以往日夜弊精劳力溺于诗文，与世之利禄之徒虽有清浊之分，但若不能见道，同样是虚度此生。因此毅然决然地北面阳明，行敬师之礼，

> 入而强纳拜焉。阳明子固辞不获，则许之以师友之间。与之探禹穴，登炉峰，陟秦望，寻兰亭之遗迹，徜徉于云门、若耶、鉴湖、剡曲。萝石日有所闻，益充然有得，欣然乐而忘归也。其乡党之子弟亲友与其平日之为社者，或笑而非，或为诗而招之返，且曰："翁老矣，何乃自苦若是耶？"萝石笑曰："吾方幸逃

---

① 《王阳明全集·从吾道人记》，第276—277页。
② 《王阳明全集·从吾道人记》，第277页。

于苦海，方知悯若之自苦也，顾以吾为苦耶？吾方扬馨于渤澥，而振羽于云霄之上，安能复投网罟而入樊笼乎？去矣，吾将从吾之所好！"遂自号曰"从吾道人"。①

《明儒学案·布衣董萝石先生澐》记载："丙戌（嘉靖五年）岁尽，雨雪，先生襆被而出，家人止之，不可，与阳明守岁于书舍。"②二人之间亦师亦友的深厚情谊由此可见。而一旦亲近于道，董澐的内心获得了前所未有的充实和欢欣，更有挣脱樊笼的自适和快意；回视曾经为之殚精竭虑、废寝忘食的业诗行为，已是一片苦海。董澐作有《宿天泉桥》诗：

> 高阁凝香夜色深，四檐星斗喜登临。雪垂须发今何幸，春满乾坤见道心。冉冉光风回病草，瀼瀼灏气足青林。浴沂明日南山去，拟向炉峰试一吟。③

该诗充分表达了诗人见得道心以后喜悦、庆幸的心情：对于已经白发苍苍的他而言，晚年能得闻良知之学，犹如春满乾坤，病草回生。他真切感受到了当年曾点追随孔子的快乐，忍不住要登上高峰纵情朗吟。而阳明也作有《天泉楼夜坐和萝石韵》：

> 莫厌西楼坐夜深，几人今夕此登临？白头未是形容老，赤子依然浑沌心。隔水鸣榔闻过棹，映窗残月见疏林。看君已得忘言意，不是当年只苦吟。④

阳明热情赞扬董澐虽已是白首老者，却依然拥有一颗赤子"浑沌"之心，因而能够体悟到"隔水鸣榔闻过棹，映窗残月见疏林"

---

① 《王阳明全集·从吾道人记》，第278页。
② 《黄宗羲全集》第7册，《明儒学案·浙中王门学案》，第329页。
③ 钱明编校：《徐爱·钱德洪·董澐集》，第364页。
④ 《王阳明全集》，第870页。

那样一种物我两忘的超然境界，得鱼忘筌，得意忘言，其诗歌创作也因此发生重要转向，只重视精神的愉悦，而不复"苦吟"，不再顾及文字的工拙。

明世宗嘉靖六年（1527），阳明奉命兼都察院左都御史，总制两广、江西、湖广等军务事宜，往征广西西北边境思、田之乱，之后又平八寨、断藤峡民变；终因奔波劳累、年老衰病而请辞归乡，虽朝廷不允，再于次年十月上疏告归，在归途中逝世，享年五十七岁。临终之时，门人周积泣下，问："何遗言？"阳明微哂曰："此心光明，亦复何言？"① 一代大儒，就此陨落。阳明的临终遗言，很容易令人联想到他晚年诗歌中的"月"意象。总体而言，阳明晚年的诗歌以有裨世教的哲理诗为主。这类诗又可分为两种：一种并不纯粹写玄理，而是与写景、抒情、状物结合起来写，意境浑融，光明俊伟，气度高华，如前所举《碧霞池夜坐》《月夜二首》等。另一类则直接宣扬他的"良知""致良知"等哲学思想，如前所举《示诸生三首》《咏良知四首示诸生》等。这后一类诗，因几乎完全追求玄理，缺乏形象性及美感，多为后人所讥。如王世贞《明诗评》云："新建雄略盖世，隽才逸群。诗初锐意作者，未经体裁，奇语间出，自解为多。虽谢专家之业，亦一羽翼之隽也。四时诗如五花骏马，嘶踏雄丽，颇多蹶步。暮年如武士削发，纵谈玄理，伧语错出，君子讥之。"② 即认为阳明晚年时期的诗歌过于纵谈玄理，不如其早年。陈子龙也曾评论说：文成"自讲学后，多作学究语，遂不堪多录"③。对之批评更甚者如王夫之，他说："王伯安厉声吆喝：'个个人心有仲尼。'乃游食髡徒夜敲木板叫街语，骄横卤莽，以鸣其'蠢动含灵皆有佛性'之说。志荒而气因之躁，陋矣哉！"④ 这类诗确实近似于佛教徒的偈语，

① 《王阳明全集·年谱三》，第 1463 页。
② （明）沈节甫：《记录汇编》卷 120，全国图书馆文献缩微复制中心 1994 年版，第 1220 页。
③ （清）朱彝尊：《明诗综》，中华书局 2007 年版，第 1415 页。
④ （清）王夫之著，戴鸿森笺注：《薑斋诗话笺注·夕堂永日绪论内编》，人民文学出版社 1981 年版，第 141 页。

缺乏诗味，可以说是形似诗而实非诗的理学讲义语录。但是，对于理解阳明晚年的心学思想，却是不可忽视的。

朱光潜曾说："诗虽不是讨论哲学和宣传宗教的工具，但是它的后面如果没有哲学和宗教，就不易达到深广的境界。诗好比一株花，哲学和宗教好比土壤，土壤不肥沃，根就不能深，花就不能茂。"①纵观阳明一生的文学实践，自不难发现：他的诗文深刻反映了他求道、见道的艰苦过程，是他道学情怀的审美外显和艺术表现。只有结合阳明心学思想的变迁过程和人生经历，我们才能捕捉他的诗文中所体现的心路历程和生命个性，也才能对其中所表现的高远超拔的人生境界作出准确的解读。他的诗文蕴含着直面苦难、超越忧患的巨大的道德勇气和人格力量，其中既有深邃的智慧，又有在这智慧观照下体会到的天地之生机、自然万象之美好②。他的哲学思辨情怀与诗人性灵特点融为一体，诗文中处处流露出心学的睿智，而这种智慧又集中表现为"理趣"，多维地存在于其诗文中，呈现出不同的审美方式，于是其诗文自然成了生命与哲学思考的象征符号。总体来看，阳明的文学创作属于典型的儒者之诗文，松下忠以为："儒者论诗与诗家所论，其取舍异趣。诗家所取者，格体句势字法，无不着眼；儒者唯取其志气之豪大。其豪大其大也，皆出于性情之正，所为思无邪也。诗人或费工巧，或劳安排；儒者唯写胸中之蕴，而洒落平淡也。"③ 或可说明王阳明诗文的独特韵味。也正因阳明"师心自觉"，得悟"良知"，故其诗文创作能摆脱当时的复古之风，既有道学之精深豪大，洒落平淡，同时又兼有文学之本色。正如钱基博所论：阳明"身系风气之中，而文在风气以外，直抒胸臆，沛然有余，不斤斤于格律法度之间；而不支不蔓，称心出之，倘亦致良知之形诸文章者耶？"④

---

① 朱光潜：《诗论·中西诗在情趣上的比较》，安徽教育出版社 2006 年版，第 68 页。
② 武道房：《道学与王阳明诗歌的心路历程》，《安徽师范大学学报》（人文社会科学版）2010 年第 1 期。
③ ［日］松下忠：《江户时代的诗风诗论——兼论明清三大诗论及其影响》，范建明译，学苑出版社 2008 年版，第 246 页。
④ 钱基博：《中国文学史》，第 867 页。

第二章　越中王门弟子的"讲学家之诗文"

阳明一生致力于讲学传道，随处开讲，称其弟子者，达千人之多。在这上千人之中，各人的心学造诣也千差万别，不可一概而论。本章所谓越中王门弟子，主要是指越中地区阳明门下"及门委赞"的弟子，即授业弟子，他们的思想曾亲得阳明指点。越中是阳明的故乡，阳明晚年归越以后，在当地收徒讲学，使心学盛行于浙东一带。阳明逝世后，分流出来的浙中王门一派便主要由王畿、季本、钱德洪等越中士子所创。他们积极讲学，广收门徒，整理编辑心学文献，为传播和发展阳明心学不遗余力。他们中的大多数人，对自己的身份定位主要是学者，以研习和传播心学为己任，在文学观念上认同"学文乃余事"，不愿意投入较多的时间和心力，因此，其文学创作多具有"讲学家之诗文"的特质。

第一节　徐爱：雕虫之技

徐爱（1487—1517）字曰仁，号横山，余姚马堰人，其为人"质敏而性懿，体弱而才强。气温而言不媚于流俗，貌恭而行不比于常情"①。明弘治十六至十七年（1503—1504）间，徐爱迎娶王华之女，成为阳明的妹婿。正德二年（1507），阳明出狱归越，徐爱"因

---

① （明）陈杰等：《祭文》，钱明编校：《徐爱·钱德洪·董澐集》，第96页。

先生将赴龙场，纳赘北面，奋然有志于学"①，与蔡宗兖（希颜）、朱节（守忠）一起拜阳明为师，成为王门最早的及门弟子。因此，徐爱与阳明的关系非比寻常，既是其妹婿，又是其门人高徒。正德三年（1508），徐爱举进士，知祁州。正德七年（1512）三月，阳明升考功清吏司郎中，任职京师，徐爱以祁州知州考满进京，升南京工部员外郎，与其他王门学者穆孔辉、顾应祥、郑一初、方献科等，同在京师授业。此年十二月，阳明升为南京太仆寺少卿，从京师搬迁至南京。归越途中，师徒二人意气风发，同乘一舟，"论《大学》宗旨。（爱）闻之踊跃痛快，如狂如醒者数日，胸中混沌复开"②。正德九年（1514），"爱在南京，而阳明为南鸿胪卿，爱与黄绾等日夕聚师门，渍砺不懈，同志益亲，爱率之也"③。阳明非常器重徐爱，曾言："希颜之深潜，守忠之明敏，曰仁之温恭，皆予所不逮。"④ 在品性上，徐爱温恭贤德，堪侔颜回，故王阳明称："曰仁，吾之颜渊也。"⑤ 徐爱作为阳明弟子之首，对王学的重大贡献，主要在于他最早对王阳明的语录加以记录和整理，并命名为《传习录》。而阳明在传学过程中，良知之说，学者初多未信；徐爱则多能疏通辨析，畅其指要，对宣传阳明"致良知"的学说做出积极的贡献。因此《姚江逸诗》云："文成之学得曰仁而门人益亲。"⑥ 然而正德十二年（1517），徐爱不幸早逝，年仅三十一岁。据阳明记述，徐爱曾游衡山，梦一老僧抚其背而叹曰："子与颜子同德。"俄而曰："亦与颜子同寿。"⑦ 当年颜渊死，孔子曰："噫！天丧予！天丧予！"⑧ 悲痛不已。徐爱的早逝，同

---

① 《王阳明全集·年谱一》，第 1354 页。

② 《王阳明全集·年谱一》，第 1362 页。

③ 《周汝登集》，浙江古籍出版社 2015 年版，第 808 页。

④ 《王阳明全集·别三子序》，第 252 页。

⑤ 《黄宗羲全集》第 7 册，《明儒学案·浙中王门学案·郎中徐横山先生爱》，第 248 页。

⑥ （清）黄宗羲：《姚江逸诗》卷 7，《四库全书存目丛书》，集部，第 400 册，第 134 页。

⑦ 《王阳明全集·祭徐曰仁文》，第 1052 页。

⑧ 杨伯峻译注：《论语译注·先进》，第 112 页。

样带给阳明沉重的打击。《明儒学案》记载："阳明在赣州闻讣，哭之恸。先生虽死，阳明每在讲席，未尝不念之。酬答之顷，机缘未契，则曰：'是意也，吾尝与曰仁言之，年来未易及也。'一日讲毕，环柱而走，叹曰：'安得起曰仁于泉下，而闻斯言乎！'乃率诸弟子之其墓所，酹酒而告之。"① 徐爱去世后，阳明作有多篇祭文悼念，《祭徐曰仁文》云：

> 呜呼痛哉，曰仁！吾复何言！尔言在吾耳，尔貌在吾目，尔志在吾心，吾终可奈何哉！……呜呼痛哉！……二三子又且离群而索居，吾言之，而孰听之？吾倡之，而孰和之？吾知之，而孰问之？吾疑之，而孰思之？呜呼！吾无与乐余生矣。吾已无所进，曰仁之进未量也。天而丧予也，则丧予矣，而又丧吾曰仁何哉？天胡酷且烈也！呜呼痛哉！朋友之中，能复有知予之深、信予之笃如曰仁者乎？夫道之不明也，由于不知不信。使吾道而非邪，则已矣；吾道而是邪，吾能无蕲于人之不予知予信乎？自得曰仁讣，盖哽咽而不能食者两日……呜呼痛哉！吾今无复有意于人世矣。姑俟冬夏之交，兵革之役稍定，即拂袖而归阳明。二三子苟有予从者，尚与之切磋砥砺。务求如平日与曰仁之所云。纵举世不以予为然者，亦且乐而忘其死，惟百世以俟圣人而不惑耳。曰仁有知，其尚能启予之昏而警予之惰邪？呜呼痛哉！予复何言！②

这篇祭文写于正德十三年（1518），深切表达了"天丧予"的悲痛之情，以至于共出现五次"呜呼痛哉"。嘉靖三年（1524），阳明又写下《又祭徐曰仁文》：

---

① 《黄宗羲全集》第7册，《明儒学案·浙中王门学案·郎中徐横山先生爱》，第248页。

② 《王阳明全集》，第1052—1053页。

呜呼曰仁！别我而逝兮，十年于今。葬兹丘兮，宿草几青。我思君兮一来寻，林木拱兮山日深，君不见兮，窅嵯峨之云岑。四方之英贤兮日来臻，君独胡为兮与鹤飞而猿吟？忆丽泽兮豨觥，莫椒醑兮松之阴，良知之说兮闻不闻？道无间于隐显兮，岂幽明而异心！我歌白云兮，谁同此音？①

表达了师徒二人虽幽明两隔，但求道之心则一的坚定信念。此文全篇押韵，颇似屈原之《离骚》，情感深挚，催人泪下，钟惺评曰"音调酸楚也"②。《姚江逸诗》云："曰仁之亡，文成有丧子之恸"③，实不为过。

徐爱著有《横山遗集》，诗文著作不多，流传亦寡。《姚江逸诗》称："其诗功力未深，而不落凡俗。"④ 正德八年（1513）五月终，徐爱等弟子曾与阳明一起经上虞进入四明山游历，途中探访杖锡禅寺，阳明作《杖锡道中用张宪使韵》《书杖锡寺》，徐爱则作《夜宿杖锡》云：

飞锡开山旧有名，林深草合路今生。岩溪万叠尽围寺，雷雨一番初放晴。石溜泠泠侵夜枕，风蝉历历动秋声。梦魂回与尘寰隔，煮茗焚香僧亦清。⑤

诗以"飞锡开山"的传说开篇，落笔不俗。对禅寺周边"林深草合""岩溪万叠"的清幽环境的描写，以及"石溜泠泠""风蝉历历"的初秋景致的渲染，也都清新洒落。尤其是"雷雨一番初放晴"之句，既是写景，又寓含着对人生和求道经历的体悟，韵味颇深。故阳明作《又用曰仁韵》相和，诗中特地仿效此句作"夕阳偏放一

---

① 《王阳明全集》，第1055—1056页。
② 转引自［日］冈田武彦《王阳明大传》（中），第260页。
③ （清）黄宗羲：《姚江逸诗》卷7，第134页。
④ （清）黄宗羲：《姚江逸诗》卷7，第134页。
⑤ 钱明编校：《徐爱·钱德洪·董澐集》，第14页。

溪晴"①。

徐爱之文，同样是清新洒落，但求达意。如《月岩记》：

> 之永州者，多不之道州，以避麻岭暨滩之险恶，故月岩之胜，世鲜传者。去州志西南二十里而奇，是为濂溪之故里。所居溪，源发于营道山，至此环抱著异迹。晨必浮紫气，午乃清，此其征。又二十里，至月岩。岩控营道之尽麓。自岩分支为峰，约数百，皆拔地特起，不相连延，缥缈绰约，各自为观，殊极奇秀，而四瞻拱对，情复不暧，追奔至故里乃止……岩形方，外高几百丈，内石骨空虚，圆洞彻天地，端若立甋。东西二洞门，自东门入，初见西露微光，若观月自朏生。行渐入，光渐长，至门内限，光半当上弦。循至正中，光乃圆，月在望。西出门，光微以隐，若月自望至晦。始岩以月名，本此，盖天造也。故老言："周先生自幼日游其间，玩而乐之，因明暗之半而得阴阳之分，圆得太极……"②

月岩位于今湖南永州市，为古"道州八景"之首，也是当年周敦颐求学、静养、悟道之处。徐爱此文，着重描绘月岩山势之奇秀，尤其是步入洞门之后，随着"行渐入"，圆洞如月般变幻的奇景，笔触生动，令读者有身临其境之感。再首尾点染以"濂溪故里""圆得太极"的人文色彩，令人印象深刻，心向往之。整篇文章可谓文笔简净，浓淡合宜，收放有致。

徐爱诗文的"功力未深"，一方面与其年轻早逝有关，但更主要的原因，还是在于他接触阳明心学后思想观念的转变。他在《赠薛子尚谦序》中写道：

> 予始学于先生，数年惟循迹而行。久而大疑且骇，然不敢遽

---

① 《王阳明全集》，第801页。
② 钱明编校：《徐爱·钱德洪·董澐集》，第74页。

非，必反而思之。思之稍通，复验之身心，既乃恍若有见，已而大悟，不知手之舞、足之蹈，曰："此道体也，此心也，此学也。"人性本善也，而邪恶者客感也。感之在于一念，去之在于一念，无难事，无多术。且自恃禀性柔，未能为大恶，则以为如是终身可矣，而坦坦然适，而荡荡然乐也，孰知久则私与忧复作也！忽之则无所进，乃今大省，而知通世之痼疾存者有二，而不觉为之害也。夫人孰不谓文字以示法，治今传后胥不免焉。君子攻之固伤仁，绝之亦伤智；功名以昭行，事君事亲胥不免焉。君子求之固害实，无之亦非德。故当今之时，有言绝之、无之者，非笑则詈之曰怪。而予始亦以为姑毋攻焉，求不以累于心可矣，绝之、无之不已甚乎？孰知二者之贼，素夺其官，姑之云者，是假之也。是故必绝之、无之，而后可以进于道，否则终不免于虚见，且自诬也。予用深惧，乃作歌，时时悲吟以自警。其词曰："雕虫之技亦可为，楚汉后天谁是非？譬之蔓草根已培，失今不除蔓将滋。蔓草难图况心兮，心兮心兮老空悲，人生一死不复回。"①

从这篇文字可知，徐爱在受学于阳明之后，于心学深有所悟，欣喜万分，"不知手之舞、足之蹈"，进而也更确信"文字""功名"二者乃是"通世之痼疾"。他起初以为，此二者只要不去钻研，不累于心即可，无须绝之、无之，但很快就发现必得"绝之、无之，而后可以进于道"。因此，他特地作诗以"自警"，将文字视为"雕虫之技"，是会妨碍"道"之根本培植的"蔓草"，必须去除。这样的文学观念，显然是受阳明的影响；但相较于阳明的诗文理念，又显得更为极端，不够通达。阳明反对的，始终是"无用之虚文"。他虽然认为学文为学道之"余事"，但也认为"鞭辟近里""删削繁文"的文字有助于传道解惑、抒情言志。阳明一生，无论穷达，都不废吟咏，就是最好的证明。而徐爱却几乎是将"文字"一棍子全部打死了。

---

① 钱明编校：《徐爱·钱德洪·董澐集》，第77—78页。

在这样的思想观念的指导下，他自然不会再留意诗文，甚至是刻意避免，也就难以有更多的优秀作品传世。学道之后徐爱所作的部分诗篇，如："吾心含万化，不潜亦不形。世人窥其隙，往往好立名。名亦眩痴人，因名复求情。易简理既昧，支离从此生。谁知扣真学，而不观音声。"（《送黄宗贤谢病归天台》）① 再如："支离圣学孰求全？糟粕纷纷竞幅边。□在六经皆注脚，心明诸子亦真言。"（《用韵答日中弟少见期勉之意》）② 则已几乎全无诗味了。

第二节　季本：我则未暇

季本（1485—1563）字明德，号彭山，会稽人，阳明直传弟子，徐渭恩师。季本少师王文辕，徐渭《师长沙公行状》云："及新建伯阳明先生以太仆卿守制还越，先生造门师事之。"据钱德洪所编《年谱》，阳明于正德七年（1512）十二月升南京太仆寺少卿，便道归省；次年二月至越，至十月方至滁州赴任，则季本入阳明门下当在正德八年（1513）的这段时间。季本入门以后，"获闻致良知之说，乃悉悔其旧学，而一意于圣经"③。明武宗正德十二年（1517），季本登进士第，授福建建宁府推官。正德十四年（1519）宁王朱宸濠反，季本守分水关，遏其入闽之路。嘉靖二年（1523）召拜御史，又以言事谪揭阳主簿。嘉靖七年（1528），阳明用兵两广，季本以其在揭阳所推行的乡约上呈阳明，阳明借军务调度之便将季本留军中听用。后南宁敷文书院成，阳明遂留季本使主教事，至者日以百计。徐渭《师长沙公行状》云："先生为发明新建旨，提关启钥，中人心髓，而言论气象，精深摆脱，士翕然宗之，南宁至今传新建学，大抵先生功也。"④ 季本后知弋阳，又转苏州同知，升南京礼部郎中，时与邹守益相聚讲学。守益被黜，连及季本，被谪辰州，又知吉安，升长沙

---

① 钱明编校：《徐爱·钱德洪·董澐集》，第8页。
② 钱明编校：《徐爱·钱德洪·董澐集》，第50页。
③ 《徐渭集·师长沙公行状》，中华书局1983年版，第644页。
④ 《徐渭集·师长沙公行状》，第645页。

知府。在长沙期间，季本刚正不阿，极力抑制打击豪强势力，为民除害，因此得罪权贵，于嘉靖二十二年（1543）罢归，其后二十年专心于讲学著书。

阳明故后，其门人宗旨异趣，各有主张，其中以王畿和王艮的影响较大，都崇尚自然，故当时"以自然为宗"的风气颇盛。但季本不以为然，他在《赠都阃杨君擢清浪参将序》中写道："甲午秋……是时方兴慈湖杨氏之书，同门诸友多以自然为宗，至有以生言性，流于欲而不知者矣，余窃病之。"① 甲午年即1534年，其时阳明已故。季本认为"以自然为宗"有失师门本旨，最终会导致"流于欲而不知"的弊端，因此转而提出著名的"龙惕说"：

> 夫心之为龙也，言乎其惕也。龙起则惊，惊则惕，惕则天理初萌，未杂于欲之象。盖即《中庸》戒惧不睹，恐惧不闻之几也，是谓良知。此非至健，何以能之？故《易》曰："乾以易知。"乾之知我自能知，无待于外，何难之有，所谓自然也。自然以乾知为主，岂复有流于欲者哉？此龙惕书之本旨也。②

季本主张以龙言心，而不以镜言心，以龙言心则主宰常在，时时警惕，以镜言心却无所裁制，一任自然。其说旨在强调主宰的作用，反对离主宰而言自然，认为对自然而言不能没有主宰，自然只是主宰之无滞。季本显然是接纳了心学传统中的一个根本概念——心之本体，并赋予其先天至善的道德明觉（良知和自觉），尤其是主宰、警惕和反省的先天特性③。阳明早年也有贵主宰而恶自然的思想④，季本的理论可以看作是结合自身特点对阳明思想所做的发挥，跟当时崇

---

① （明）季本：《季彭山先生文集》卷1，《北京图书馆古籍珍本丛刊》，书目文献出版社1988年版，集部，第106册，第849页。

② （明）季本：《季彭山先生文集》卷1，《北京图书馆古籍珍本丛刊》，集部，第106册，第849页。

③ 王巧生、黄敏：《"龙惕说"及其争论》，《河南师范大学学报》（哲学社会科学版）2008年第4期。

④ 参见张学智《明代哲学史》，北京大学出版社2000年版，第159页。

尚自然的风气大相径庭，引起广泛争议和讨论，对阻遏当时的王门后学流入猖狂一路有一定作用。而强调主宰不仅是季本"龙惕说"的宗旨，也是他全部学说的宗旨，是其心学理论的根本精神。

季本平生注重考索经传，所著有《易学四同》《诗说解颐》《春秋私考》《四书私存》《说理会编》等。在治学方面，季本反对空疏，《明儒学案》云："先生悯学者之空疏，只以讲说为事，故苦力穷经。罢官以后，载书寓居禅寺，迄昼夜寒暑无间者二十余年。而又穷九边，考黄河故道，索海运之旧迹，别三代、春秋列国之疆土川原，涉淮、泗，历齐、鲁，登泰山，踰江入闽而后归。凡欲以为致君有用之学。"① 阳明心学以"心即理"为逻辑起点，与朱学的"即物穷理"不同，认为"天地万物与人原是一体，其发窍之最精处，是人心一点灵明"②。即使是儒学"六经"，也仅是"吾心"的注脚而已。阳明曾说："六经者非他，吾心之常道也"，"故六经者，吾心之记籍也"③。人们要探论天理，都需从自己心上体认，不假外求。受阳明影响，季本考索经传不拘一格，勇于破除旧说。唐顺之曾对此给予高度评价，他在《与季彭山》书中，提到自己"自少亦尝有志于治经"，却不能得其要旨，"偶游会稽，获闻高论，则爽然自失"，"先生之于经，关窍开解，掐擢肠胃，若秦越人之隔垣而洞五藏也。剖破传注专门之学，辞锋所向，决古人所未决之疑，而开今人所不敢开之口。"④ 季本《春秋私考》书成，唐顺之亦为之作序，同样给予充分肯定。而徐渭在《奉赠师季先生序》中也写道："新建宗谓俗儒析经，言语支离，以为理障，人人得而闻也。后生者起，不知支离者之心足以障理，而谓经之理足以障心，或有特为弃蔑典训，自以独往来于一真，其拘陋者溺旧闻，视附会溃烂之谈，辄摇手不敢出一语。先生则取《六经》，独以其心之所得，以一路竟

---

① 《黄宗羲全集》第 7 册，《明儒学案·浙中王门学案·知府季彭山先生本》，第 308 页。
② 《王阳明全集·语录三》，第 122 页。
③ 《王阳明全集·稽山书院尊经阁记》，第 284 页。
④ 《唐顺之集》，浙江古籍出版社 2014 年版，第 283 页。

往其奥，而悉摧破之。"①

　　季本尤其在《诗经》学上颇有造诣，在相关研究领域有较大影响。阳明认为："《诗》也者，志吾心之歌咏性情者也。"② 这种强调"吾心"之独特体验的经典解读态度自然也深深影响到季本。阳明著有《诗经臆说》，其所谓"臆说"，正是"不必尽合于先贤，聊写其胸臆之见，而因以娱情养性"③。季本的《诗说解颐》也多是靠自己的思考及对《诗》的独立感受而进行分析和判断。他在《序》中说："宋范处义、国朝朱善，皆以'解颐'名诗说，则'解颐'者，释经旧名也，今愚亦以是名书，其名同，其意不相袭也。盖于旧说多所破之，而一以经文为主。"④ 可见，季本之著作虽也名为"解颐"，却并非专为解释旧义，而主要目的在于破除旧说，以经文为主，阐明经文内在的旨意。故张元忭《季彭山先生传》评曰："大要以己意近发师说，远会圣心，节解贯穿，悉归于一而后已。"⑤《四库全书总目》也以为："大抵多出新意，不肯剽窃前人，而征引该洽，亦颇足以自申其说，凡书中改定旧说者，必反复援据，明著其所以然也……虽间伤穿凿，而语率有征，尚非王学末流以狂禅解经者也。"⑥ 概言之，季本对于《诗经》的研究近于宋代学者的路子，主要靠自己独立的思考和对文本的感受进行分析、判断，而不像汉儒那样将诗与史比附起来，以史解诗，也不折服于任何权威，敢出奇说，体现了心学家一往无前的勇气。故徐渭评价说："会稽季先生所著《诗说解颐》……其志正，其见远，其意悉本于经而不泥于旧闻，是以其为说也卓而专，其成书也勇而敢，虽古诗人与吾相去数千载之上，诸家所注无虑数十百计，未可以必知其彼之尽非，而吾之尽是，至论取吾心之通以适于用，深有得于孔氏之遗者，先生一人而已。"⑦ 如《郑风·野有蔓草》

---

① 《徐渭集》，第 515 页。
② 《王阳明全集·稽山书院尊经阁记》，第 284 页。
③ 《王阳明全集·五经臆说序》，第 966 页。
④ （明）季本：《诗说解颐·序》，《景印文渊阁四库全书》，经部，第 79 册，第 3 页。
⑤ 《张元忭集》，上海古籍出版社 2015 年版，第 234 页。
⑥ 《四库全书总目》，第 143 页。
⑦ 《徐渭集·诗说序》，第 522 页。

一诗,《毛诗序》认为:"《野有蔓草》,思遇时也。君之泽不下流,民穷于兵革。男女失时,思不期而会焉。"① 所谓"思遇时""思不期而会",即战乱下青年男女失时,只有借诗歌表达心愿,诗意的满足背后是现实的缺陷。而季本认为这首诗是先民婚恋的真实写照,是一首情诗恋歌,其《诗说解颐》曰:"男子遇女于野田草露之间,乐而赋此诗也。"② 季本的这类解《诗》思路和方法,在一定程度上引领了清代姚际恒、方玉润等人的《诗》学创新,为《诗》从"经学"向"文学"的转变做出重要贡献。然而季本的解经方法在很长一段时间内被学界斥为凿空瞽说、矫诬乱真。如钱谦益《赖古堂文选序》认为:"盖经学之缪三:一曰解经之缪,以臆见考《诗》《书》,以杜撰窜《三传》,凿空瞽说,则会稽季氏本为之魁。二曰乱经之缪,石经托之贾逵,诗传假诸子贡,矫诬乱真,则四明丰氏坊为之魁。三曰侮经之缪,诃《虞书》为俳偶,摘《雅》《颂》为重复,非圣无法,则余姚孙氏鑛为之魁。"③ 在这段文字中,钱谦益对他所认为的缪乱经学的人士大加答挞。值得注意,也很有意思的一点是:钱谦益提到的三位人物,季本是会稽人,丰坊是鄞县人,孙鑛则为余姚人,他们所在地域均为受阳明心学影响极深的越中及毗邻地区。正是在阳明心学的影响下,他们解读儒家经典都不屈从于任何权威,敢出奇说,虽不免师心穿凿、主观臆断之流弊,但"一扫二百余年蹈常袭故的习气,而另换一种清新自然的空气"④。

季本对"文字"的看法似比徐爱通达。徐渭《师长沙公行状》记载:

> 而东所先生故循吏,又能诗也,往往喜道其居官时事及所为

① 程俊英、蒋见元注析:《诗经注析》,中华书局1991年版,第258页。
② (明)季本:《诗说解颐·正释》卷7,《景印文渊阁四库全书》,经部,第79册,第109页。
③ (清)钱谦益著,(清)钱曾笺注:《牧斋有学集》卷17,上海古籍出版社1996年版,第768页。
④ 嵇文甫:《晚明思想史论》,东方出版社1996年版,第3页。

诗，亦稍喜道先生官时事若文与诗，似谓先生才高于己者。先生则数为东所先生言，词家固自有体，我则未暇。至于吏事，负才气者类能为之，此不必言。至其微处，却与圣贤有别，未易言也。是以先生所为诗文至多，期于适意明道。①

季本同样以追求身心之学为第一要务，但他承认"词家固自有体"，自己只是"未暇"顾及。而从他"所为诗文至多"的创作实践看，显然也并不排斥文字，只是承阳明之训，不事雕琢，而只"期于适意明道"。季本的文集中，有两篇专门的文学评论，集中体现了他的文学理念。《评论诗格》云：

> 诗之为教，所以感发人心，故为之音韵以咏歌之，使其可听。又作者之志，公正无私，其辞清而不杂，则其入人尤易也。后世论诗，但拘格律。以古诗言，则谓唐人不如六朝，六朝不如汉魏。以律诗言，则谓晚唐不如中唐，中唐不如盛唐。以其辞之巧拙异也。今以三百篇观之，文武开基，与宣王中兴，以至幽、厉生乱，时皆有诗，体各不同。当盛世则人心浑厚，其辞常拙；衰世则人心发扬，其辞常巧。固有因时而异格者矣，然性情得正，无所偏私，其巧其拙，一出自然。苟益于教则皆录焉，岂可于格律中求诗邪。若学于格律，则欲免于巧而意实雕镂，欲归于拙而辞终模拟。②

从这篇文字可知，季本相当重视诗歌的教化作用。他认为，倘若作者的情志公正无私，诗歌的文辞就自然"清而不杂"，而这样的诗歌也尤其具有感激人心的力量。但后世论诗却只拘于格律，看重巧拙。其实或巧或拙，都是诗歌因时而异的外在风格，只要"性情得正，无所偏私"，则诗歌无论巧拙，都能一出自然，有益于世教。倘

---

① 《徐渭集·师长沙公行状》，第648—649页。
② （明）季本：《季彭山先生文集》卷4，第915页。

若一味讲求格律，则终将流于雕镂、模拟之习。《评论文体》则云：

> 圣人德性中和，义理精贯，故其言平正通达，人人易知也。孔子曰："辞达而已矣。"意可见矣。文莫古于二典、三谟、汤诰、伊训，何尝有一险语哉。其后学求隐僻辞，尚雕镂，而其文始有佶倔聱牙如《盘庚》者，沿于周诰，习俗已成，虽周公亦不易变也。中间虽如《说命》《洪范》《旅獒》《无逸》《周官》诸篇，语尤平易，亦不多见焉。然则文乃衰世之习，岂圣人之所得以哉。观孔、曾、思、孟之言，理明辞顺，取于易知，绝不袭殷盘周诰之体。知此，则知圣门追古之学矣。世之君子，不究本原，专论格局，而尤加意于险怪之文，何哉？①

同样主张只要"德性中和""义理精贯"，则文辞自然"平正通达"。认为文章贵在理明、辞顺、易知，而反对险怪、雕镂的文风。

季本在世时虽然"所为诗文至多"，但存世之作却极少，《季彭山先生文集》仅四卷：卷一，序；卷二，序、帐词、记；卷三，碑、行状、墓志铭、墓表、传、祭文；卷四，铭赞、题跋、说、牒谕、杂著。季本的诗文创作是其文学理念的实践，如《王司舆传》：

> 予少师黄罂子，黄罂子姓王氏，名文辕，字司舆，山阴人。励志力行，隐居独善。乡人熏其德者，皆乐亲之。少学为古文，极类庄、列，诗逼唐人，读书不牵章句，尝曰："朱子注说，多不得经意。"成化、弘治间，学者守成说，不敢有私议朱子者，故不见信于时。惟阳明先师与之为友，独破旧说，盖有所本云。及阳明先师领南赣之命，见黄罂子，黄罂子欲试其所得，每撼激之不动，语人曰："伯安自此可胜大事矣。"盖其平生经世之志，于此见焉。其后黄罂子殁，阳明先师方讲良知之学，人多非议

---

① （明）季本：《季彭山先生文集》卷4，第915页。

之，叹曰："使黄辈子在，于吾言必相契矣。"①

该文记述其少时所从之师王文辕的生平事迹，尤其关注王文辕与王阳明之间的交谊，行文用语极简净，但求达意，不作浮言虚饰。文集中有词作六首，数量虽少，却也颇有特色，其中《归朝欢》（送二尹曹汝乔朝京词）可称佳作：

> 匹马南来犹未久。便有芳声播人口。方当百里识恩时，俄惊万国趋朝候。旌旗喧白昼。满城黎庶同奔走。欲攀辕，奈何留得，默默仍分手。伤心离别君知否。旧日同僚今几有。出门秋意渐萧条，临歧莫折河桥柳。归来休落后。岁寒苦节还同守。向长安，无穷深嘱，都付杯中酒。②

此为帐词，又名幛词，是写在贺幛上的颂词。季本的这首帐词，上阕写友人曹汝乔任职期间，体恤百姓，声誉极佳，即将离职朝京之时，百姓争相挽留；下阕写二人交情之深，期盼能早日再相聚，虽只是寥寥数语，却尽显真情，真挚动人。尤其是"向长安，无穷深嘱，都付杯中酒"一语，词简而意深，将作者内心深切挂念之情怀，以及对僚友宦海沉浮之担忧，种种情意，复杂矛盾的心情，都融合在这数语中道尽，令读者感受到一种发自肺腑的友朋之情。

第三节 王畿：诗之工、诗之衰

王畿（1498—1583）字汝中，号龙溪，山阴人，正德十三年（1518）举人，嘉靖二年（1523）试礼部进士不第，返乡后受业于阳明，"亲炙阳明最久，习闻其过重之言"，是阳明生前最欣赏的弟子之一。阳明晚年门人益进，不能遍授，于是就让王畿和钱德洪先疏通

---

① （明）季本：《季彭山先生文集》卷3，第896页。
② （明）季本：《季彭山先生文集》卷2，第874页。

大旨，如遇自己出游，便留他们二人主讲书院①。嘉靖八年（1529），王畿赴京殿试，途中闻阳明卒，奔广信料理丧事，服心丧三年。嘉靖十一年（1532）中进士，授南京兵部主事，不久，升郎中。因其学术被首辅夏言斥为"伪学"，辞官回乡。从此，传播阳明学说达四十余年，足迹遍及吴、楚、闽、越等东南各地，学者称龙溪先生。著有《大象义述》《龙溪王先生全集》等。

王畿可以说是阳明心学分化、演变过程中的关键人物，其思想之于阳明心学既有继承又有拓展。《天泉证道纪》记载：

> 阳明夫子之学，以良知为宗，每与门人论学，提四句为教法："无善无恶心之体，有善有恶意之动，知善知恶是良知，为善去恶是格物"。学者循此用功，各有所得……先生（王龙溪）谓："夫子立教随时，谓之权法，未可执定。体用显微只是一机，心意知物只是一事，若悟得心是无善无恶之心，意即是无善无恶之意，知即是无善无恶之知，物即是无善无恶之物。"②

王畿认为，对意、知、物的认知完全取决于对"心"的"悟"，这就赋予心灵全部的合理性。他主张"从先天心体上立根"，认为良知"只此一点虚明，便是入圣之机，时时保任此一点虚明，不为旦昼梏亡，便是致知"③。同时，他认为"天机无安排"④，因此要求人们"从真性流行，不涉安排，处处平铺，方是天然真规矩"⑤，反之，"笃信谨守，一切矜名饰行之事，皆是犯手做作"⑥，即所谓"矫欢抑情处，

---

① 《黄宗羲全集》第7册，《明儒学案·浙中王门学案·郎中王龙溪先生畿》，第268页。

② 《王畿集》，凤凰出版社2007年版，第1页。

③ 《王畿集·留都会纪》，第93页。

④ 《王畿集·水西精舍会语》，第59页。

⑤ 《黄宗羲全集》第7册，《明儒学案·浙中王门学案·郎中王龙溪先生畿》，第286页。

⑥ 《黄宗羲全集》第7册，《明儒学案·浙中王门学案·郎中王龙溪先生畿》，第270页。

似涉安排，坦怀任意，反觉真性流行"①。王畿从"心即理"出发，把阳明心学推向极端，同时也引向禅学，在当时学派林立的王门后学中戛戛独造，自成一家，被视为是王门七派中"浙中派"的创始人。

王畿的哲学思想与他适心任性、洒落不羁的性格相契合，同时也为他追求自然、厌恶矫饰的文艺思想奠定了基础。王畿著有《龙溪王先生全集》二十卷，为其子应斌、应吉所编，凡语录八卷；书序、杂著、记说，共九卷；诗一卷；祭文、志状、表传二卷。门人萧良幹刊之，丁宾又为重镌，而益以《大象义述》一卷，传志、祭文一卷。《全集》中，集中体现他文艺思想的主要是《〈击壤集〉序》和《读〈云坞山人集〉序》二文。《〈击壤集〉序》云：

> 夫诗家言志，而志本于学。康节之学，洗涤心源，得诸静养，穷天地始终之变，究古今治乱之原，以经世为志，观于物有以自得也。于是本诸性情，而发之于诗，玩弄天地，阖辟古今，皇王帝伯之铺张，雪月风花之品题，自谓名教之乐，异于世人之乐，况观物之乐又有万万者焉。死生荣辱辗转于前，曾未入于胸中，虽曰吟咏性情，曾何累哉？其所自得者，深矣。予观晋魏唐宋诸家，如阮步兵、陶靖节、王右丞、韦苏州、黄山谷、陈后山诸人，述作相望，虽所养不同，要皆有得于静中冲淡和平之趣，不以外物挠己，故其诗亦皆足以鸣世。窃怪少陵作诗，反以为苦，异乎无名公之乐而无所累，又将奚取焉？说者谓："诗之工、诗之衰也。"其信然乎！②

《击壤集》收录的是北宋大儒邵雍一生所作之诗，其最大特点，不但在于抒情言志，更在阐述哲理，被视为理学诗的发端。陈延杰曾论述道："理学诗倡自邵雍，而周敦颐、张载、程颢相继而作。"③邵

①《王畿集·与唐荆川》，第267页。
②《王畿集》，第344页。
③ 陈延杰：《宋诗之派别》，《中国文学研究》上册，上海商务印书馆1927年版，第8页。

雍诗歌的基调是"乐"，他很少表达穷愁哀怨的情绪，《伊川击壤集序》开篇就说："《击壤集》，伊川翁自乐之诗也。非唯自乐，又能乐时，与万物之自得也。"① 而王畿在这篇序文中指出：诗言志而志本于学，邵雍以"洗涤心源"之学，发"经世"之志，因此观于宇宙万物，均有"自得"之情，故其诗歌风貌以"乐"为旨归。前代诗人中，阮籍、陶渊明、王维、韦应物、黄庭坚、陈师道等所作之诗均"有得于静中冲淡和平之趣"，而杜甫的诗歌风格却以愁苦为主，他对此深不以为然。这与他的心学思想显然是一脉相承的，他一贯主张："乐是心之本体，本是活泼，本是脱洒，本无挂碍系缚。尧舜文周之兢兢业业、翼翼乾乾，只是保任得此体不失，此活泼脱洒之机，非有加也。"② 在这篇文章的最后，王畿表明他认同陈献章"诗之工，诗之衰也"③ 的观点，认为六朝唐宋以来，人们对诗歌修辞技巧的重视超过了对诗歌思想内容本身的关注，而这恰恰损害了诗歌的艺术价值，造成"诗之衰"。在《读〈云坞山人集〉序》中，王畿又记述他的友人珠川子原本"锐志词章之学有年，既衋然富且工矣"，但在接触"良知"之说后，"恍然若有见，怃然叹曰：'斯其根本之学也乎！吾之所习，特枝叶尔已'"。于是时常将其日常所悟发为文词，不料被众人哗然讥笑云："此道学头巾语也。习之将奚以为？"珠川子的创作由此陷入两难境地："牵于旧习，未能舍，其于良知之说，又不忍弃也。二者往来于中，久未能决。"王畿在文中接着写道：

> 今年秋，予赴冲玄之会，过信江，珠川子出《云坞山人集》示予。予读之，则前之所谓富且工者，是已。及询所谓道学头巾语，则曰："旧曾有《常州集》，因人之笑，弗欲以见也。"予曰："有是哉？子于此既不能舍，于彼又不忍弃也，则如之何？夫欲之燕则北其辕而已，欲之越则南其辕而已。既欲之燕，又欲

① 《邵雍集·伊川击壤集序》，中华书局 2010 年版，第 179 页。
② 《王畿集·答南明汪子问》，第 67 页。
③ 《陈献章集·认真子诗集序》，中华书局 1987 年版，第 5 页。

之越，是惑也，辕将安适哉？"珠川子曰："吾亦病夫志之勿立耳，是以不能进于是也。子何以辅吾志？"予曰："可哉！夫君子之学，莫先辨志，未有志于根本而不达于枝叶者也，亦未有徒志于枝叶而能得其根本者也。今之所谓良知之学者，夫亦通其说而已，未尝实致其良知也，名为根本，而实未尝忘于枝叶也。子而果欲实致其良知，非徒通其说而已，则当自其一念灵明者专志而求之，弗惮于非笑，弗眩于多歧，必也忘世情、忘嗜欲，并其词章之念而忘之，而后道可几耳。良知者，天地万物之灵也，子而果能实致其良知，范围曲成，将于是乎赖，而况于文词之艺乎哉？故曰'通乎昼夜之道而知'，语知至也。昔有求工画者，不在乎吮笔含墨，而在于解衣磅礴以坐之人，惟能忘于画而后画始工耳。今者则何以异于是？世之所谓头巾者，皆泥于良知之迹而未得其精、滞而未化者也。先师之集，传于人久矣，子试取而读之，果有头巾气否乎？然则子之惑可以解矣。苟欲致知而务文词之工，是犹以隋珠而弹雀，亦末也已。"①

王畿此论，明显承自阳明，认为"良知"之学乃是根本，文词之艺等皆为枝叶；倘若能专心一意致得"良知"，文词自工，其理同"忘于画而后画始工"；倘若诗中有世所谓头巾气，那是"泥于良知之迹而未得其精、滞而未化"的缘故。他还特地举"先师"王阳明的诗文成就为例，认为阳明正是致得"良知"而文词自工的典范，故其诗文中并无头巾之气。

王畿诗文的风格，正如其门人萧良幹所云："世之为文者，雕心镂肝，掇藻擷华，锻炼于体裁，铟饤于词句，以为文在是，譬之剪彩刻楮，非不烨烨可观而生意索然，终瘁已尔。盖文与道歧，而文始裂矣。龙溪先生非有意为文者也，其与人论议，或有所著述，援笔直书，罔事思索，繁而不加裁，复而不为厌，非世文章家轨则。要其发挥性真、阐明心要，剔精抉髓，透入玄微，其一段精光，有必不可得

① 《王畿集》，第352—353页。

而泯灭者。"① 正因王畿无意于为文，甚至自云"余平生不能为文"②，而只注重"发挥性真""阐明心要"，故其所作虽颇具感染力，却有繁复之失，"非世文章家轨则"。这些特点，在前所举《〈击壤集〉序》和《读〈云坞山人集〉序》二文中已体现得非常明显。王畿的这种文风，与他循循善诱、不厌其烦的讲学风格和极富鼓动性的讲学形式是完全一致的，正如徐阶所言："公性坦夷宽厚，其与人言，或未深契，从容譬晓，不厌反复，士多乐从公，而其兴起者，亦视诸君子为倍。"③

王畿的诗歌，朱彝尊认为具有"驳杂"④ 的特点。观其诗，部分是纯粹的理学诗，即以诗的形式阐述义理，发表学术见解和主张，如《月下用韵示诸生》：

> 不将得失起身图，还我堂堂一丈夫。哀凤未应悲楚客，饩羊犹自愧师模。坐来夜月光仍满，看到先天画亦无。谁谓道人便隐几，欲从天籁觅新吾。⑤

即使是写景叙事诗，也往往以说理为目的，如《登西天目》云：

> 蚤起登山去，芒鞋结束牢。但令双足健，不怕万峰高。⑥

语句平实如口语，记叙议论混为一体，学究气较重。再如五律《赠天池立禅次韵》：

> 天池一勺水，饮此即成仙。瑶草春长茂，蓬扉夜不关。迹随

① （明）萧良幹：《龙溪先生文集序》，《王畿集》卷首。
② （明）王宗沐：《龙溪先生文集序》，《王畿集》卷首。
③ （明）徐阶：《龙溪王先生传》，《王畿集》，第824页。
④ （清）朱彝尊：《静志居诗话》卷12，人民文学出版社1990年版，第342页。
⑤ 《王畿集》，第519页。
⑥ 《王畿集》，第547页。

玄鹤杳，心共白云闲。倚杖青霄立，依然在世间。①

都是同样的风格。写得较好的是赠别诗，如《送荆川赴召用韵》诗云：

> 与君卅载卧云林，忽报征书思不禁。学道固应来众笑，出山终是负初心。青春照眼行偏好，黄鸟求朋意独深。默默囊琴且归去，古来流水几知音？②

王畿认为唐顺之应朝廷征召出山有负学道初心，诗中所述，无论是"默默囊琴且归去"的动作，还是"古来流水几知音"的叹息，都难掩失望、责备之意，然依依惜别之情亦尽在其中。整首诗情真意切，生动感人。再如《赠肖逵林大尹升南京户曹》：

> 天风吹舄送君行，棹发蓬莱第一程。时止时行皆是道，潮来潮去本无情。歌回白雪阳春在，水绕甘棠梦亦清。宓子鸣琴多善政，独惭师事老儒生。③

同样真切动人。尤其是颔联"时止时行皆是道，潮来潮去本无情"两句，既有对景物的简约勾勒，又蕴含着离别之人的愁绪和感慨，韵味悠长。

然而王畿对当时及后世文学的意义，并不在于他的创作，而在于他的思想不仅给明末哲学界以较大的震动，并且直接激发了文学界的变革。黄宗羲在《明儒学案》中分析中晚明文学思潮兴起的哲学渊源时指出："阳明先生之学，有泰州、龙溪而风行天下，亦因泰州、龙溪而渐失其传。泰州、龙溪时时不满其师说，益启瞿昙之秘而归之

---

① 《王畿集》，第518页。
② 《王畿集》，第540页。
③ 《王畿集》，第540页。

师，盖跻阳明而为禅矣。然龙溪之后，力量无过于龙溪者……遂复非名教之所能羁络矣。"① 从中晚明文学思潮兴起和发展的角度看，王畿起到相当重要的作用，这主要源于对如何"致良知"的认知。阳明认为"致良知"应以收敛为主，邹东廓主张戒惧，罗念庵主静，钱德洪认为应于事物上实心磨炼，季本主张"龙惕说"。与阳明及其他王门诸子不同，王畿提出"以自然为宗"的思想，主张一任自然，反对戒慎恐惧，认为"君子之学，贵于自然，无所澄而自不汨也，无所导而自不窒也"②，"大学当以自然为宗，警惕者自然之用。戒谨恐惧，未尝致纤毫之力，有所恐惧便不得其正"，认为警惕、慎独、恐惧等不仅无益于学问与修养，反而会妨碍真性流行，其结果"不惟辜负自然，亦辜负乾坤"③。他主张保持人心活泼之体，反对任何约束。他说："人心虚明，湛然其体，原是活泼，岂容执得定。惟随时练习，变动周流，或顺或逆，或纵或横，随其所为，还他活泼之体，不为诸境所碍，斯谓之存。"④ 从而为中晚明文学思潮弘扬主体意识、张扬个性精神和倡导自然人性提供了理论依据。由于王畿"林下四十余年，无日不讲学，自两都及吴、楚、闽、越、江、浙皆有讲舍，莫不以先生为宗盟"⑤，随着他讲学活动时空的拓展，其"以自然为宗"的思想在当时产生了广泛深入的影响，波及唐宋派、公安派等诸多文学流派及个人，从而有力地推动了中晚明文学思潮的兴起和发展。⑥

唐宋派是在阳明心学，尤其是王畿思想影响下所形成的一个文学流派。在唐宋派形成之前的嘉靖十一年（1532），其领袖人物唐顺之与王畿就已经相识。是年，唐顺之官翰林编修，恰遇王畿寓京师赴廷对，借机发扬阳明心学："是时缙绅之士以讲学会京师者数十人。其

---

① 《黄宗羲全集》第 7 册，《明儒学案·泰州学案·序》，第 821 页。

② 《王畿集·心泉说》，第 504 页。

③ 《王畿集·答季彭山龙镜书》，第 212 页。

④ 《王畿集·华阳明伦堂会语》，第 161 页。

⑤ 《黄宗羲全集》第 7 册，《明儒学案·浙中王门学案·郎中王龙溪先生畿》，第 269 页。

⑥ 宋克夫、金霞：《王畿与中晚明文学思潮》，《湖北大学学报》（哲学社会科学版）2012 年第 1 期。

聪明解悟，能发挥师说者，则多推山阴王君汝中。"① 唐顺之由此得闻"良知"之说，遂有就道之念。李贽《续藏书·佥都御史唐公》记述："壬辰（嘉靖十一年）……时则王龙溪以阳明先生高弟寓京师，公（唐顺之）一见之，尽叩阳明之说，始得圣贤中庸之道矣。"②《明史》在述及唐顺之思想渊源时也说："闻良知说于王畿，闭户兀坐，匝月忘寝，多所自得。"③ 两人由此开启了长达近三十年的交谊。王畿记述：

> 自辱交于兄，异形同心，往返离合者，余二十年，时唱而和，或仆而兴，情无拂戾而动无拘牵，或逍遥而徜徉，或偃仰而留连，或蹈惊波，或陟危巅，或潜幽室，或访名园，或试三山之屐，或泛五湖之船，或联袂而并出，或枕肱而交眠，或兄为文，予为持笔，或予乘马，兄为执鞭，或横经而析义，或观象而窥躔，或时控弦，射以角艺，或时隐几，坐而谈玄，或予有小悟，兄为之证，或兄有孤愤，予为之宣，或探罔象，示以摄生，或观无始，托以逃禅。千古上下，六合内外，凡载籍之所纪，耳目之所经，心思之所及，神奇臭腐，无所不语而靡所不研。朋友昆弟、情敬异施，惟予与兄率意周旋。④

足见二人过从之密、交谊之笃。在唐顺之与王畿的诗文集中，都留存了不少二人交往的信息。如唐顺之有《与王龙溪郎中》《答王龙溪郎中》书信两封，《书王龙溪致知议略》《跋自书康节诗送王龙溪后》二文，与王畿探讨世事学问。《与吕沃洲巡按》中写道："近龙溪相过，与之盘桓山中数日，别去已订他年之约。"⑤《答林镇江巽峰》《与张本静》《与赵甬江司空》等文中也都提及王畿。而王畿有

---

① 《唐顺之集》，第 624 页。
② 《李贽文集》，第 505 页。
③ 《明史》，第 5424 页。
④ 《王畿集》，第 573 页。
⑤ 《唐顺之集》，第 417 页。

《与唐顺之》书二通，及《永庆寺次荆川韵》《秋杪偕唐荆川过钓台登高峰追惟往迹，有怀蔡可泉短述见志》《万履庵偕其师荆川唐子南行，予送之兰溪，用荆川韵赠别》《送唐荆川赴召用韵》《祭唐荆川墓文》等诗文，记录了他与唐顺之的深厚友谊。在治学与修养方法上，王畿对唐顺之有很深的影响。王畿记述：

> 兄本多能，予分守拙，谓予论学颇有微长，得于宗教之传，每予启口，辄俯首而听、凝神而思，若超乎象帝之先。尝戏谓予"独少北面四拜之礼"，予何敢当？①

唐顺之正是在继承王畿学说的基础上，提出他心学思想的核心内容"天机说"："盖尝验得此心天机活物，其寂与感，自寂自感，不容人力。吾与之寂与之感，只自顺此天机而已，不障此天机而已。"（《与聂双江司马》）"盖其酝酿流行无断无续，乃吾心天机自然之妙，而非人力之可为。其所谓默识而存之者，则亦顺其天机自然之妙，而不容纤毫人力参乎其间也。"（《明道语略序》）② 认为"天机"作为人的本性，具有自然之妙，活泼之体，非人力可为，与王畿"以自然为宗"思想的承袭关系非常鲜明。故黄宗羲《明儒学案》云："先生（唐顺之）之学，得之龙溪者为多，故言于龙溪只少一拜。"③ 也正是在"天机说"的基础上，唐顺之提出了他的文学"本色论"：

> "文莫犹人，躬行未得"，此一段公案姑不敢论，只就文章家论之，虽其绳墨布置、奇正转折自有专门师法，至于中一段精神命脉骨髓，则非洗涤心源，独立物表，具今古只眼者，不足以与此。今有两人，其一人心地超然，所谓具千古只眼人也，即使未尝操纸笔呻吟学为文章，但直据胸臆，信手写出，如写家书，虽

---

① 《王畿集》，第573页。
② 《唐顺之集》，第278、435页。
③ 《黄宗羲全集》第7册，《明儒学案·南中王门学案·襄文唐荆川先生顺之》，第694页。

或疏卤，然绝无烟火酸馅习气，便是宇宙间一样绝好文字。其一人犹然尘中人也，虽其专专学为文章，其于所谓绳墨布置则尽是矣，然番来覆去不过是这几句婆子舌头语，索其所谓真精神与千古不可磨灭之见，绝无有也，则文虽工，而不免为下格。此文章本色也。(《答茅鹿门知县》二)

文章稍不自胸中流出，虽若不用别人一字一句，只是别人字句，差处只是别人的差，是处只是别人的是也。若皆自胸中流出，则炉锤在我，金铁尽熔，虽用他人字句，亦是自己字句。(《与洪方洲书》)

近来觉得诗文一事，只是直写胸臆，如谚语所谓开口见喉咙者，使后人读之如真见其面目，瑜瑕俱不容掩，所谓本色，此为上乘文字。(《与洪方洲书》又)①

唐顺之所谓"洗涤心源，独立物表"，其实质是惟心惟我，使"心"不被物欲遮蔽，不受世俗污染，不受礼法规范的束缚。在王畿的影响下，他将王学的主体精神运用于文学，主张不求其工，但求本色自然，一再强调作诗为文须"直据胸臆""自胸中流出""直写胸臆"，认为信手写出者"便是宇宙间一样绝好文字"，这与晚明的公安派独抒性灵、直抒胸臆的主张十分贴近，"其根本的原因，他们都从王学心性论中抽绎出了个性自由的思想端绪"②。

唐顺之与王畿既是道友，也是诗友，二人共研心学之余，还时常探讨诗文之法。王畿《祭唐荆川墓文》云："兄为诗文，炜然名世，谓予可学，每启其钥而示之筌。"③唐顺之《跋自书康节诗送王龙溪后》也写道："龙溪王子盖有得乎诗传之意者，而亦未尝不深于诗法也，索予章草，余为举似《击壤集》数首。龙溪盖素以余论诗为然者也。"④可知唐顺之经常向王畿传授创作诗文的方法，且二人的文

---

① 《唐顺之集》，第294—295、297—298、299页。
② 周群：《论王畿对唐宋派文学思想的影响》，《齐鲁学刊》2000年第5期。
③ 《王畿集》，第573页。
④ 《唐顺之集》，第769页。

学理念相近。只是王畿的意趣终究以心学为主，于文学关注不多。嘉靖三十九年（1560）夏，唐顺之卒，王畿痛失诤友良朋，作《祭唐荆川墓文》："舍我而游，孑然孤立，无与共究夫此学之全"，"兄之言在吾耳，兄之貌在吾目，兄之神在吾心，而兄之魂在吾梦，独所谓形骸者不可复作，已闭于夜台之重泉"①，哀伤彻骨，感人肺腑。

在晚明文学思潮发展的过程中，李贽是一位非常关键的人物。李贽的思想渊源相当复杂，但王畿无疑是对其影响最大的人物之一。关于李贽的师承关系，黄节在《李氏焚书跋》中叙述说："卓吾学术渊源姚江。盖龙溪为姚江高第弟子，龙溪之学一传而为何心隐，再传而为卓吾。"② 而李贽自己在《储瓘》中则云："心斋之子东崖公，贽之师。东崖之学，实出自庭训，然心斋先生在日，亲遣之事龙溪于越东，与龙溪之友月泉老衲矣，所得更深邃也。"③ 所述虽有异，但李贽是王畿的再传弟子和学术传人则是没有疑问的。万历二年（1574），王畿在南京讲学时，与李贽相识，李贽面聆教益，备受启迪，自称："我于南都得见王先生者再，罗先生者一……自后无岁不读二先生之书，无口不谈二先生之腹"，而且"谈必首及王先生"④。在《复焦弱侯》中，李贽表达了对王畿及其学说的信服与推崇："世间讲学诸书，明快透髓，自古至今未有如龙溪先生者。"⑤ 其后又翻刻王畿之《文录抄》。他还说："予尝谓先生此书（《龙溪先生集》），前无往古，今无将来，后有学者可以无复著书矣。"⑥ 可见，在李贽心目中，王畿几乎是前无古人、后无来者的道学第一人。万历十一年（1583），王畿去世，李贽作《王龙溪先生告文》："吾闻先生少游阳明先生之门，既以一往而超诣；中升西河夫子之坐，遂至殁身而不替……遂令良知密藏，昭然揭日月而行中天；顿令洙、泗渊源，沛乎

---

① 《王畿集》，第 573 页。
② 《李贽文集》，第 245 页。
③ 《李贽文集》，第 488 页。
④ 《李贽文集·焚书·罗近溪先生告文》，第 115 页。
⑤ 《李贽文集》，第 42 页。
⑥ 《李贽文集·焚书·龙溪先生文录抄序》，第 110 页。

决江、河而达四海。非直斯文之未丧，实见吾道之大明，先生之功，于斯为盛!"对王畿传播和发展阳明心学的贡献作了高度评价。在文中，李贽还多次深情感叹："余小子所以一面先生而遂信其为非常人也。虽生也晚，居非近，其所为凝眸而注神，倾心而悚听者，独先生尔矣。先生今既没矣，余小子将何仰乎"，"我思古人实未有如先生者也"①。对王畿的敬仰之情溢于言表。王畿强调"以自然为宗"，故而在人性学说上也是推崇人的真实自然本性："从真性流行，不涉安排，处处平铺，方是天然真规矩"(《池阳漫语示丁惟寅》)，"真性流行，始见天则"(《书见罗卷兼赠思默》)②。在他看来，良知是先天圆成的，因此他格外推崇赤子之心:

> 大人者不失赤子之心，赤子无智巧、无技能、无算计，纯一无伪，清净本然，所谓"童蒙"也。得其所养，复其清静之体，不以人为害之，是为圣功。③

赤子之心最大限度地保留了自然所赋予的天性，不为后天的知识闻见所障蔽，因此大人君子应向赤子学习，以复清粹纯一、真实无伪的清净之体。正是在王畿的思想基础上，李贽提出著名的"童心说":

> 夫童心者，真心也。若以童心为不可，是以真心为不可也。夫童心者，绝假纯真，最初一念之本心也。若失却童心，便失却真心;失却真心，便失却真人。人而非真，全不复有初矣。

并且指出:"声色之来，发于性情，由乎自然"，"言出至情，自然刺心，自然动人，自然令人痛哭"④，倡导只有建立在人的真性至

---

① 《李贽文集·焚书》，第 113 页。
② 《王畿集》，第 469、474 页。
③ 《王畿集》，第 129 页。
④ 《李贽文集》，第 91—92、132 页。

情基础之上的文学作品，才能自然而然地产生感动人心的艺术效果。①

王畿对公安派同样有着重要的影响。武道房认为：公安三袁的人生哲学颇为复杂，随着他们人生阅历的不同而时有调整。但相对而言，王畿的现成良知说对公安三袁早期心性论与人生观的影响应该是最大的，并深刻促成了他们性灵派文学主张的形成。王畿将客体纳入心体，主张自信本心，自行良知，极大地张扬了心灵主体性；公安派"独抒性灵"的文学思想实际上是王畿心学在文学理论上的延伸与转化。王畿重良知、轻知识的思想启发公安袁氏反对"前后七子"知识主义的拟古路向，提出了"不拘格套"的文学主张。②

在中晚明文学思潮中，另一位深受王畿思想影响的重要文学家是山阴徐渭。相关内容，将在下一章中论及。通过以上梳理，王畿对中晚明文学思潮兴起和发展的影响已可知大概，这恐怕是"平生不能为文"的王畿自己也始料未及的。

第四节 徐珊：优于文而匪独其文

徐珊，本姓史，字汝佩，号三溪，余姚人。钱德洪《年谱》记载，正德十六年（1521）八月，阳明平濠归越，九月，钱德洪带领徐珊、夏淳、范引年、管州、杨珂等共七十四人"通赞请见"③，则徐珊成为阳明门人的时间当为此年。邹守益在《思默子说》中写道："吾友徐汝佩，受学于阳明先生之门，直而睿，辩而有章，先生以思默箴之，汝佩奉以周旋，弗敢失也。"④ 可见徐珊的个性特点主要是直率聪慧而有辩才，所以阳明以"思默"戒之，望其能稳重多思。

嘉靖二年（1523），徐珊在南宫会试中，因不满策问的题目中暗

---

① 宋克夫、金霞：《王畿与中晚明文学思潮》，《湖北大学学报》（哲学社会科学版）2012年第1期。

② 武道房：《王畿"现成良知"说与公安派文论的形成》，《文学评论》2012年第3期。

③ 《王阳明全集》，第1416页。

④ 《邹守益集》，凤凰出版社2007年版，第444页。

含对阳明心学的诋毁，愤然不答离去。《年谱》云：“南宫策士以心学为问，阴以辟先生。门人徐珊读《策问》，叹曰：‘吾恶能昧吾知以幸时好耶！’不答而出。闻者难之。曰：‘尹彦明后一人也。’”[1] 可见徐珊的行为在当时产生较大的影响，且世人的评价很高，以尹彦明（尹焞）目之。而徐珊冲动直率的个性，也在这件事中体现得相当鲜明。关于此事，阳明专门写有《书徐汝佩卷》一文。文中记述，当阳明获知此事后，“黯然不乐者久之”；他人不解，询以缘由，阳明又“默然不应”：

> 他日，汝佩既归，士往问于汝佩曰：“向吾以子之事问于夫子矣，夫子黯然而不乐，予云云而夫子云云也。子以为奚居？”汝佩曰：“始吾见发策者之阴诋吾夫子之学也，盖怫然而怒，愤然而不平。以为吾夫子之学，则若是其简易广大也；吾夫子之言，则若是其真切著明也；吾夫子之心，则若是其仁恕公普也。夫子悯人心之陷溺，若己之堕于渊壑也，冒天下之非笑诋詈而日悻悻焉，亦岂何求于世乎！而世之人曾不觉其为心，而相嫉媢诋毁之若是，若是而吾尚可与之并立乎？已矣！吾将从夫子而长往于深山穷谷，耳不与之相闻，而目不与之相见，斯已矣。故遂浩然而归。归途无所事事，始复专心致志，沉潜于吾夫子致知之训，心平气和，而良知自发。然后黯然而不乐曰：‘嘻吁乎！吾过矣。’”士曰：“然则子之为是也，果尚有所不可欤？”汝佩曰：“非是之谓也。吾之为是也，亦未不可；而所以为是者，则有所不可也。吾语子。始吾未见夫子也，则闻夫子之学而亦尝非笑之矣，诋毁之矣。及见夫子，亲闻良知之诲，恍然而大寤醒，油然而生意融，始自痛悔切责。吾不及夫子之门，则几死矣。今虽知之甚深，而未能实诸己也；信之甚笃，而未能孚诸人也。则犹未免于身谤者也，而遽尔责人若是之峻。且彼盖未尝亲承吾夫子之训也，使得亲承焉，又焉知今之非笑诋毁者，异日不如我之痛悔

---

[1] 《王阳明全集》，第 1420 页。

切责乎？不如我之深知而笃信乎？何忘己之困而责人之速也！夫子冒天下之非笑诋毁，而日谆谆然惟恐人之不入于善，而我则反之，其间不能以寸矣。夫子之黯然而不乐也，盖所以爱珊之至而忧珊之深也。虽然，夫子之心，则又广矣大矣，微矣几矣。不睹不闻之中，吾岂能尽以语子也？"

汝佩见，备以其所以告于士者为问，予颔之而弗答，默然者久之。汝佩悚然若有省也。明日，以此卷入请曰："昨承夫子不言之教，珊倾耳而听，若震惊百里；粗心浮气，一时俱丧矣。请遂书之。"①

文中详细记述了徐珊心理的转变。在他发现南宫策问"阴诋吾夫子之学"后，不由得"怫然而怒，愤然而不平"，不答离去，甚至思"将从夫子而长往于深山穷谷，耳不与之相闻，而目不与之相见"。但在归途中，他潜心于致知之学而"良知自发"，很快意识到错误所在：自己当初未能当面得阳明教诲时，也曾经诋毁过阳明的学术；后来得阳明亲自面授良知之学，才恍然大悟。现在却全然忘记了自己当初的困惑，而只会去责备别人。夫子阳明遭受天下人耻笑诋毁，仍淡定从容，谆谆教导；自己却相反，只图一时痛快。而在面见阳明后，对于阳明的"颔之而弗答，默然者久之"，他也很快体味到此乃"不言之教"，"倾耳而听，若震惊百里"，并认为经过这番体悟，自己的"粗心浮气"将一并去除。《年谱》又记载，此次会试，钱德洪也"下第归，深恨时事之乖"，"见先生，先生喜而相接曰：'圣学从兹大明矣。'德洪曰：'时事如此，何见大明？'先生曰：'吾学恶得遍语天下士？今会试录，虽穷乡深谷无不到矣。吾学既非，天下必有起而求真是者。'"②阳明认为会试中虽有诋毁自己思想的内容，却也能借此机会使自己的学说"虽穷乡深谷无不到"，有助于学术探讨，故反以为喜，但他的学生徐珊、钱德洪等显然都没有那样的远见卓识和

---

① 《王阳明全集》，第 1016—1018 页。
② 《王阳明全集》，第 1287 页。

博大胸怀。

　　据钱德洪记载，徐珊“尝为师刻《居夷集》，盖在癸未年（1523）”①。嘉靖十九年（1540），徐珊出任辰州府同知。辰州是阳明曾经讲学过的地方。正德五年（1510）时，阳明出任江西庐陵知县，路过辰州沅陵，喜当地士人朴茂而有才华，于是在虎溪山邀请博文之士，题咏山水，讲“良知”之学，并在寓居的龙兴寺墙壁上题写了一首七律《闻杨名父将至留韵壁间》。黄澍《重修阳明书院碑记》云：“明正嘉间，文成王公首揭良知之学以教天下，学者云合风从。遐方之士，莫不以所居疏逖为恨，而辰州独幸，为公首先过化之地。盖公自龙场召赴缺，道过辰，喜郡人士朴茂，质多近道，因留虎溪僧舍弥月，为阐知行合一之旨，闻者咸奋然兴起。”② 徐珊到任后，即至虎溪寻访阳明当年讲学的遗迹，“得片言，皆录而传之”③，并于嘉靖二十三年（1544）在龙兴寺附近建虎溪书院。钱德洪《年谱》记载：“二十三年甲辰，门人徐珊建虎溪精舍于辰州，祀先生。精舍在府城隆兴寺之北。师昔还自龙场，与门人冀元亨、蒋信、唐愈贤等讲学于龙兴寺，使静坐密室，悟见心体。是年，珊为辰同知，请于当道，与诸同志大作祠宇、置赡田。邹守益为作《精舍记》，罗洪先作《性道堂记》。又有见江亭、玉芝亭、鸥鹭轩，珊与其弟杨珂俱多题志。”④ 虎溪书院开班授课，弘扬传播阳明心学，辰州一带的学子纷纷慕名而来。民国年间所修《沅陵县志》记载：“守仁之学以致良知为主，悟道则始自龙场，讲学则始自虎溪。辰士首崇其教，驯至风靡天下，人人知宗王学。”⑤ 徐珊对阳明心学在辰州的推广，起到了重要的作用。

　　文学上，徐珊早年即能“奋笔词藩，逸足名苑”⑥，有较好的文

---

① （明）钱德洪：《答论年谱书》，《王阳明全集》，第1522页。
② （明）徐珊著，谭庆虎校注：《卯洞集校注》，湖北人民出版社2011年版，第120页。
③ 《卯洞集校注》，第115页。
④ 《王阳明全集·年谱附录一》，第1476页。
⑤ 转引自《卯洞集校注·前言》，第7页。
⑥ （明）计士元：《跋〈卯洞集〉》，《卯洞集校注》，第104页。

学功底。传世诗文集为《卯洞集》四卷，其中包括书信、公文、诗词及哲理性散文、寓言、赋等篇章，较全面地反映了明代卯洞地区的地域、风俗和人情。明嘉靖二十年（1541）夏，紫禁城因雷击引发火灾，烧毁太祖昭穆群庙，只有献庙独存。火灾后，朝廷派遣官员于湖广、四川采办大木，修复被毁建筑。徐珊被委任至现在的恩施州来凤县卯洞一带，督促采木，供明廷复建九庙。"卯洞僻在万山，盖楚蜀之交而夷獠之乡也"①，徐珊在卯洞两年，历经艰辛，也目睹了恩施独特的自然风光、习俗人情，其《卯洞集》是迄今发现的有关恩施州风土人情的最早的人文专著。

卯洞在今恩施自治州来凤县百福司镇，位于酉水上游，与辰州府远隔千山万水。从《卯洞集》可以看出，徐珊当时在湖南境内是沿酉水溯流而上。他在《明溪作》一诗中说：

> 溟涨明溪路，湍迷次凤滩。停舟从信宿，依树得盘桓。散漫唯堪拙，栖迟任所安。兹行真吏隐，长日竹皮冠。

入山采木是苦役，虽有机会论功行赏，但是徐珊并不热衷，他只能用诗歌隐晦地表示他的不满，称此行为"吏隐"。在路上，他又写下《读〈高苏门集〉作》一诗：

> 触热耽行役，停舟阅午阴。流波澄伏火，飞藻丽兼金。道在园皋拙，名缘省闼深。苏门高季子，倔立扬洪音。②

高苏门，即高叔嗣，明代诗人，字子业，号苏门山人，祥符人，少时受知于李梦阳，其诗歌风格淡雅清旷，多抒写自己高才遭忌、客居他乡和友朋贬谪的嗟叹悲歌。徐珊在赶赴卯洞途中读其诗作，难免有知音同调之感。《四库全书总目提要》评价此诗"盖宗法所在，大

---

① （明）胡鳌：《卯洞集叙》，《卯洞集校注》，第1页。
② 《卯洞集校注》，第40、42页。

致不失风格，而深微则不及叔嗣也"①。

在前往卯洞的路上，徐珊用一系列的诗歌记录了他的行程，《征途五首》中写道：

> 征途闲白昼，迢递倚蛮村。竹屿斜通径，林坳曲到门。远沙明细草，芄黍被高原。幽事真相适，欣无车马喧。（其二）
>
> 日落长途渺，荒村野望稀。山形连楚国，水势入渔矶。绝域风烟袅，空林鸟雀飞。客心坐超忽，杳杳问缔衣。（其五）②

所见景物虽属蛮荒，却清幽邈远。嘉靖二十年（1541）夏，徐珊到达卯洞，住中寨里。他以卯洞为中心，带领木户四处寻找楠木，卯洞一带由于连年砍伐，到明代中期，巨型楠木已经大为减少。有之，也在人迹罕至、偏僻荒远的深山大壑之中。徐珊在《与刘前江书》中说："平原旷野，则周览易知；崇滩绝壑，深林密箐，非老于山涧者，未易遍历。"③ 历尽艰辛，徐珊终于找到了皇室所需的高大楠木。从其《报采木》等书札中可知，所采伐的楠木围径可达一丈五尺左右。如此巨大的楠木给徐珊以强烈的新奇感和视觉冲击，他特为之作《文木赋》：

> 维兹木之奇理，擅阴阳之冲和。既培质于大造，亦植根于层阿。中郁结之轮菌，傍纷披以婀娜。阅岁时而竦峙，蠚云霓以交摩。日月之所照临，鬼神之所护呵。雨露润其干，霜雪被其柯。

诗人感叹造化之神奇，竟能培植出如此巨木，并进而称赞楠木"直而有理，正而不颇"，把其高大笔直的外形与人的品格联系起来。嘉靖二十二年（1543）春，徐珊进入怯道河督木，见到当地著名的

---

① 《卯洞集校注》，第 107 页。
② 《卯洞集校注》，第 46、47 页。
③ 《卯洞集校注》，第 5 页。

响水洞景观。他在《宿西岩记》中写道："水从悬壁洞孔中出，高数百丈，视庐山瀑布更奇绝，然以在夷地，且无诸名人咏题，故湮没无闻若此。"① 感慨响水洞的自然景观相较于庐山瀑布更为奇绝，却无人得知。并作《瀑布》诗纪云：

> 树杪悬泉百尺长，水晶帘卷野云凉。蛛丝晴挂岩声白，玉佩寒分竹色苍。到海螭龙传万颗，浴湍鸥鹭下千行。人间不有庐山句，争谓徐凝擅墨场。②

诗人以一系列的意象组合，形象描写了响水洞瀑布令人叹为观止的奇特景致，同时表达了如此奇景却不为人所知的遗憾。

入山采木，艰险重重。《明史》评论说："采造之事，累朝侈俭不同。大约靡于英宗，继以宪、武，至世宗、神宗而极。其事目繁琐，征索纷纭。最巨且难者，曰采木。"③ 吕坤也曾上疏说："丈八之围，非百年之物。深山穷谷，蛇虎杂居，毒雾常多，人烟绝少，寒暑饥渴瘴疠死者无论矣。乃一木初卧，千夫难移，倘遇阻艰，必成伤陨。蜀民语曰'入山一千，出山五百'，哀可知也……臣见楚、蜀之人，谈及采木，莫不哽咽。"④ 徐珊在卯洞两年，目睹了采木给当地百姓和木户造成的深重苦难，忍不住在《洗车溪行》一诗中说：

> 仆夫相对色沮丧，商人交泣心彷徨。自甘工力竭资产，那许山林输庙堂。山程造次日旁午，官家驱逐时猖狂。吁嗟乎！洗车之役谁办此，徒令此事今张皇。

写出百姓之凄苦，官府之猖狂。而伐木过程中木工所唱的山歌，更令其心中悲怆，于是作《仆夫谣》云：

① 《卯洞集校注》，第 22、24 页。
② 《卯洞集校注》，第 66 页。
③ 《明史·志第五十八·食货六》，第 1989 页。
④ 《明史·列传第一百十四·吕坤》，第 5938—5939 页。

掌住脚，留住索，抬起老杠莫放落。下有千仞壑，万一不谨防失错。仆夫肩头皮尽剥，官府轿上时发恶。吁嗟乎！皇天赋命何厚薄？吞声忍气行踟蹰。

诗前有小序，云："山行峻绝，首三句，仆夫相戒之词也，予闻奖之。因其俚语，次第成篇。"① "掌住脚，留住索，抬起老杠莫放落"三句，直接沿用了仆夫所唱山歌歌词，极其生动地反映了采木的艰辛。而"皇天赋命何厚薄"等句，也体现了徐珊正直的人格和对普通百姓的同情。

不仅采木的木户九死一生，历尽艰辛，督木官员在朝廷的压力下也十分辛苦。徐珊在卯洞住茅屋，自己种菜解决饮食，更要亲自上山，出入荆棘丛中，勘察大木数量、规格和地点，监督大木运输。《宿西岩记》一文生动记述了嘉靖二十二年（1543）春，徐珊自溪亚坪、过响水洞到西岩，督促造厢的过程：

越三里，至洒脐岩，又数里至横梁崖，然皆两山旁削，溪流屈峻，境益绝矣。天稍雨，泞滑为之失足者屡屡。少顷，巡检范岳率家长范英銮来迓，道左跽予而告曰："山石险绝，蹊不可步，乃劳辛苦若此。"予曰："王事也，汝独非人子哉。"

写出道路之艰险。而徐珊回复范岳的"王事也，汝独非人子哉"，既说明他的恪尽职守，更流露了他的同理心和人文关怀，读之令人动容。下文又写道：

是晚促诸夫造厢，乃宿石岩下。岩当滩陡处，水声轰击，夜卧听之，如雷雨交作，而风木呼号不绝也。早起诸山夫齐至，乃举号集，众木巨甚，用六缆，经数百人挽之不上。旁置二车斜绞，复用丈围以上大木，从后撞之。既上厢，乃以椰木胶置木

① 《卯洞集校注》，第50、71页。

下，木易动不涩。

至晚始下三脚崖，更宿石岩中。越早天雨，促诸夫徙三脚崖。午后雨甚，欲再宿彼，然已绝粮矣。乃冒雨已归，泥泞中衣，履尽污且滑，不可行。遂下舟，舟盖刳独木为者，可容三人。每至滩上，则登岸以下。然万山云雾中，绝无人踪，小艇顺流出入波涛，亦佳境也。

薄暮抵盘顺寨，刘子前江来顾，出示衣履，相与一笑而去。①

写出运木之艰险，笔法洗练简净，声势如现纸上。而在这样艰难的环境中，作者依然能欣赏"万山云雾中，绝无人踪，小艇顺流出入波涛"的"佳境"，显示了学道之人"心力"之强大。文末"出示衣履，相与一笑而去"，更是言已尽而意无穷，体现了"优游自适，不怨不尤，无入不自得之气象"②。

虽然生存境遇艰难，但是阳明"龙场顿悟"的经历显然给予徐珊很大的鼓舞，他也想追随仿效其师，期盼在艰苦的"蛮貊"之境中获得顿悟，达到致良知的境界。在卯洞，他修缮一栋旧屋，取名忠敬堂，在忠敬堂设立和衷轩，在忠敬堂左边的隙地，又辟出菜园，时锄而莳之。《卯洞集》中收入的《忠敬堂记》《圃问》《和衷轩说》三篇说理文是他在卯洞时的重要思想随笔。他在《和衷轩说》中写道：

夫衷之为言，中也，人之心也，天之命也。无所戾于其中之谓和，是故心和则形和，形和则气和，气和斯天地之和应之矣，而况于人哉？

徐珊认为，"心和"则天地万物，包括人，自然而和。而"和衷之学，不明于天下"，是因为"有我之私戾之也"；要去除"有我之

---

① 《卯洞集校注》，第24—25页。
② （明）胡鳌：《卯洞集叙》，《卯洞集校注》，第1页。

私"，就必须学习"古之君子必戒慎恐惧焉"①。从徐珊对"有我之私"的警惕，可以看出他与王畿的认知差异；他对"戒慎恐惧"的认同，似乎是更接近季本的思想主张。从这些篇章中，读者可以察知徐珊的心学思想。因此，胡鳌说："读《忠敬堂》《圃问》《和衷轩》之作，可以观其参前倚衡之学矣。"②

在采木过程中，徐珊久处民间，其部分诗作在一定程度上也熏染了民歌的色彩，如卷4《溪行杂咏八首》：

> 夜雨急千山，山山琐烟雾。忽闻猿啸哀，声传不知处。（其一）
> 桃花一万片，片片逐波洄。莫向人间去，渔郎今又来。（其六）③

不事雕琢，清新婉转。他的诗歌以古诗和律诗成就较高，如五古《芳树》云：

> 芳树纷葳蕤，承君赤玉墀。青柯照白日，绿叶披华池。朝与游龙翔，暮必文鸳栖。托根求得所，欣此雨露私。春风早吹拂，含英散光辉。松柏信不及，寂寞南山陲。凉飙厉层巅，积霰凌重枝。虽则有本性，岁寒终自持。岁寒诚不易，欣愿良如斯。④

该诗对仗工稳，含英咀华，雅丽而工致。再如七古《山中见葵花有作》云：

> 寂寞葵花间野丛，深山长日抱孤忠。绝怜幽涧同心事，肯与繁华竞化工？晓露团团凌霁色，秋风冉冉度晴空。天涯岁晚稀相

---

① 《卯洞集校注》，第11页。
② （明）胡鳌：《卯洞集叙》，《卯洞集校注》，第1页。
③ 《卯洞集校注》，第90—91页。
④ 《卯洞集校注》，第51—52页。

见，倚幢高吟谩热中。①

葵花在深山野丛中尝尽寂寞，但仍抱"孤忠"之心，托物寓意，韵味隽永。此外，徐珊还善写排律，一组排律有的多达二十余首，便于他淋漓尽致地歌咏自己的描写对象。他的诗，"有阳刚之气，无委靡之风。但闻哀丝豪竹，不见镂月雕云。"②语言风格上，虽偶有雅丽工致之作，但总体以平实简易为主。思想内涵上，擅长托物寓意，抒写自己的人生志趣，并能体察百姓苦难，体现了仁者之心。故胡鳌《卯洞集叙》云："徐子斯集也，汎汎乎，洋洋乎，可以被之金石，并之风雅矣。然其即事以寓言，因言以寓道，则徐子是集也，匪独其文焉已也。"计士元《跋〈卯洞集〉》则评曰："其才当而体严，意缜而义密。其叙情怨，则忠慕而不伤；述游居，则冲敷而易感；赋山水，则循声而得象；托寓言，则殊事而合情。至于忠信行于蛮貊，靖共敬于官箴，又宛然溢诸言外。余作而叹曰：徐子其优于文哉！模镕经典，故能渊岳其心；翔集风裁，故能麟凤其采。观斯集也，是不必凭绥以追雅颂，执矩以驭楚篇矣！"③认为徐珊"优于文"而又"匪独其文"，于文中体现了怨慕之情，忠信之义。总体而言，徐珊的《卯洞集》中虽然也不乏纯粹的理学诗文，但他的较好的文学功底，尤其是他在卯洞的独特生活经历，丰富、充实和提升了他的作品，使之具有较高的社会意义和一定的艺术价值。

然而遗憾的是，徐珊未能一直保持其名节，在辰州任上，以侵军饷事发，自缢身死。黄宗羲《淮安戴氏家谱序》云："余修县志，其（徐珊）后人欲入之乡贤。余不可，遂尔相仇。"④全祖望《鲒埼亭集外编》记载："（珊）及官辰州，以墨败自裁。时人为之语曰：'君子学道则爱人，小人学道则缢死也。'姚江书院尚以珊配享，至梨洲始斥之。念鲁（邵廷采）曾问文献于梨洲，而不及此，乃以（阳明）

---

① 《卯洞集校注》，第 65 页。
② 张良皋：《卯洞集读后》，《卯洞集校注》，第 3 页。
③ 《卯洞集校注》，第 1、104—105 页。
④ 《黄宗羲全集》第 19 册，第 61 页。

高弟推珊，舛矣。"① 身为阳明弟子，徐珊的人生以贪墨自裁而告终，这给当时诋毁阳明心学的人落下口实，讥讽"君子学道则爱人，小人学道则缢死"。姚江书院曾一度以徐珊配享，至黄宗羲，认为徐珊晚节有亏，不宜配享，斥除之。钱明也以为"徐珊应属阳明门下的贪官之形象"②。徐珊侵吞军饷或事出有因，如王思任六十岁时在江州备兵任上，即因挪借军饷供给士卒而被罢黜。然而徐珊终究未能为自己留下任何辩解之词。他初入王门之时，曾为维护阳明心学不惜放弃会试的机会，却终因德行有亏令师门蒙羞，不免令人感叹"知行合一"之难。也有学者积极为他辩护，如张良皋以为：徐珊"文行两美"，罢试之举"视功名如粪土"，"区区辰州财帛，可值几文？能动徐珊之心吗？徐珊之死，不过深恶小人构陷，宁折不弯，自杀明志，恰陷于坐实人言。当时有'人'语之曰：'君子学道则爱人，小人学道则缢死（《论语阳货》原作'易使'被恶搞）也'。这是何等的趁心遂愿，幸灾乐祸！"历史上，冤假错案何其之多，此论可备一说。而观徐珊《和衷轩说》云："予以督木从事卯洞，深惧其衷之不和，以重得罪于二三君子也。"在《海渔》一文中，又以海之渔人喻位高权重之士，借其口云："天下之事，未有无害而徒利者。子视吾之出入波涛中，吾亦诚自若然，过此亦乐矣。且子独不见今之大官长者矣乎？其亲权势也，犹予之出入波涛也，稍不戢惧即溺矣。子徒见其载簪缨，喧车马，仗旌旄、铁钺，即以为荣，而不知其饮冰则内热也。"③对自身所处官场之险恶已深为忧惧。则其最终死于官场倾轧、小人构陷，未必没有可能。

阳明的及门弟子中，当以杨珂的文学艺术成就最高。杨珂为"越中十子"之一，故归入下一章专节论述。当初阳明与李、何"更相倡和，既而弃去"，个中原因，主要是他认为诗文辞章之学，不是第一等德业，学如韩、柳，不过为文人，辞如李、杜，不过为诗人，只

① 朱铸禹汇校集注：《全祖望集汇校集注·鲒埼亭集外编》卷47《答诸生问思复堂集帖》，上海古籍出版社2000年版，第1770—1771页。
② 钱明：《浙中王学研究》，第65页。
③ 《卯洞集校注》，第3、12、17页。

有心性之学，才堪当第一等德业。受阳明影响，徐爱、季本、王畿、徐珊等越中王门弟子也多将自己的身份定位为学者，以研习和传播心学为己任，认同"文为余事"，不愿投入较多的时间和心力，并且将诗文视为"载道"之工具，无意在艺术上多作打磨。但同时，从天资和人生经历看，他们既不像阳明那样"才情振拔"，也缺乏与当时文坛名将驰骋才华的经历，因此他们的诗文中虽不乏情真意切之作，总体来看，却具有"讲学家之诗文"的特质，难以达到阳明诗文那样的艺术高度，体现的是阳明心学兴起之初，其思想精髓还未能与文学艺术自然结合的过渡阶段的特征。

第三章 "越中十子"与阳明心学

中国古代的文人结社至明代而极盛,据学者考证,明代文人结社总数至少达到三百家之多①。"越中十子"是明嘉靖中期出现在绍兴地区的一个重要文人社团。《嘉庆山阴县志·人民志·乡贤二·徐渭传》记载:"当嘉靖时,王、李倡七子社,谢榛以布衣被摈,渭愤其以轩冕压韦布,誓不入二人党。尝与萧柱山勉、陈海樵鹤、杨秘图珂、朱东武公节、沈青霞炼、钱八山梗、柳少明文及诸龙泉、吕对明,称'越中十子'。"② 因此,"越中十子"社由十位越中文人组成,分别是:徐渭、沈炼、陈鹤、杨珂、朱公节、钱梗、诸大绶、萧勉、柳文、吕光升。其中,以徐渭在后世的声名最显,文学成就也最高。

"越中十子"成员均为越人:杨珂为余姚人,吕光升为新昌人,沈炼为会稽人,其余均为山阴人。他们的活动区域处于阳明心学的发源地,活动时间又处于阳明心学流传最盛时期,因此其学术背景或多或少都与阳明心学有一定关联,从而使他们的人格风范、处世心态,以及文学理念和创作,都沾染上心学的色彩。

第一节 杨珂:自放于山水

"越中十子"中,杨珂年纪较长,大徐渭近二十岁。杨珂

---

① 何宗美:《明代文人结社综论》,《中国文学研究》2002 年第 2 期。
② 嘉庆《山阴县志》卷 14《人民志·乡贤二》,《中国方志丛书》,成文出版社 1983 年版,第 431 页。

（1502—1572）字汝鸣，号秘图山人，余姚人，早年为诸生。据钱德洪《年谱》记载，正德十六年（1521）九月，杨珂与钱德洪、徐珊、孙应奎等七十四人一同入阳明门下。阳明晚年居越期间，先辟稽山书院，后办阳明书院，尤其在故乡余姚，"定会于龙泉寺之中天阁，每月以朔望初八廿三为期"，并且勉励弟子不可半途而废，"务在诱掖奖励，砥砺切磋，使道德仁义之习日亲日近，则势利纷华之染亦日远日疏"①。期间，杨珂作为及门弟子，得以亲侍于阳明左右，所得教益必不在少。《年谱》还记载，嘉靖二十三年（1544），徐珊建虎溪精舍于辰州，"又有见江亭、玉芝亭、鸥鹭轩，珊与其弟杨珂俱多题志"②，则杨珂与徐珊或当为表亲。

鄞县文人吕时有诗曰："秘图山人杨大珂，少年读书苦琢磨。于今白发转奇崛，每逢山水骑驴过。"③可见杨珂少年时曾一心苦读，但后来却不以功名为念，晚年更是纵情山水，洒落自在，诗风也转奇崛。杨珂人生志趣的转变，与他服膺阳明心学有很大的关系。据《万历绍兴府志》记载：

> 杨珂，字汝鸣，余姚人。始为诸生，每试辄高等。已而从王文成学，稍厌薄时义。会沙汰例严，督学使者按越，检察举子，无异录囚。珂叹曰："是岂待士者哉！"遂拂衣归隐，居秘图山，养母以孝闻。④

杨珂为诸生之时，考试成绩颇为优异，但在师从阳明之后，对时义有厌薄之意。阳明本人并不反对科举，认为"但能立志坚定，随事尽道，不以得失动念，则虽勉习举业，亦自无妨圣贤之学"⑤。但在

---

① 《王阳明全集·年谱三》，第1428页。
② 《王阳明全集·年谱附录一》，第1476页。
③ （明）吕时：《甬东山人稿》卷2《赋得杨山人丹山赤水图为沈王殿下千秋颂》，《四库全书存目丛书》，齐鲁书社1997年版，集部，第187册，第519页。
④ 万历《绍兴府志》卷46《人物志·乡贤·隐逸》，第3130页。
⑤ 《王阳明全集·寄闻人邦英、邦正》，第189页。

事实上，科举制度对士人身心的钳制与摧残，与心学所追求的人格独立与洒然自在，是存在必然矛盾的。且明代普遍存在虐士的现象，自太祖朝始，大臣受廷杖甚至致死之事例已屡见不鲜，府县普通诸生受到人格侮辱的现象更是见怪不怪。杨珂眼见"检察举子，无异录囚"，愤慨"是岂待士哉"，毅然拂衣归隐秘图山，终其一生都不再依附于庙堂，这种决绝的气魄既非常人能比，显现出清介傲岸的"高士"人格，也正是士人在阳明心学影响下，追求人格独立、心性自由的体现。

杨珂擅长书法，有晋人笔法，与徐渭齐名，二人并称"杨徐"。孙鑛在《书画跋跋》中评价杨珂"人品绝高，弘正以前不可知，若迩年以来，当为逸人第一流"，并讲述了杨珂和胡宗宪的交往之事：

> 胡梅林少保旧令余姚，稔知汝鸣。后为制府，意欲汝鸣入幕下。谓倘来谒，即随以厚币。汝鸣竟不往。少保有碑，欲得汝鸣书之，而难于言。后御倭海上，过邑城，驻龙山。使幕客故与汝鸣交好者诱之来。山间游已，胡公燕居服，猝至，不得避，因留共饮。谵谈既洽，幕客讽以写碑事，汝鸣乃为写。赠之金，卒不受，此风今岂可得再见也？①

胡宗宪为抗倭总督，权倾东南，当时士人多以能入其幕府为荣，杨珂却不为所动。后二人不期而遇，杨珂虽为其写碑文，却坚决不收润笔之资，体现了"意轻千金赠"的高洁风范。杨珂自归隐山林后，一直生活清贫，陈鹤在《赠杨汝鸣山人》诗中曾感叹老友"道远形容变，家空骨肉稀"②。以胡宗宪对他的赏识，若能积极用世，完全有可能谋得幕宾席位。但杨珂坚守人格独立，不与世同流合污，放情

---

① （明）孙鑛：《书画跋跋》卷1《杨秘图杂诗》，《景印文渊阁四库全书》，台湾商务印书馆1986年版，子部，第816册，第42页。

② （明）陈鹤：《海樵先生全集》卷7，《四库全书存目丛书》，齐鲁书社1997年版，集部，第85册，第667页。

山水，追求淡然洒脱的隐逸人生，并且终生不易其志，始终拥有一份"傲世那论生计愚，笑歌饮水何悠如"① 的恬淡情怀，孙鑛誉其为"人品绝高"的"逸人第一流"，可以说并不为过。黄宗羲也曾记其轶事云："每遇白云满谷，负巨瓮纳之，纸封其口，置之草堂。俟天日晴朗，引针缕缕，起于纸隙，萦绕梁间，呼朋以为笑乐。"② 此事新奇，虽未必尽属实，却引人无限遐想，从中也能窥知杨珂超尘拔俗的风范。

杨珂性极爱山水，晚年尤甚，多徜徉于四明、天台和绍兴三地的山水胜迹中，写下大量诗歌。《姚江逸诗》云："（珂）不以科举为事，自放于山水之间，天台四明题咏殆遍。"③ 陈鹤《远游篇送杨秘图游闽》云："山人性僻耽远游，长日白云生杖头。名山到处走欲游，题诗多向空门留。"④ 也指出杨珂最大的癖好是远游，其诗歌也多以远游为题材。杨珂所作诗歌数量当颇丰，据黄尚质《挽秘图高士》诗云："自从解绶入秋云，何处看山不共君？十载论心成往事，一时垂泪惜斯文。谁收遗稿将千首，几见行书有八分？时听啼鹃江月白，愧无碑记郭公坟。"⑤ 则杨珂平生所作诗当近千首。杨珂卒后，新安门人范氏得其手书草稿编为《怡斋集》一卷，摹刻于武林，但流传极罕。清人张廷枚搜得此本，经删削增补，编成《秘图先生遗诗》，惜散佚严重。后经黄宗羲搜罗辑补，亦仅得其游览天台、四明的十八首遗作，编入《姚江逸诗》，包括两首五言排律，两首五古，八首五律，两首七律，一首五绝，三首七绝。此外在《上虞县志》等方志中还留存数首。这些诗篇，无论是内容还是风格，都呈现出鲜明的个性，主要可概括为：

---

① （明）陈鹤：《海樵先生全集》卷4《远游篇送杨秘图游闽》，《四库全书存目丛书》，集部，第85册，第619页。

② （清）黄宗羲：《姚江逸诗》卷11，第168页。

③ （清）黄宗羲：《姚江逸诗》卷11，第168页。

④ （明）陈鹤：《海樵先生全集》卷4《远游篇送杨秘图游闽》，《四库全书存目丛书》，集部，第85册，第619页。

⑤ （清）黄宗羲：《姚江逸诗》卷11，第167页。

首先，尚"奇"。杨珂在《宿仗锡云岩上人房》诗中概括自己"平生尚奇览"①，观其诗歌，多以表现浙东山水的雄奇险壮为主，"尚奇"的审美趣味体现得非常鲜明。如描写上虞的龙松岭云：

> 苍虬百尺倚岩悬，半岭冲开万壑泉。势压波涛遥跨海，气吞云雨不知年。②

表现了自然山水蓬勃浩大、不可阻遏的惊人气势。又如《滴水岩》：

> 滴水岩头隐玉龙，赤城山下海云封。天风忽散千锦重，人在青霄倚碧空。③

前两句写海云封山，一切景物都隐约朦胧；而一旦云雾散尽，诗人才蓦然发现已是"人在青霄倚碧空"。所营造的意境，有飘然欲仙、"我欲乘风归去"的意态。"忽"之一字用得极好，写出这种景象是不期而至，更令人惊喜万分。再如《过通明坝》：

> 四明山尽到通明，水随潮痕浪不生。隐隐雷声惊昨夜，却疑身向禹门行。④

开篇先写旅程寻常无奇，水势平缓；然而在接近通明坝时，却听得一夜水声如隐隐雷声不断，诗人不免心惊，以至于产生错觉，似乎自己正向禹门前进。禹门即龙门，在今山西稷山县西北黄河流经处，相传是大禹治水时开凿，水流湍急，鱼若逆水游上就能变成龙。整首诗，诗人欲扬先抑，并不直接描述通明坝的水势，而是从听觉的角度

---

① （清）黄宗羲：《姚江逸诗》卷11，第168页。
② 转引自张如安《略谈明代杨珂的旅游诗》，《阳明史脉》2010年第1期。
③ （清）黄宗羲：《姚江逸诗》卷11，第169页。
④ 转引自张如安《略谈明代杨珂的旅游诗》，《阳明史脉》2010年第1期。

叙述自己由"惊"而生错觉，并以禹门作比，使读者自然地展开联想，以此表现山水之奇。

其次，耽"幽"。在《游四明盘桓韩采岩》诗中，杨珂还表明自己"雅性耽幽寂"①，即特别偏爱幽寂的景物，追求的是一种"幽趣"，这在他的诗歌中同样有充分的体现。如《之四明山居经南岭》：

> 遥遥四明居，幽路经南岭。寒烟护远村，旭日穿林影。茅屋四五家，石田两三顷。山鸡啼竹罅，野鹿走峰顶。霜浓柴叶白，涧曲泉声静。清晖到处佳，幽趣何人领？愿言长休哉，使吾发深省。②

这首诗采用白描手法，与陶渊明的田园诗有意趣相近之处。全诗贵在动静结合，尤以"寒烟护远村，旭日穿林影"两句最妙，静中有动，却又动得悄无声息，由此更添静谧；也正因这动，读者感知到的就不仅仅是静物画的效果，而是融入时间的因素，更像一则短视频，虽然只是几秒钟的闪现，却能深切感知远村寒烟的袅袅而上，深林日影的斑驳移动。而那竹罅中传出的山鸡的啼叫，涧曲间叮咚作响的泉声，都更衬出山居之幽；野鹿于峰顶悠然游走，又恰与茅屋四五家一起，构成不惊不扰的和谐氛围，一派"世外仙源"的清幽淡远。诗人目睹此景，不禁感叹：世人皆沉迷于追名逐利，纷纷扰扰，这深山之中的"幽趣"又有多少人能领会。而这"幽趣"与世间的纷扰相比，到底孰轻孰重，诗人在"深省"之下，已然有明确的选择。

为了追求"幽趣"，杨珂会着意于搜寻、描摹琐屑、隐微、荒凉的景色。如《游雪窦宿璟公房》：

> 旅倦投禅榻，无风荒殿开。归云随鸟至，入夜有僧来。古榻

---

① （清）黄宗羲：《姚江逸诗》卷11，第168页。
② （清）黄宗羲：《姚江逸诗》卷11，第168页。

曾留月，阴廊半积苔。胜游殊未已，早晚向天台。①

无风而荒殿门自开，入夜而有僧来，阴暗潮湿的过廊中积满了苔藓……这样的景物是如此荒寒幽寂，甚至有些阴森可怕，但是诗人却欢欣鼓舞，誉之为"胜游"。再如《宿仗锡云岩上人房》：

日落半林晚，苔荒古殿秋。断岩留药鼎，枯壁挂松球。涧转泉依竹，天寒月近楼。平生尚奇览，应爱此山幽。②

秋日黄昏，深林古殿，荒苔、断岩、枯壁，那遗留的药鼎和悬挂的松球是人类活动的痕迹，此时却更映衬出景物的荒僻。然而在诗人眼中，正是这种荒僻，才与那竹边溪涧、近楼寒月等景致浑然天成，传递出一种难以言喻的"幽趣"。再如《游四明盘桓韩采岩》：

雅性耽幽寂，仗锡游四明。山深多麋鹿，古路无人行。云缔见峰影，松际飞泉声。荒林满黄叶，落日寒风生。越溪复登岭，列石多纵横。仙岩采名药，缤纷皆落英。愿言摄奇踪，九转还丹成。③

同样是以白描手法营造山水的幽寂。山深古路，云峰飞泉，荒林落日，表面上都给人一种幽冷孤峭的寒意，但诗人并不寂寞，更不畏惧，而是视若仙境，欲在此追求道家长生之术。

杨珂钟情于这类清幽孤冷的意境，也因此，在他的笔下，"寒"字随处可见，如"天寒月近楼"（《宿仗锡云岩上人房》），"山深岁易寒"（《宿忱》），"寒烟护远村"（《之四明山居经南岭》），"寒石照双溪"（《游九姥山》），"流落寒溪不尽声"（《石新妇》）等④。字里行间回荡着一股寒气，颇有"郊寒岛瘦"的晚唐诗风味道，给读

① （清）黄宗羲：《姚江逸诗》卷11，第168页。
② （清）黄宗羲：《姚江逸诗》卷11，第168页。
③ （清）黄宗羲：《姚江逸诗》卷11，第168页。
④ （清）黄宗羲：《姚江逸诗》卷11，第168—169页。

者的感受是天地之间一片清寒，其中既传达出诗人的幽趣，也折射出诗人清冷傲世的情怀。相对于喧嚣闹攘、汲汲以求的世俗社会，杨珂显然更看重与天地精神相往来，既追求生活环境的幽静，也追求心灵的宁静。他选择远离俗世，纵情山水，在奇览纵游中恣意人生。于他而言，清贫的时光虽容易孤独，但幽奇的山水更足以抚慰人心。①

无论是尚"奇"，还是耽"幽"，杨珂的诗作无疑都带有鲜明的主观色彩，注重的是总的印象和情绪的把握，追求的是心与物之间的交相感应。他的诗，"不是像大谢诗那样依时间顺序和场景转换来构思，结构上不是叙写式的线性展开，而是表现为团形的描写。他的山水诗不强调时间上的移步，而着眼于集中笔墨在空间的错落和主观的感受上做文章"②。对杨珂而言，一路走来，所见所闻皆可入诗，自然万物，皆可纳入到自己的审美世界里，经过心灵的提炼、整合，成为奇景，寄托幽趣。其诗歌中所选择的意象既是他的情感偏好，更是他心境的折射。他在诗中问："幽趣何人领？"那些清幽孤冷的景致，所在之地多是人迹罕至，正是他的到来，使得这些景致的美被人领略，为人欣赏。此中意趣，正合了那段著名的论述：

> （阳明）先生游南镇，一友指岩中花树问曰："天下无心外之物，如此花树，在深山中自开自落，于我心亦何相关？"先生曰："你未看此花时，此花与汝心同归于寂。你来看此花时，则此花颜色一时明白起来。便知此花不在你的心外。"③

杨珂的"性僻耽远游"，在很大程度上是基于对现实的苦闷和失望，而在深山之中，在人迹罕至之处，他深切感受到与天地万物的相知相亲。他的心境，与深山中的景致一起，"一时明白起来"，豁然开朗。他在《长者山》诗中也写道：

---

① 赖智龙：《越中十子研究》，硕士学位论文，南京师范大学，2013 年，第 50 页。
② 张如安：《略谈明代杨珂的旅游诗》，《阳明史脉》，2010 年第 1 期。
③ 《王阳明全集》，第 122 页。

复有登高约，重游长者山。物观浑识面，兴到即开颜。①

长者山位于上虞，诗人故地重游，如同老友重逢，兴致盎然，欣喜不已。在这首诗中，他并不着意于对长者山景物的描写，而更关注自己与"物观"之间的情感交流，同样体现了浓郁的主观色彩。

总体而言，杨珂诗歌的风格是"潇洒不群"②，这也正与其洒脱孤傲的性情相映照。然而，尽管杨珂自放于山水，尽可能地避世，不求闻达，但晚年之时，所作诗、书还是难逃"后七子"领袖王世贞的诋诃。王世贞对杨珂的书法非常不屑，又称其"诗语亦得一二佳者……其书益弱而多讹，然自负日益甚，诗亦日益下"③。对于王世贞的这段评论，黄宗羲极为不满，说："太仓（王世贞）之执牛耳，海内无不受其牢笼，心知徐渭、杨珂之才而欲招之，徐、杨皆不屑就，太仓遂肆其讥弹，而徐、杨之名终不可掩。顾昧者以乡邑二十年之闻见，妄谓吾越无诗，越非无诗，无今日之假唐诗也。"④指出王世贞的偏见正源于杨珂与复古派的不合作态度。对于当时"一时艺苑共走太仓"⑤的局面，杨珂、徐渭皆不屑跟从，他们的特立独行的作风无疑会招来嫉恨，被当时的诗坛排斥和边缘化。而杨珂的诗作虽然大量散佚，但从其存留不多的作品来看，其诗不事摹拟，随心挥洒，有明显的自我意识，是心学作用于文学的很好体现，因此钱明认为："作为阳明弟子，杨珂可谓浙中王门中最早把阳明学的基本精神融会贯通于文学艺术领域的代表之一，对浙东地区文学艺术的发展产生过一定影响。"⑥

---

① 《上虞县志》（二），清康熙刻补刊本。
② 万历《绍兴府志》卷46《人物志·乡贤·隐逸》，第3130页。
③ （明）王世贞：《弇州四部稿》卷132《杨秘图杂诗》，《景印文渊阁四库全书》，集部，第1281册，第201页。
④ （清）黄宗羲：《黄梨洲文集·姜山启彭山诗稿序》，中华书局1959年版，第352页。
⑤ （清）黄宗羲：《姚江逸诗》卷11，第168页。
⑥ 钱明：《浙中王学研究》，第66页。

第二节　沈炼：托意于儒侠

　　沈炼（1507—1557）字纯甫，又字子刚，号青霞，会稽人，"为人刚直，嫉恶如仇"①。嘉靖十七年（1538）中进士，知溧阳，不惧权贵，数次忤逆御史，调任茌平。嘉靖二十六年（1547），受锦衣卫都指挥使陆炳赏识，入京为锦衣卫经历。沈炼虽为下级官吏，却好谈国事，常与尚宝丞张逊业饮酒谈天下事，醉后痛骂严嵩父子擅权专政。王世贞记其在京任刑部郎时，曾目睹沈炼慷慨激烈之风采："（炼）入为锦衣卫经历，数从故尚宝丞张逊业饮。沈公少饮辄醉，醉则击缶呜呜，诵《出师二表》《赤壁赋》。已，慷慨曼声长啸，泣数行下。余私心慕异之。"②嘉靖三十年（1551），沈炼冒死上疏弹劾严嵩，被贬谪至塞外保安六年。徐渭记载："当是时，君（沈炼）怀愤之日久，而忠不信于主上。乃削木为宋丞相桧象，旦莫射捶之，随事触景为诗赋文章，无一不慨时事，骂诃奸谀，怀忠主上也。"③虽为贬谪之人，依旧不改壮怀激烈的本色。终被诬陷与白莲教阎浩等谋乱罪名，于嘉靖三十六年（1557）惨遭杀害，直至隆庆初才得平反，谥为"忠愍"。

　　徐渭在《赠光禄少卿沈公传》中概括沈炼"生而以奇骜一世"，先后"以文奇""以政奇""以谏奇""以戆奇"。何为"戆"？方孝孺《戆窝记》云："负气自高，昌言倨色，不少屈抑，以取合当世；视人君之尊不为之动，遇事辄面争其短无所忌。此皆流俗所谓戆人也"④，可谓正解，也是沈炼性格的生动写照。而沈炼始补府学生时，即"以文奇"，"汪公文盛以提学副使校浙士，得君文惊艳，谓为异人，拔居第一"⑤，可见文字功底相当深厚。而他的疾恶如仇的

---

① 《明史·沈炼传》，第5533页。
② 《王世贞文选·沈青霞墓志铭》，苏州大学出版社2001年版，第107页。
③ 《徐渭集》，第624页。
④ （明）方孝孺：《逊志斋集》，宁波出版社2000年版，第536页。
⑤ 《徐渭集·赠光禄少卿沈公传》，第624页。

刚直性格,以及跌宕起伏的人生经历,也都于诗文中一一呈现。王世贞称赞沈炼:"公于诗文,援笔立就,奇丽甚,而不能尽削其牢骚愤激之气,往往多楚声。"① 钱谦益云:"纯甫雄于文,下笔辄万言,作《筹边赋》、吊死战诸将文及纪事诸诗,尤愤懑悲壮。"② 从这些记述可知,沈炼文思敏捷,诗文数量应相当不少,但他"以直谏为重于时,而其所著为诗歌文章,又多所讥刺,稍稍传播,上下震恐"③,终招祸患,"其传者十不能一二"④,遗稿主要裒辑于《青霞集》中。

沈炼年少时期便跟从王阳明游学,并且得到阳明的高度赞赏。据王世贞《沈青霞墓志铭》云:

> 始沈公少而读书有异质,从故王伯安先生游。先生一再与语,即奇之:"生,千里才也。"⑤

《青霞集·年谱》也记载:

> (炼)好学博观,手不释卷。始从新建公游,一再与语,即奇之,尝语人曰:"吾与沈子论事,种种超卓,真用世之才也。"⑥

阳明归越期间,沈炼年未弱冠,正是风华正茂意气奋发之时。阳明的赏识与赞誉,必定对其有较大的影响。

除了跟从阳明游学,沈炼还与其他一些重要的心学人物有交往。季本的《季彭山先生文集》中,有《赠沈子刚别诸生赴京序》,谓沈炼"文章行谊高出一时","重义轻利,缓急可赖,闻之者神飞,睹

---

① 《王世贞文选·沈青霞墓志铭》,第110页。
② (清)钱谦益:《列朝诗集小传·丁集·沈经历炼》,第600页。
③ (明)沈炼:《青霞集·茅坤序》,《景印文渊阁四库全书》,台湾商务印书馆1986年版,集部,第1278册,第3页。
④ 《王世贞文选·沈青霞墓志铭》,第110页。
⑤ 《王世贞文选·沈青霞墓志铭》,第110页。
⑥ (明)沈炼:《青霞集》卷12,第171页。

之者心醉"①；另有《送沈子刚起复赴京序》，同样赞誉沈炼"聪明俊伟，博学能文，真豪杰材也"，"遇事直前，一无顾虑"②。从季本的文章可知，沈炼当时在越中地区享有盛誉。沈炼的《青霞集》中，也有《出塞曲五首寄季彭山郡侯》：

> 黄云千里杂边尘，今岁悲笳更犯春。一片菱花犹未结，青青愁杀陇头人。（其一）
>
> 征人刁斗在龙堆，校尉初传玛瑙杯。若遣官军长结束，何忧不报捷书来。（其二）
>
> 犷骑陵城气若风，兵机那取宝刀雄。君看韩信囊沙日，百万貔貅在掌中。（其三）
>
> 朝朝暮暮檄书闻，岁岁年年度陇云。莫道边城兵马怯，悬知只少霍将军。（其四）
>
> 雁门太守今隐居，桃李春风自结庐。藩墙几处留彤管，那能不著定边书。（其五）③

虽以叙写边塞军情和贬谪愁思为主，但二人的情谊也由此可见。

沈炼还与唐顺之等唐宋派文人有交往。《青霞集》卷十一有《寄唐荆川书》：

> 忆畴昔辱游于阳羡之墅，省记微旨，教以挽弓……别后几二十年，末由一晤，而世路坎壈，不出公之所议。缅想英概，时时于梦中见之。顾仆出关以来，目睹世变，大有伤心者，恨不能会，并于数千里之外与兄握手倾此绪谈也。④

阳羡为宜兴旧称，可知二人相识的地点是唐顺之在宜兴的居所。

---

① （明）季本：《季彭山先生文集》卷1，第845页。
② （明）季本：《季彭山先生文集》卷1，第846页。
③ （明）沈炼：《青霞集》卷7，第104页。
④ （明）沈炼：《青霞集》卷11，第156页。

唐顺之曾两次闲居宜兴：第一次是从嘉靖十四年（1535）至嘉靖十七年（1538），他因不附权臣张璁致仕返乡，期间客居宜兴。第二次是嘉靖二十年（1541）至三十六年（1557），他被再次罢官后归家，期间也多寓居宜兴山中。而沈炼于嘉靖三十年（1551）因上疏弹劾严嵩被谪塞外保安州，写此信时已在关外。从信中"别后几二十年"可以推断，沈炼应该是在唐顺之第一次闲居宜兴时与其相会。此次相会，二人曾一起探讨学问，切磋武艺。此后将近二十年间虽无缘再晤，却"时时于梦中见之"。沈炼在京任职期间，还与唐顺之的弟子莫如忠、吴维岳过从甚密，时常在一起论诗析文，显示了相近的文学旨趣。见于沈炼《青霞集》的唱和诗有《同吴膳部诸公会集草堂得周字》《谢山人、吴比部重集草堂得青字》《将军射林同莫膳部、吴比部散步各成一首》，见于吴维岳《天目山斋岁编》的唱和诗有《青霞沈子初次见过》《五月七日再集沈五青霞楼分得枝字》，见于莫如忠《崇兰馆集》的唱和诗有《同吴郡伯比部沈纯甫参军五日游玩射林》《同吴比部、沈参军限题赋得侧口落花》。而在沈炼被流放的第七年，即嘉靖三十六年（1557），终被诬陷谋乱而惨遭杀害，未能实现与唐顺之"握手倾此绪谈"的夙愿。

沈炼与唐宋派另一位主将茅坤的交往尤其引人注意。茅坤是归安人，对阳明特别崇敬，颂其"道贯天人，功盖华夏"[1]，并深爱阳明文章，在《唐宋八大家文钞》中备极推崇。据董其昌《容台集·金伯发稿序》记载："学使者裁庵杨公之试士也，尝檄属吏茅鹿门、沈青霞第其甲乙"[2]，则茅坤与沈炼曾在杨宜（号裁庵）门下共事。沈炼《青霞集》中有《得茅鹿门别驾广平消息》诗：

> 故人嗟远道，书是雁传来。不因迁客苦，谁为寄江梅。驿路长驱马，官亭独举杯。悬知汉廷吏，当识贾生才。[3]

---

[1] 《茅坤集·浙江乡试录后序》，浙江古籍出版社2012年版，第497页。

[2] （明）董其昌：《容台集》，第191页。

[3] （明）沈炼：《青霞集》卷6，第87页。

嘉靖二十五年（1546），茅坤被外调谪为广平通判，其时沈炼丁忧在乡，得消息后，写此诗表达对好友的劝勉之情。而在茅坤的文集中，保存了两封寄予沈炼的书信，透露了更多二人之间的交谊。《与沈青霞塞上书》写道：

> 因数忆兄辇妻子羁山谷间，旦暮所耳目者，特烽燧之色，鼓鼙之音。秋八月来，草木既落，鸿雁南翔，兄抑尝为之泣下沾襟否乎？虽然，仆向尝共兄读传记，至朱云折槛处，未尝不跃然抵掌，愿想见其人。而况于仆，窃尝从兄游，雅以文章意气相颉颃，其亦庶几昔人所称"绾带而交"者乎？又况于兄躬自蹈之，与若人慨慷激烈而上下之乎！曩从粤中函笺赴京邑时，尝为《六子咏》，兄以下，翁太守冶山、莫提学中江、侯比部二谷，王金宪东华，与仆而六也。其咏兄诗，仆犹记忆四句，曰："官不过执戟，谏书何太狂！宁无恋妻子，只为报君王。"当是时，客或私闻之，并为流涕。间尝割俸赀数金，并前诗，托陆锦衣寄兄所，不知到否？……张尚宝行急，草草附言外，三金少效塞上薪水之助。①

信中表达了对沈炼流放塞外后的深切思念之情。从茅坤的追忆可知，他与沈炼关系密切，曾共读传记，意气相投。还曾一起与莫如忠（号中江）、侯一元（号二谷山人）等吟咏唱和，"为六子咏"。而信末所记割俸金资助之举，尤见二人情谊深厚。《与沈青霞塞上第二书》中则记：

> 兄旅羁中，闻清筱之音，和变徵之曲，读《离骚》之文，参《小雅》之什，得无泠然自恨，爽然自失者乎？士大夫从燕门来，犹时时道兄魁岸自豪，于今鞅鞅者，甚且散客游之金，食仗剑之士，数欲托迹亭障间，思得其当如陈汤、傅介子辈，以建万世之

---

① 《茅坤集》，第233—234页。

业于时。嗟呼！南北相去数千里，不知其果与否。近得《鸣剑集》读之，篇中暗鸣叱咤，间亦稍可按而覆矣。①

茅坤从他人口中获知沈炼在塞外的种种事迹，深为思念。从《鸣剑集》中，他感受到沈炼激愤的情怀。沈炼去世之后，茅坤又应其子沈襄之请，为《青霞集》作序，其中写道：

君既上愤疆场之日弛，而又下痛诸将士之日菅刈我人民以蒙国家也，数呜咽欷歔；而以其所忧郁发之于诗歌文章，以泄其怀，即集中所载诸什是也……若君者，非古之志士之遗乎哉？……君既没，而海内之荐绅大夫，至今言及君，无不酸鼻而流涕。呜呼！集中所载《鸣剑》《筹边》诸什，试令后之人读之，其足以寒贼臣之胆，而跃塞垣战士之马，而作之忾也，固矣！他日国家采风者之使出而览观焉，其能遗之也乎？②

高度评价沈炼"古之志士之遗"的风范，对沈炼含冤惨死义愤填膺，对其发愤之作又深为感佩。

沈炼既从王阳明游学，又与季本、唐顺之、茅坤等心学家或受心学影响较大的人物交游，其思想与文学理念、创作都不可避免地沾染上心学的印记。如：

余自惟束发读书，以至于今未有闻者，往往窃伏而思之，以为人之生在义，义当于人心则从，义不当于人心则否。（《送钟少府赴黄陂序》）

声名非是身外传，人心动处神灵宣，光明可以耀日月。（《战城南》）

川流赴东海，涓涓无止息。君子秉明义，夙夜常警惕。道在

---

① 《茅坤集》，第234页。
② （明）沈炼：《青霞集·茅坤序》，第3页。

日用间，变化非可测。神龙乘云翔，精理亦绵历。颜回虽生知，学履复纯密。功业道所生，聪明心自得。（《咏怀三十首》其十二）

人心包天地，私意安所容。（《咏怀三十首》其二十三）

道自心灵悟，机因物象生。玄风流日用，妙理在常行。（《步虚词二十三章》其十一）

道外应无地，心中自有天。（《游仙诗三首》其二）①

可见在沈炼的思想中，是以人心为根本、为准则的，认为"心"包含天地万物，能自体悟"道"，而"道"就蕴藏在日用、常行之中。《咏怀三十首》其十二中"君子秉明义，夙夜常警惕""神龙乘云翔，精理亦绵历"的观点，与季本的"龙惕说"极为接近，很可能是受季本思想影响所致。他在《咏怀三十首》其八中曾阐述自己七岁即好神仙道家之学②，考察其诗文，也确实杂有较为浓厚的仙道气息；但纵观其一生，终究是以秉持坚定的儒家信念为鲜明特色。这其中的思想转变，应与他青年时期对阳明心学的接受有重要关联。

阳明心学对沈炼的文学理念的影响，主要体现在对诗与道关系的看法上。在《邓玉亭文集前序》中，沈炼写道：

余于文辞之道，固心向往焉。乃古之君子，则非独其言之崇饰也，其心造乎道。研究礼乐之精微，感慨时事之得失，考览载记，游冶于风雅，日月蕴蒸而累积，至于有所遭遇，若水之波横流，喷薄发挥于毫素之间。此岂曜色泽于美观，希声于遴听哉！本夫义博而旨深，情往意随，沛乎自然达之乎。不得已形之乎论议，而宣之乎咏歌。由是著之竹帛，则明白而光辉；发之管弦，则风流而洞达。令声布昭矣。后世之学士词人要领失据，不明夫

---

① （明）沈炼：《青霞集》，卷1第13页、卷5第6页、卷5第72页、卷5第73页、卷5第78页、卷6第85页。

② （明）沈炼：《青霞集》卷5《咏怀三十首（其八）》："始吾七龄时，宴息思天道。精虑入窈冥，玄夜漫浩浩。"第71页。

礼义之崇本，而流连音响之末，炫燿荣华之际，苟以渔猎名字，索回于耳目而已，此于道术何取焉。①

沈炼自述对诗文创作"固心向往焉"，抱有浓厚的兴趣。但他认为，在创作诗文之前，应先拥有一颗"造乎道"的心。"道"的内涵是丰富的，研究礼乐、感慨时事等，皆包含在其中。诗人之心只有在"造乎道"的前提下，方能拥有深厚的思想体认和真切的情感遭遇，日积月累，则终有一日以文字的形式喷薄挥洒，自然而然地达到高超的艺术效果。体现在具体作品中，诗文应首先具备符合"道"的思想内容，而不是徒有华丽的文辞而已；诗歌的文辞须出于"道"才有实际意义。当今文士却忽视"道"而"流连音响之末"，只追求文辞的美观与音调的华丽，这是他深感痛心的，繁缛之文风也是他深为厌弃的。

沈炼的诗文创作也带有较为明显的"载道"痕迹，不仅多流露心学思想，更时常借机阐述儒家大义，如"君子有所思，所思在仁贤"（《君子有所思行》），"眼中富贵如春梦，万古纲常华岳重"（《将进酒》），"手握纲常为大孝，心存社稷是元功"（《寄陆宫保》）等②。这类文辞，从文学美感的角度看，无疑有些枯燥乏味，却可从中感知作者的思想认识与精神追求。沈炼并非道学家，从本质上说，他是一个文士。但是，作为深受阳明心学影响、恪守儒家传统道德的文士，他的文学理念与创作是和"道"密切关联在一起的。徐渭《锦衣篇答赠钱濬德夫》写道："古来学道知者希，今也谁论是与非，啸歌本是舒孤抱，文字翻为触祸机。君不见，沈锦衣！"③"沈锦衣"即指沈炼，作为一名"学道"的文士，他的"啸歌"与"文字"必定会反映他对"道"的体认。

阳明心学对沈炼诗文创作的影响，更主要的体现为主体精神的昂

① （明）沈炼：《青霞集》卷1，第15页。
② （明）沈炼：《青霞集》，卷1第66页、卷5第65页、卷6第80页。
③ 《徐渭集》，第127页。

扬，内在情感的喷薄。他秉持"义当于人心则从，义不当于人心则否"的原则，崇尚直道而行，一往无前，因此他的诗文中相应地洋溢着一种激扬高昂的主体精神，慷慨无畏的气节与丰沛激越的情感，是儒家阳刚、好勇、进取精神的绝好注脚，也是他刚直人格的真实写照。故陈子龙云："青霞快男子，诗亦俊爽。"① 《四库全书总目》则评曰："其文章劲健有气，诗亦郁勃磊落，肖其为人。"② 他虽然推崇"文以载道"，但总体来看，他的诗作并非建立在枯燥乏味、空洞抽象的说理基础上，而主要是用壮丽奇伟的文字抒情骋怀，通过塑造一系列真切可感的意象，来抒写他建功立业、忠君报国的志向，传递慷慨刚直、忠勇激烈的豪杰之情。这其中，最突出的就是"剑"和"侠"两类意象。

据学者统计，沈炼《青霞集》中，"剑"字共出现 112 次，其中有 3 次指剑阁，其余 109 次均指宝剑③。在沈炼的笔下，长剑是他的济世理想的具象化，寄寓着为国除奸、杀敌立功的强烈愿望，如《报国吟》云：

> 长安近兮我所思，决壮猷兮日孜孜。龙有翼兮凤有文，骥悲鸣兮思其群。世路隘兮谁当辟，抚长剑兮凌青云。④

其怀才不遇的忧伤、心系国难的愤懑与立志报国的慷慨也多借用弹剑、抚剑等意象来抒泄，如《咏怀》其十八：

> 越客游燕赵，岁久若故乡。被服多毡裘，挟弹戎马行。攒眉忧国难，挥涕悲民殃。有酒非不饮，所适非豆觞。展书自低回，

---

① （清）陈田辑：《明诗纪事·戊签》卷 20，《续修四库全书》，上海古籍出版社 1995 年版，集部，第 1711 册，第 289 页。

② （明）沈炼：《青霞集·提要》，第 2 页。

③ 孙良同、石如：《沈炼诗歌中的"剑"意象》，《时代文学》2009 年第 7 期。

④ （明）沈炼：《青霞集》卷 5，第 65 页。

抚剑多慨慷。终焉奋羽翼，六合为鹰扬。①

"剑"之意象在沈炼作品中的频繁出现，除了表明他的阳刚好勇、积极进取的人格追求外，还和越中的历史文化传统有一定关系。《汉书·地理志》载："吴、粤之君皆好勇，故其民至今好用剑，轻死易发。"② 这一传统发展至中晚明，即演化为以沈炼为代表的勇于任事、"重义轻利，缓急可赖"③ 的文人品格。

《青霞集》中，"侠"的意象也很常见，且与"剑"相辉相映，多出现于同一首诗中。如五律《侠客行》：

> 从来好游侠，宝剑不曾离。白马驰长道，黄金报所知。风流倾斗酒，调笑折花枝。唯有燕云念，平生未肯移。④

剑代表着一种进击、无畏的精神，侠则为义、勇的化身。颈联"风流倾斗酒，调笑折花枝"，叙写游侠性情中的疏放特质。然而尾联笔锋一转，"唯有燕云念，平生未肯移"，又表明风流疏放其实只是外在的一时的表象，守土护疆、保家卫国才是其一世的追求。再如《从军行》：

> 从军非必苦，游侠更为雄。七宝成双剑，三年造一弓。杀人沉海日，走马逐边风。意气怀明主，谁论万里功。⑤

诗中洋溢着游侠从军、立功边塞的豪情。颈联尤其酣畅雄肆，堪与李白《侠客行》名句"十步杀一人，千里不留行"⑥ 媲美，而又烘

---

① （明）沈炼：《青霞集》卷5，第72页。
② 《汉书》，第1667页。
③ （明）季本：《季彭山先生文集·赠沈子刚别诸生赴京序》，第845页。
④ （明）沈炼：《青霞集》卷6，第80页。
⑤ （明）沈炼：《青霞集》卷6，第81页。
⑥ 瞿蜕园、朱金城校注：《李白集校注》，第275页。

托以"沉海日""逐边风"的边地风光，更具肃杀之气，豪迈之情。

沈炼笔下所塑造的侠客形象可以说是他理想自我的化身。如《邯郸少年行》写道：

> 邯郸城中侠少年，从来意气凌云烟。拂拭琴樽拟文士，飘扬剑佩比神仙。交游洛下三千客，讵念城南二顷田。心知象纬时常玩，手展龙韬夜自研。曾习春秋鱼丽阵，兼通风后握机篇。未能报国心先许，不遇轻生意已捐。黄金只为酬知己，赤骥将来猎酒泉。席上弦歌教出塞，室中图画尽三边。鸣笳每愤边戎入，折戟常轻汉将权。安得一悬金印出，长驱万里勒燕然。①

其中的少年侠客风流洒脱，义薄云天，慷慨豪迈，更兼文韬武略，心系边关，渴望保家护国。再如《侠客行》：

> 北里新名侠，门多隐者车。问人寻宝剑，留客驻丹书。七贵空闻姓，三公欲造庐。宁甘布衣老，不肯曳长裾。②

这样的侠客不肯攀附权贵，隐逸淡泊，看重名节，是谓"节侠"。"节侠"即指有节操的侠士，语出《史记·刺客列传》："夫为行而使人疑之，非节侠也。"③沈炼的诗文中，"节侠"一词多次出现，如《答江总制书》"使诸节侠慷慨轻生"，《答苏节制书》"故节侠之士，必有誓死之交，智能之将，必有敢死之卒"。此外，还有"豪侠"。如《古从军行》：

> 从军本为报国恩，跨马出游古塞门。召募三河忠义士，一日团结如云屯。男儿从来通六艺，不分尘沙杂边骑。剑磨流出射斗

---

① （明）沈炼：《青霞集》卷5，第64—65页。
② （明）沈炼：《青霞集》卷6，第83页。
③ 《史记》，第2530页。

光，赋成常有凌云气。军中多少豪侠徒，相共饮酒歌且呼。宝刀金甲披挂就，万里长驱西破胡。①

其中塑造的"豪侠"形象壮志凌云，一呼百应。但无论是游侠、名侠、节侠还是豪侠，他们都具备同样的特质，即都以从军杀敌、守土护疆、保家卫国为自己的职责。中国的"侠"文化源远流长，"侠"的概念最早见于《韩非子·五蠹》："儒以文犯法，侠以武犯禁"，"犯禁者诛，而群侠以私剑养"②，可见从一开始，"侠"与"剑"就密不可分，而将"儒""侠"一并视为"五蠹"之一，带有明显的偏见。直到司马迁作《史记·游侠列传》，"侠"才得以正名："今游侠，其行虽不轨于正义，然其言必信，其行必果，已诺必诚，不爱其躯，赴士之阨困，即已存亡死生矣，而不矜其能，羞伐其德，盖亦有足多者焉。"③ 他感于自身挫折，满怀同情和愤慨，准确概括了游侠的特质。自汉魏六朝始，"侠"开始走出史传文学的天地，越来越多地出现在文人墨客的诗文小说中，至唐诗与唐传奇，"侠"已成为最重要的审美对象之一。沈炼承袭了这一文化与文学传统，他痛感当时的明王朝国力衰微，强敌入侵，奸臣当道，忠臣蒙难，故而义愤难平，不吐不快，在诗歌中反复塑造驰骋边塞、保家卫国的侠客形象，期盼自己能像他们一样，仗剑三尺，荡清胡尘。在沈炼笔下，"侠"已绝不仅仅是"赴士之扼困"，更是胸怀家国大义，随时准备赴国之危难，忠君爱国的激情一以贯之；他所谓游侠、名侠、节侠、豪侠等，其实均为"儒侠"。

沈炼谪迁边塞后的诗作还时常流露出日月若驰，老将至矣，而功业不建的伤感情绪。如《揽镜见白发》：

五载边陲便白头，一生忠义向谁酬。老同刘备羞髀肉，贫笑

---

① （明）沈炼：《青霞集》卷11第164页、卷10第150页、卷5第67页。
② 张觉译注：《韩非子译注》，上海古籍出版社2007年版，第548页。
③ 《史记》，第3181页。

苏秦叹敝裘。抗疏阙庭身万死，悲歌京国泪双流。乾坤许大关心事，难听书生一笔勾。①

全诗慷慨悲凉，充溢着壮志难酬的悲愤之情。诗人感叹辛劳一生，却一事无成，徒生白发髀肉；岁月流逝，一腔爱国热忱，不惜身死，终是无力回转乾坤。这种忧国之情又与知己难觅、思亲恋友等等情感杂糅在一起，故又有"刀州一梦十年强，搔首关河泪几行。知己从来无觅处，天涯更欲断人肠"（《忆高伯函》卷七），"堂上老亲垂白发，天涯游子泪斑衣。何人解道山河险，梦里犹能夜夜归"（《游子吟》卷七），"自君出之不鸣琴，流水高山万里心。"（《寄张有功十六首》卷七其十五）等感慨。其中流露的情感真切沉痛，令人感叹伤悲。但诗人即使遭遇了那么多险阻坎坷，雄心犹壮，报国意志从未磨灭，"平生胆略好封侯，夜读阴符晓未休。为问张华龙剑在，借余一斩月氏头"（《寄张有功十六首》其十二），"中年曾作羽林郎，谁怕横飞塞上霜。自羡当年班定远，能将十骑斩贤王"（《出塞曲》），类似的诗作在《青霞集》中俯拾即是。再试看《感怀》：

沙塞黄花带雪开，谪臣中酒坐徘徊。睢阳骂贼心偏壮，上国思君意未灰。南北风尘常按剑，乾坤气序笑含杯。醉醒数把春秋看，还把程婴救赵来。②

虽为边地谪臣，苦寒艰辛的生存境遇却并未挫伤诗人的意志，反而是壮怀激烈，按剑在手，引权痛饮，笑看乾坤，期盼能像程婴救赵那样挽救国之危亡。全诗充盈着一种愈挫愈奋、百折不挠的气概，贯穿着极强的主体精神③。

还值得注意的是，在沈炼的《青霞集》中有不少以女子为吟咏对

---

① （明）沈炼：《青霞集》卷6，第95页。
② （明）沈炼：《青霞集》卷6，第91页。
③ 赖智龙：《越中十子研究》，硕士学位论文，南京师范大学，2013年，第46页。

象的诗篇,如《任节妇吟》《臧烈妇诗》《昭君怨》《宫词》《班婕妤》《任节妇歌》《明妃曲》《长门怨》《自君之出矣》等,都是以女子的节烈和怨尤比拟臣子的忠义和悲愤。《哭杨椒山》诗云:

> 郎官抗疏最知名,玉简霜毫海内惊。气作山河今即古,光齐日月死犹生。忠臣白骨千秋劲,烈妇红颜一旦倾。万里只看迁客泪,朔风寒雪共吞声。①

杨椒山即杨继盛,字仲芳,椒山其号,直隶容城人,明中期著名谏臣。嘉靖三十二年(1553),杨继盛上疏力劾严嵩"五奸十大罪",遭诬陷下狱,在狱中备经拷打,于嘉靖三十四年(1555)遇害,年四十。明穆宗即位后,以杨继盛为直谏诸臣之首,追赠太常少卿,谥号"忠愍",与沈炼之谥号相同。杨继盛遇害之时,沈炼正被贬塞外,闻此噩耗,悲愤不已,故有此诗。颈联"忠臣白骨千秋劲,烈妇红颜一旦倾",同样是以烈妇与忠臣相互比拟,寓含鲜妍的生命虽然短暂,但忠烈之精神将永存不朽之意。

清初毛奇龄在《杨忠愍集序》中,曾将宋学"薄事功并薄气节"之风与明代"嘉(靖)、隆(庆)间戆直诸习"作比较,进而借杨继盛的文章节义论述阳明心学对"气节"的推崇:"夫椒山文士,其于圣学未知其有当与否?然而读其疏,而知君臣焉;读其谕儿文,而知父子焉……近之言学者,动辄薄事功而轻气节,至于有讦阳明之学以明得意者。夫阳明事功,固所宜薄。然而气节者,君子之梗概也。椒山不幸与王章同,两汉儒术久为宋学所不许。而阳明又不幸,而龙场以前同于椒山。道学既难言,而两人气节又百不如权相之骨力,然而犹尚有读其书,感其为人,惟恐其不传于后而汲汲示世如章子者。则是人心之未亡,而君子之犹可为也。"② 将王阳明、杨继盛的文章风

---

① (明)沈炼:《青霞集》卷6,第92页。
② (清)毛奇龄:《杨忠愍集序》,《景印文渊阁四库全书·杨忠愍集》,台湾商务印书馆1986年版,集部,第1278册,第615页。

格与儒家"气节"相联系，也就是说包括阳明心学在内的儒家所倡导的"节义"，是造就嘉靖年间"戆直诸习"与文学风骨的动因之一。而沈炼的戆直性格，儒侠情怀与激切文风，无疑是其中的一个缩影。

第三节　陈鹤：寄情于闲居

陈鹤（1504—1560）字鸣野，一字九皋，号海樵山人，山阴人，嘉靖年间举人。陈鹤少时即好古博览。十七岁袭军职，官百户。但他对做官毫无兴趣，竟为此郁郁得疾，百疗莫验。病愈后，毅然弃官，着山人服，开始了洒脱自适的闲居人生。卢梦阳《海樵先生全集序》说他"葛巾墅服，筑室飞来山麓，闭户伏枕，手不释卷，足不下床者，七年斯尔"①。除了中年以后曾有一段时间旅食吴越、新安、武林等地，以及晚年客居金陵四年外，陈鹤一生中大部分时间都在故乡山阴度过，"盖家居如是者几三十年以为常"②。徐渭在《陈山人墓表》中，再现了山人陈鹤的形象，其中写道：

> 愈而弃其故所授官，着山人服，乍出访故旧，神宇奇秀。余从道上望见之，疑其仙人也。居数年，始得会山人于甥萧家，酒甜言洽，山人为起舞也，而复坐，歌啸谐谑，一座尽倾。自是数过山人家，见山人对客论说，其言一气万类，儒行玄释，凌跨恢弘，既足以憾当世学士。而其所作为古诗文，若骚赋词曲草书图画，能尽效诸名家，既已间出己意，工赡绝伦……于是四方之人，日造其庭，尽一时豪贤贵介，若诸家异流，无不向慕，愿得山人片墨，或望见颜色，一谈一饮以为幸。虽远在滇蜀，亦时有至者。③

---

① （明）陈鹤：《海樵先生全集·卢梦阳序》，《四库全书存目丛书》，集部，第85册，第591页。

② 《徐渭集·陈山人墓表》，第641页。

③ 《徐渭集·陈山人墓表》，第641页。

字里行间无不透露他对陈鹤洒脱自在的人生的羡慕之情。在徐渭的眼里，陈鹤神宇奇秀，博学多才，不啻谪仙，更重要的是，他能毅然决然地放弃功名权势，由此换得个人身心的自由，真正如闲云野鹤一般，这对于苦苦挣扎于科举泥潭，倾注无数精力却终究一无所获的徐渭而言，内心的感叹伤悲也是可想而知。

陈鹤著有《海樵先生全集》，其中赋一卷，古体诗四卷，近体诗九卷，文七卷。从这些诗文中，可知陈鹤与阳明学派同样有着千丝万缕的联系。与陈鹤关系最密切的心学人物是王畿，他与王畿以叔侄相称，所作《龙溪丈人歌》云：

> 宦途世味尝欲遍，归来尚觉尘满面。斋心往谒阳明师，正是雪深三尺时。良知一语人尽疑，丈人服膺终不移。闲居发愤益探讨，岁月悠悠不知老……我与丈人叔侄称，叔且务实侄务名。相携一见王夫子，乃知实重名为轻。①

该诗称赞王畿虽曾一度追逐仕宦前程，但在服膺阳明心学之后，一心向道，发愤研讨，终身不移。而据诗中"相携一见王夫子，乃知实重名为轻"之句，可知陈鹤曾在王畿的引见下亲自拜见过阳明，并且在思想上深受启迪，由此确立了重实轻名的人生观。关于"名""实"关系，阳明曾发表过著名的观点：

> 先生曰："为学大病在好名。"侃曰："从前岁自谓此病已轻，比来精察，乃知全未，岂必务外为人？只闻誉而喜，闻毁而闷，即是此病发来。"曰："最是。名与实对，务实之心重一分，则务名之心轻一分；全是务实之心，即全无务名之心；若务实之心如饥之求食，渴之求饮，安得更有工夫好名？"②

---

① （明）陈鹤：《海樵先生全集》卷5，《四库全书存目丛书》，集部，第85册，第637页。

② 《王阳明全集》，第35页。

　　阳明认为，"名"与"实"是相对的关系，"好名"是为学的大病。正是在这样的思想的指引下，陈鹤更加坚定了他的人生之路。在他的心目中，外在的价值评判标准——"名"，并不重要，一切的意义应回归到人的本心，只有本心才是善恶是非的判断者与仲裁者。所以他才能超越世俗的偏见，挣脱功名的桎梏，顺应渴望自由的天性，追求内心深处真正想要的生活，而没有被名利所异化。陈鹤还有《送王龙溪表叔》一诗：

　　　　道人怜散逸，汗漫任风波。落日片帆远，满江新水多。问名知内史，论道识邹轲。予亦同心者，相随奈病何。①

　　赞誉王畿学识渊博，体道精深，同时也表达了自己的向道之心，以及难以企及的遗憾。另《寄题王龙溪表叔池亭二首》又云：

　　　　一春多病念君深，每自看山坐竹林。为问道情何所似，今宵明月到池心。
　　　　丘园岁月未蹉跎，手著诗书日渐多。莫道闲居心太寂，由来池水不生波。②

　　表达了与王畿之间的深厚情谊，同时也阐述了自己对"道情"和"心"的理解。

　　陈鹤与唐顺之之间也有较为密切的交往。《海樵先生全集》中，有多首诗歌记录了他与唐顺之的交谊，如《唐荆川太史山居话旧》《唐荆川携酒过访》《过唐荆川太史隐居》《寄唐荆川太史》《仲春六日见雪，简唐荆川太史过村居一首》等，主要赞扬唐顺之闲居期间

---

　　① （明）陈鹤：《海樵先生全集》卷7，《四库全书存目丛书》，集部，第85册，第671页。
　　② （明）陈鹤：《海樵先生全集》卷12，《四库全书存目丛书》，集部，第86册，第61页。

"心无时事累，家有古风存"① 的隐者风范。陈鹤在嘉靖三十二年
（1553）左右曾离乡避乱，旅食吴中，他与唐顺之的交游很可能就在
这段时间。而《悼唐荆川中丞》一诗作于嘉靖三十九年（1560），是
年唐顺之病逝于追击倭寇的海船上，陈鹤时寓居金陵，得此噩耗，作
诗云：

> 学士何堪作武人，匡时靖难策空陈。占星未奏三吴捷，立帅
> 先殂百战身。谩道街亭存马谡，徒闻淮海得张巡。千年名誉谁能
> 似，开府诗篇句最新。②

该诗赞颂唐顺之文武兼资的气概，痛惜其壮志未酬身先死的命
运。是年，陈鹤也卒于金陵。而在唐顺之的诗文集中，记录二人交游
的主要有《赠山阴陈千户病卧毗陵三首》，题旁小注云："陈故毗陵
人也。"毗陵为常州地区的古称，据卢梦阳记载，陈鹤"其先武进
人，六世祖以战功授绍兴卫百户，遂为绍兴人"③，武进即属常州，
则"山阴陈千户"当指陈鹤无疑，只是"千户"应为"百户"之误。
诗云：

> 问子来何处，云从剡水阴。越吟多病客，吴语故乡心。尺牍
> 人争羡，一言余所钦。由来绝弦意，今日为知音。④

在这首诗中，唐顺之同样表达了与陈鹤的知音相赏之意。

陈鹤虽未正式入王门，但他与王畿的亲缘关系，对阳明的拜访，
以及与其他心学人物的交往，都影响到他的思想。在七古长篇《敬亭

---

① （明）陈鹤：《海樵先生全集》卷6《过唐荆川太史隐居》，《四库全书存目丛书》，
集部，第85册，第652页。
② （明）陈鹤：《海樵先生全集》卷8，《四库全书存目丛书》，集部，第86册，第
12—13页。
③ （明）陈鹤：《海樵先生全集·卢梦阳序》，《四库全书存目丛书》，集部，第85册，
第592页。
④ 《唐顺之集》，第80页。

山中问道歌寄怀周都峰谏议》一诗中，陈鹤抒写了他习"良知"之学的体会：

> 惟记王门旧日言，耿耿良知在肝膈。用之朝夕未曾离，大德不踰诸物宜。心中有天每照耀，举足在是无乖违。质此于君请君说，衣钵从来要真诀。①

从中可知，"王门旧日言"对陈鹤影响甚深，"朝夕未曾离"。他深信只要有"良知"照耀于心中，则一举一动自然都能无违于道。又如五古《省吾歌为金面山作》讲述其修炼身心的过程，最后得出体悟：

> 君不见，良知元自省中来，灵月长悬不夜台。世路常多六欲态，休教净处惹尘埃。②

他强调要通过"自省"以去除私欲的遮蔽，维护心体的纯净不染，最终致得"良知"。卷9《宿却金馆书壁》诗又云：

> 何公却金事已远，孤馆流风千古清。对客未须论得失，吾心原自断亏盈。庭留片月聊开酌，地近飞泉懒濯缨。乱世虚名难久驻，欲从尘外学无生。③

明宣德五年（1430），何文渊（字巨川，号东园，又号钝庵）出任温州知府，勤政爱民，为官清廉，两年后奉诏进京述职。永嘉县丞率士民于道中欲赠以黄金，他婉言谢绝。陈鹤留宿于何公当年却金之

---

① （明）陈鹤：《海樵先生全集》卷3，《四库全书存目丛书》，集部，第85册，第606页。
② （明）陈鹤：《海樵先生全集》卷3，《四库全书存目丛书》，集部，第85册，第613页。
③ （明）陈鹤：《海樵先生全集》卷9，《四库全书存目丛书》，集部，第86册，第23页。

馆，感慨何公高风亮节的同时，想到：他人所论得失，都不过是外在之"虚名"；对于何公而言，他推却黄金，是遵循了内在的良知，只有"吾心"方是"断亏盈"的根本。陈鹤的这些思想，显然都带有鲜明的心学色彩。

阳明心学启发陈鹤由外向内思考人生的本质，尤其是"名""实"的关系，同时也影响到他的文学理念。这主要表现为：

首先，在思考"情""性"关系的基础上，陈鹤主张文学创作应该"法天情之真"。他在《菁阳诗集序》中说：

> 三代之士，其性纯，其言直，直则不纤，故化人也速。战国之士，其性支，其言繁，繁则意远，故感人也危。汉人承盛而反微，上述古词，大彰性教，亦可以化民易俗也。晋魏去汉尚近，言皆宣风，惜乎其气不上，不能拔华以法天情之真耳。六朝才人四起，身值衰运，率遭不王，虽能博综百氏，而不外乎妍绮一机，故其言皆叛性以建情，因物以绘象，援侈为气，崇引为格，然或可以模致兴思，而求其所谓敦本正心者，则已寡矣。唐起靡败，挟和洪音，律诗大振，外多清婉而内不失诸性情之经。①

陈鹤立足于"性"与"情"的关系，对三代以来的诗风作了点评，进而提出自己的观点：诗歌应该去除绮华之辞，效法"天情之真"。"天情"即自然之情，其最大的特质就是"真"。而真切的情感应是建立在"性纯"即"敦正本心"的基础上，倘若"叛性以建情"，那么所谓的情必是虚的，伪的，诗歌也必定流于追逐形式之美。陈鹤推崇唐诗，就在于他认为唐诗不仅风格清婉，更是"内不失诸性情之经"，是美与真、情与理、意与象达到统一的典范。

其次，在"乐闲居，尚静理"的基础上，陈鹤越来越看重诗文的"玄雅"之风，表现出重道轻文的倾向。他在《评俞是堂员外去楚诸

---

① （明）陈鹤：《海樵先生全集》卷16，《四库全书存目丛书》，集部，第86册，第117页。

集》中写道：

> 日读《去楚诸集》，其视唐之韦刘无前焉。盖题物者不失其
> 情，旨玄而有余，言雅而自得，非六朝唐初宏丽者所伦耳。夫古
> 今诗不难于宏丽，而窘于玄雅，玄雅之辞出乎情，宏丽之词由乎
> 气。气善养则定，定则入理；用则流，流则荡情。故荡者之言宏
> 以丽，理人之言玄以雅，兹非足下善养其气，其孰能操觚至此
> 哉？……近惟唐荆川、陈后冈、高苏门、蔡白石、董浔阳、施武
> 陵数子，各世之才，上古之学，而能超脱宏丽，独擅玄雅，后先
> 起江南而海内响应……鹤不佞，然亦窃同数子之志。今复乐闲
> 居，尚静理，日与方士道者游，音律之文渐成委弃，故自亦不知
> 其何似也。①

陈鹤将诗歌风格分为宏丽、玄雅两种类型，且明显认同后者。他
认为玄雅之辞出乎情而入于理，根植于心性内部，惟"善养其气"
者能为之，宏丽之辞则是"气"轻易外泄"流则荡情"所致，不免
轻浮。他还列举了"数子"之名，首推唐顺之，指出他们的诗文都
能做到"超脱宏丽，独擅玄雅"，自己也将追随、仿效，逐渐委弃音
律之文，"卒归平澹"②。

在创作实践上，陈鹤的诗文显现出与其理念相应的特质。他并
不反对师法前人，又推崇"外多清婉而内不失诸性情之经"的唐诗，
因此他的诗歌作品多有唐风、唐调。胡应麟《诗薮》曾对嘉靖初的
诗人师法对象进行分类："嘉靖初，为初唐：唐应德、袁永之、屠文
升、王汝化、任少海、陈约之、田叔禾等；为中唐者：黄甫子安、
华子潜、吴纯叔、陈鸣野、施子羽、蔡子木等，俱有集行世。"③ 陈

---

① （明）陈鹤：《海樵先生全集》卷17，《四库全书存目丛书》，集部，第86册，第
145页。

② （明）陈鹤：《海樵先生全集·卢梦阳序》，《四库全书存目丛书》，集部，第85册，
第592页。

③ （明）胡应麟：《诗薮》，中华书局1958年版，第348页。

鹤（鸣野）是被归入学中唐一类。但实际上，嘉靖初期，陈鹤取法的对象应该主要还是盛唐，他是到了中晚年，由于历经变故，饱经沧桑，才师法中唐的。故王世贞《明诗评》云："陈生气色高华，风调鸿爽。初法杜氏，未由点化，后入中睿，亦鲜悟解。"① 认为陈鹤的整体诗歌风格经历学杜和学中唐两个阶段。持相似观点的还有顾起纶《国雅品》："其为诗，初抉贞观以还体，晚得大历中意兴。"② 但无论是学盛唐还是学中唐，陈鹤在师法前人的同时，都注重"己意"的发挥，追求真情与真理的抒写，而非机械、刻意的模拟。正如徐渭在《陈山人墓表》中所评价的："其所作为古诗文，若骚赋词曲草书图画，能尽效诸名家，既已间出己意，工赡绝伦。"③ 徐渭为陈鹤挚友，谓其诗文"工赡绝伦"，难免有过誉之嫌。但观陈鹤的诗歌，虽然良莠互见，利钝互陈，佳作的数量亦不少。如《漫赠陈午江金宪用前韵》：

> 行吟江上秋，坐见午云流。乔木通三市，清风播一州。心闲鸥自侣，海远蜃为楼。对酌过寒夜，高情欲解裘。④

用清丽俊爽之笔，勾勒江边辽阔疏朗的秋景，融入"心闲鸥自侣"的体悟，意态潇洒。再如《过唐荆川太史隐居》：

> 惟君爱嘉遁，结屋向江村。远月长随棹，残潮自到门。心无时事累，家有古风存。已得川中水，都忘河上言。⑤

---

① 周维德集校：《全明诗话》（三），齐鲁书社 2005 年版，第 2016 页。
② （明）顾起纶：《国雅品·士品四》，《历代诗话续编》，上海医学书局 1916 年版，第 18 页。
③ 《徐渭集·陈山人墓表》，第 641 页。
④ （明）陈鹤：《海樵先生全集》卷 5，《四库全书存目丛书》，集部，第 85 册，第 670 页。
⑤ （明）陈鹤：《海樵先生全集》卷 6，《四库全书存目丛书》，集部，第 85 册，第 652 页。

颔联"远月长随棹，残潮自到门"营造出一种清幽旷远、物我相依的意境，余味悠长，充满画意。后四句虽是写好友唐顺之安于隐居、乐于体道的闲情，却也是夫子自道，把幽寂的江边隐居生活升华为哲思，既有"玄雅"之风，同时又自然贴切，无造作之感。又如《题杨南泉法部容闲阁》：

> 阁傍江城外，窗开云水间。只因尘境远，自觉主人闲。日落见归鸟，月明看远山。移船候潮至，相送野僧还。①

日落月明之际，江城云水茫茫，远离尘嚣，闲情逸致的主人送别客人"野僧"，整首诗意境冲淡，文字隽永，深得孟浩然的神韵，是陈鹤"平澹"诗风的代表。又如他那首颇受好评的代表作《池上听陈老琵琶》：

> 夜深池上弄琵琶，万里银河月在沙。莫向樽前弹《出塞》，只今边将未还家。

诗之一二句，用铺陈笔法描述夜深人寂，诗人于池边听陈老弹奏琵琶的情景，上有万里银河，下有月光映照的浅沙，无论是听者还是演奏者，似乎都已完全沉浸在乐曲中，消融在景物中。然而第三句笔锋陡然一转，劝阻陈老"莫向樽前弹《出塞》"，个中缘由，则是"只今边将未还家"。诗中的情感由对艺术的沉醉急转为对现实的悲慨（这悲慨很有可能是因沈炼被贬塞外而发），起承转合，自然巧妙，别出机杼。整首诗深得唐人风调，故王世贞评曰："自有唐调，可喜也。"②而朱彝尊认为陈鹤的诗"比于田水月（徐渭）虽才锋不

---

① （明）陈鹤：《海樵先生全集》卷6，《四库全书存目丛书》，集部，第85册，第653页。

② （明）王世贞：《弇州四部稿》卷132《陈鸣野诗》，《景印文渊阁四库全书》，台湾商务印书馆1986年版，集部，第1281册，第201页。

及，而铸词差醇"①，也颇中肯。

从上文所列举的诗歌已能看出，陈鹤的作品以表现闲居生活为主，闲居是他理想的生活模式，山人是他为自己选择的身份。他中晚年也创作了不少反映倭患的现实之作，如《泣时行》"海上之夷满乡邑，城头火炮如霹雳。日暮居民犹巷歌，野老惟多仰天泣"（卷4），《朱小云宅遇郑晓山兼询令兄梧野消息》"吴苑商居全被火，新安农业半为兵"（卷8），《次答汪罗山》"残兵累岁淹青海，飞捷何时报未央。忧国怀乡两惆怅，把杯安得更徜徉"（卷8）等，但总体而言，表现闲居生活的作品才是他自我风格的集中体现。在诗文创作上，他并不反对师法前人，同时又主张"法天情之真"，推崇"玄雅"诗风，体现了将阳明学的基本精神融会贯通于文学艺术的努力。

第四节　徐渭：执着于"真我"

徐渭（1521—1593）字文清，后改字文长，号天池，别号田水月、青藤道士等，山阴人。徐渭少有文名，却"举于乡者八而不一售"②，终生在功名上未有成就。后入浙直总督胡宗宪幕参加抗倭斗争，深得其器重。胡宗宪因严嵩案下狱后，徐渭忧愤成狂，数次自杀未遂，终因杀妻入狱七年，后经友人诸大绶和张天复、张元忭父子营救获释。出狱后，纵游吴越，北上宣府，授馆京师。晚年贫病交加，靠鬻书画求生计，卒于万历二十一年（1593）。

"越中十子"中，徐渭年齿较幼，属于"后生"。当初沈炼早就听闻"后生"徐渭的才名，及相见后，极为欣赏，称"自某某以后若干年矣，不见有此人。关起城门，只有这一个。"③"十子"中，以徐渭与阳明心学的关联最为广泛，在后世的文学声名也最显著。徐渭出生于阳明谢世前八年，阳明归越之时，徐渭年纪尚幼，无缘及王氏

---

① （清）朱彝尊：《静志居诗话》卷14，第415页。
② 《徐渭集·自为墓志铭》，第639页。
③ 《徐渭集·畸谱》，第1334页。

门庭承学。但是，在徐渭的成长时期，阳明心学不但没有中绝，相反，其影响自近而远，王门各派，一时俱起。在这样的学术氛围中，徐渭先后师承浙中王门的代表人物季本、王畿，成为阳明的再传弟子。

对于王阳明这位乡邦大儒，徐渭极为敬仰。在《送王新建赴召序》一文中，他写道：

> 孔子以圣道师天下……周公以圣道相天下……我阳明先生之以圣学倡东南也，周公、孔子之道也。①

文章高度评价了王阳明对周、孔以来"圣学"的贡献，把阳明心学上升到"圣学"的高度。尤其是"我阳明先生"这一称谓，充溢着徐渭对这位乡邦贤哲"高山仰止，景行行止"的尊崇、自傲之情，且俨然以嫡派传人自居。而对于阳明的事功，徐渭同样给予高度评价。在为浙江提学副使薛应旂代作的《为请复新建伯封爵疏》中，徐渭写道：

> 故新建伯兵部尚书兼都察院左都御史王守仁，始以倡义擒逆濠，受封前爵，迫后奉命平思田，讨八寨断藤诸贼，其抚剿处置，功烈尤著……守仁平定逆藩之大功，与陛下之所以嘉守仁之懋赏，举的然后定议矣。至其往处思田，不血一刃，不费斗粟，遂定两府之地，活四省之生灵，呼吸之间，降椎结者以七万。至其往征八寨断藤诸巢，则以数千散归之卒，不两月而荡平二千里根连之窟，破百年以来不拔之坚，为两广除腹心之蠹。卒以蒙犯瘴疠，客死南安，实亦在其所制境土。夫功烈之高如彼，死事之情如此。②

---

① 《徐渭集》，第 531 页。
② 《徐渭集》，第 440—441 页。

强调王阳明为巩固明王朝的统治所做出的丰功伟业。作为一名优秀的书法家,徐渭还高度评价了王阳明的书法艺术,他在《书马君所藏王新建公墨迹》一文中说:"古人论右军以书掩其人,新建先生乃不然,以人掩其书。今睹兹墨迹,非不翩翩然凤翥龙蟠也,使其人少亚于书,则书且传矣,而今重其人,不翅于镒,称其书仅得于铢,书之遇不遇,固如此哉。然而犹得号于人曰,此新建王先生书也,亦幸矣。"[①] 为阳明的书法成就被其功业所掩而遗憾。他还作有《水帘洞》一诗:

> 石室阴阴洞壑虚,高崖夹路转萦纡。紫芝何处怀仙术,白日真宜著道书。数尺寒潭孤镜晓,半天花雨一帘疏。投荒犹自闻先哲,避迹来从此地居。

该诗注云:"阳明先生赴谪时投寓所也。"[②] 全诗表达了徐渭对这位"先哲"的倾慕崇敬之情,阳明居住过的地方在他心目中有难以言说的魅力。另外,他还曾作《阳明洞》诗:

> 阳明洞天小,名为道流芳。马融今别去,经传冷石房。[③]

诗中,徐渭感叹阳明洞天虽小,却因传播正道,流芳百世;并将王阳明比作东汉从学千余人的大教育家马融,对他的传业授道之举高度赞扬。徐渭还曾请宣化巡抚吴兑出资刻王阳明集,并作《新建伯遗像》诗一首:

> 方袍綦履步从容,高颡笼巾半覆钟。千古真知听话虎,百年遗像见犹龙。夜来衣钵今何在?画里须眉亦似侬。更道先生长不

---

① 《徐渭集》,第 576 页。
② 《徐渭集》,第 222 页。
③ 《徐渭集》,第 834 页。

减，那能食粟度春风？①

　　诗中所流露的仰慕追思之情可谓悠然绵长。

　　嘉靖二十六年（1547），徐渭二十七岁时，开始师事季本，从此一生尊季本为师。他在《畸谱·纪师》中写道："廿七八岁，始师事季先生，稍觉有进，前此过空二十年，悔无及矣。"② 相见恨晚之情，溢于言表。在《奉季先生书》一文中，徐渭述及与季本的师生之情时说：

　　　　渭始以旷荡失学，已成废人，夫子幸哀而收教之，徒以志气弱卑，数年以来，仅辨菽麦，自分如此，岂敢以测夫子之精微。而夫子过不弃绝，每有所得，辄与谈论，今者赐书，复有相与斟酌之语，渭鄙见所到如此，遂敢一僭言之。③

　　对季本的教育之恩抱以真切的感激之情。在《师长沙公行状》中，徐渭又说：

　　　　先生于渭，悯其志，启其蒙，而悲其直道而不遇，若有取其人者。而诸子又谓渭之为人，颇亦为先生所知也。④

　　字里行间无不流露出对季本的感恩与尊重。徐渭受季本影响极深，季本是徐渭《畸谱》"师类"与"纪师"中唯一兼列的一位。他有不少诗文都记载了与季本的交往，其中交游及悼念诗有《业师季长沙公隐舟初成侍泛禹庙》《丙辰八月十七日，与肖甫侍季长沙公，阅鼋山战地，遂登冈背观潮》《季长沙公哀词二首》等，文有《奉赠师季先生序》《先师季彭山先生小传》《师长沙公行状》《季先生入祠祭

---

① 《徐渭集》，第 228 页。
② 《徐渭集·畸谱》，第 1332 页。
③ 《徐渭集》，第 457 页。
④ 《徐渭集》，第 650 页。

文》《季彭山先生举乡贤呈》五篇，另有代作碑序《景贤祠集序》《季先生祠堂碑》两篇，书信《奉师季先生书》三札。这些文字从经学、哲学、从政、为人等多个方面，对季本作高度评价，谓其"心事青天，胸次霁月，儿童不欺，鬼神可格"①。

另一位浙中王门的代表人物王畿也对徐渭有重要影响。据徐渭代王畿所做的《题徐大夫迁墓（代）》文，徐渭之父徐鏓与王畿之父"本诚翁为姑之侄"。该文末署"表侄龙溪居士王畿"②，可知王畿是徐渭的远房表兄③。在《畸谱》中，被徐渭列为"师类"的人物有五，王畿名列其首，可见徐渭师事王畿。徐渭尊称王畿为"龙溪老师"，并作有《龙溪赋》：

> 天有龙云，地有龙支，山有龙冈，水有龙溪。尔其发源高岫，衍流回堤，或九曲而百折，或一泻而千里。涵万族之瑰琦，汇五湖而未已，荡菱镜而莫凝，迅强弩之激矢。烟其笼渚，风以驱波，漪鱼鳞以涣濑，射蛟鼍之参差。涡螺旋之盘结，纷珠溅以璀瑳，唼鸥鹭于绿藻，障凫雁以青荷，斯则幽人之所容与，而亦达者之所婆娑。乃有圣作物睹，云龙相从，君喜臣起，鱼水相得，虽在中而常侍，实处淄而不黑。栖志诗书，研精典籍，知乐水之称智，乃临流而托迹，悟江海之处下，合弥谦而受益。斯则琳琅不足以易其守，而恬涛乃足以适其情，故为士林之所责，而君子之所称。兹托号者之真，而庶几于赋号者之亦非无所因也。④

勾勒出一位从容于天地之间、博洽好学的儒者形象，对王畿的治学精神、处世态度作了形象鲜明的概括，推挹之情溢于言表。在为王畿之子所做的七古《继溪篇》一诗中，徐渭写道：

---

① 《徐渭集·时祭文》，第661页。
② 《徐渭集》，第638页。
③ 宋克夫：《徐渭与唐宋派》，《文学遗产》2006年第2期。
④ 《徐渭集》，第878页。

> 龙溪吾师继溪子，点也之狂师所喜。自家溪畔有波澜，不用远寻濂洛水。年年春涨溪拍天，醉我溪头载酒船。①

在诗中，徐渭以"濂洛水"暗指周程理学，远在他方；"溪畔波澜"则指阳明心学，即在自家，无须远寻。表明他对两种学说的不同态度，并深为师法王畿而自得。徐渭写给王畿的诗作还有《送王先生云迈全椒》，表现了送行时的依依惜别之情②；《洗心亭（为龙溪老师赋池亭，望新建府碧霞池）》诗云：

> 精舍俯澄渊，孤亭一镜悬，觅心无处所，将洗落何边。花护焚香几，门维渡岸船，碧霞池畔鸟，长得泛前川。③

虽是写景，却流露了徐渭对王阳明和王畿的景仰之情；《次王先生偈四首》下注"龙溪老师"，可见是与王畿的唱和之作，其中第三首曰：

> 不来不去不须寻，非色非空非古今。大地黄金浑不识，却从沙里拣黄金。④

诗中表达了对王畿哲学思想的理解与推崇。另有短札《答龙溪师书》，简要探讨了诗歌创作方面的问题。

除王畿、季本外，徐渭还和唐顺之、薛应旂、钱德洪等其他一些重要的心学人物有过交往并受其影响。

徐渭与唐顺之的交游始于嘉靖壬子（1552）。是年夏，倭患渐盛，唐顺之复有用世之意，途经会稽，与王畿、季本相会，徐渭也因此得以结识唐顺之，并写下《壬子武进唐先生过会稽，论文舟中，复

---

① 《徐渭集·继溪篇》，第 130 页。
② 《徐渭集》，第 228 页。
③ 《徐渭集》，第 178 页。
④ 《徐渭集》，第 349 页。

偕诸公送至柯亭而别，赋此》诗，记录了这次聚会。诗前小序曰："时荆川公有用世意，故来观海于明，射于越圃，而万总兵鹿园、谢御史狷斋、徐郎中龙川诸公与之偕西也，彭山、龙溪两老师为之地主。荆公为两师言，自宗师薛公所见渭文，因招渭，渭过从之始也。"可知唐顺之最初是在徐渭宗师薛应旂处得见其文，深为赏识，故借此机会相与论文。徐渭此诗云：

> 帆色乱蒹葭，舟行渺陂泽，昼日聚星精，湖水难为白。念此阳羡客，远从东海来，素书授黄石，揭使群公猜。引弓洞七札，矍圃风飕飕，白猿既坐啼，杨叶亦生愁。忽然弢白羽，招此文士游，转棹不可止，忽到津西头。柯亭锁烟雾，异响杳不流，独有赏音士，芳声垂千秋。①

诗中寄寓了对"阳羡客"唐顺之的仰慕之情。这次聚会，给徐渭留下深刻的印象，事后曾多次提到，如《奉赠师季先生序》中有"武晋唐先生游会稽"②，在《寿徐安宁公序》中也写道"当壬子夏，偶得见刑部君于荆川先生舟中"③。嘉靖三十六年（1557）冬，浙直总督胡宗宪招徐渭入幕。次年，唐顺之再度出山，十月，以兵部郎中的身份视师浙江，与胡宗宪协谋剿倭。在胡宗宪幕府中，徐、唐二人再次相聚。陶望龄的《徐文长传》生动记述了当时聚会论文的情景：

> 时都御史武进唐公顺之，以古文负重名。胡公尝袖出渭所代，谬之曰："公谓予文若何？"唐公惊曰："此文殆辈吾！"后又出他人文，唐公曰："向固谓非公作，然其人谁耶？愿一见之。"公乃呼渭偕饮，唐公深奖叹，与结欢而去。④

---

① 《徐渭集》，第66页。
② 《徐渭集》，第515页。
③ 《徐渭集》，第956页。
④ 《徐渭集》，第1339页。

这段描述充分说明徐渭对唐顺之文风的追摹仿效，但也容易令人误会二人此时方才结识，其实他们早在嘉靖壬子即相识。应该也就是在这一年的冬天，二人共赏冰灯，唐顺之作《元夕咏冰灯》一诗，徐渭与之相和，作《咏冰灯》诗，下注"荆川公韵二首"①。在陶望龄的传文中，还记述：

> 归安茅副使坤时游于军府，素重唐公。尝大酒会，文士毕集，胡公又隐渭文语曰："能识是为谁笔乎？"茅公读未半，遽曰："此非吾荆川必不能。"胡公笑谓渭："茅公雅意师荆川，今北面于子矣。"茅公惭愧面赤，勉卒读，谬曰："惜后不逮耳。"②

进一步说明徐渭与唐顺之文风之相似。而徐渭在诗文创作上主张"天机自动，触物发声"（《奉师季先生书》）③，在戏曲创作上强调"贱相色，贵本色"（《西厢序》）④，显然也都受到唐顺之哲学思想和文学理念的影响。徐渭晚年自著《畸谱》，在"师类"和"纪知"中都列到唐顺之，并追忆："唐先生顺之之称不容口，无问时古，无不啧啧，甚至有不可举以自鸣者。"⑤ 对唐顺之的知遇之恩始终抱以感激之情。在《诗说序》中，提及唐顺之，徐渭用了"子唐子"的敬称⑥。徐渭晚年还作有一首《卌年》诗："卌年前有一相知，去矣思量哭不回。哭既不回知久绝，请将一物付秦灰。"下有小注云："吾欲尽焚旧草，故作此诗，一友止之，遂止，相知者是姓唐人。"⑦ "卌"即"四十"，从时间上推算，彼时距二人初识四十年，则距唐顺之逝世已三十年有余，然知音不再的伤痛依旧弥漫于字里行间。

徐渭与薛应旂也有师生之谊。薛应旂字仲常，号方山，武进人，

---

① 《徐渭集》，第 782 页。
② 《徐渭集》，第 1339 页。
③ 《徐渭集》，第 458 页。
④ 《徐渭集》，第 1089 页。
⑤ 《徐渭集》，第 1334 页。
⑥ 《徐渭集》，第 522 页。
⑦ 《徐渭集》，第 375 页。

为南中王门的代表人物。嘉靖三十一年（1552），徐渭参加乡试初试，薛应旂时任浙江提学副使，对徐渭极为赏识，拔为第一，增补为县学廪膳生。徐渭《畸谱》记载："三十二岁。应壬子科。时督浙学者薛公，讳应旂，阅余卷，偶第一。"[1] 薛应旂对徐渭之诗激赏不已，评曰"句句鬼语，李长吉之流也"[2]，并向唐顺之等人推誉徐渭。对于薛应旂的知遇之恩，徐渭始终感激于心。在《奉督学宗师薛公》中，徐渭写道：

> 先生自振古以来，有数之人，负当今天下之望，其视学于浙，深以俗学时文为忧，悒悒不满。至如某小子，又时俗中之所不喜者，而先生顾独拔而取焉，以深奖而勤诱之……至于崇本刊华，谈道论学，信心胸而破耳目，先生至以全浙无一生可与语，独庶几于某焉。[3]

在《将游金山寺，立马江浒，奉酬宗师薛公》诗中，徐渭又写道：

> 顾瞻下帷所，明灭远天外，当年国士知，昨夕鸡黍会。十载并一朝，倏已成梦寐，帷余谆复情，千秋永著蔡。[4]

都表达了对薛应旂知遇之恩的感激。

在徐渭的交游中，还有一位重要的心学人物是浙中王门的钱德洪。钱德洪，余姚人，世称绪山先生，是王门诸子中严守师说的代表人物。在《徐渭集》中，有《送钱君绪山》一诗：

> 南昌自古盛才贤，亦仗皋比启妙传。肯使异同虚白鹿，但教

---

[1] 《徐渭集》，第 1328 页。
[2] （明）陶望龄：《徐文长传》，《徐渭集》，第 1341 页。
[3] 《徐渭集》，第 455—456 页。
[4] 《徐渭集》，第 67—68 页。

升散绕青毡。文成旧发千年秘，道脉今如一线县。况有阳城方予告，好从暇日问真诠。①

其中尤其是"文成旧发千年秘，道脉今如一线县"句，肯定了钱德洪在王门诸子中的地位。在徐渭看来，作为王门诸子中能够严守阳明真传的人物，钱德洪身担承继文成"道脉"的重任，因此对他深为敬仰，并表达了从其问学的心愿。徐渭还作有《寄郦绩溪仲玉，乃钱氏门人》一诗，其中写道：

文成一线今将断，钱翁老死寒灰散。十年夜半急传灯，西来衣钵君应管。莫言小釜烹鲜鱼，莫言牛刀割只鸡。真儒不拣啼儿抱，主簿同安是阿谁？②

郦绩溪仲玉即郦琥，字仲玉，号玄厓，会稽人，师从钱德洪，以贡生任绩溪簿，故称郦绩溪。徐渭在诗中劝勉郦琥应以传承王阳明和钱德洪的衣钵为要，其中"文成一线今将断，钱翁老死寒灰散"句，与"文成旧发千年秘，道脉今如一线县"语意相近，都表达了对阳明心学道脉将断的焦虑，以及对钱德洪严守阳明真传的肯定。

此外，与徐渭交往的心学人物还有萧鸣凤、蔡宗衮、张元忭、万表等。纵观徐渭一生，问师多门，交游广泛，但深受阳明心学的孳乳是毫无疑问的。其《畸谱》中列为"师类"的几位，共同的特点是几乎都深受王学的濡染并承祧了阳明学脉。阳明心学，尤其是王畿的尚自然思想，首先是为徐渭狂狷人格的形成提供了理论上的支撑。在王阳明的心学思想中，有一个很重要的观点就是对于"狂者"的肯定：

狂者志存古人，一切纷嚣俗染不足以累其心，真有凤凰千千

---

① 《徐渭集》，第794页。
② 《徐渭集》，第153页。

仞之意，一克念，即圣人矣。①

在阳明看来，狂是道德人格的自然形态；狂者之心高远超脱，不为世俗纷嚣所侵染。他又指出：

> 圣人教人，不是个束缚他通做一般：只如狂者便从狂处成就他，狷者便从狷处成就他。人之才气如何同得?②

主张对狂狷人格不应加以束缚，而应肯定、鼓励甚至成就，强调人的"才气"各有不同，推崇人的个体价值和主体意识。这样的观点，显然突破了正统儒家思想普遍压抑人的个性的中庸标准，从人性深处冲击了封建时代单一的人格传统。阳明自己也是公然以"狂者"自居：

> 我今信得这良知真是真非，信手行去，更不着些覆藏。我今才做得个狂者的胸次，使天下之人都说我行不掩言也罢。③

他的"狂者的胸次"，从本质上说就是高扬人的主体性。而王畿倡导"以自然为宗"，也从人格上进一步肯定和赞扬"狂者"风范。他认为：

> 狂者之意，只是要做圣人，其行有不掩，虽是受病处，然其心事光明超脱，不作些子盖藏回护，亦便是得力处。④

他还指出：

> 夫狂者志存尚友，广节而疏目，旨高而韵远，不屑弥缝格

---

① 《王阳明全集·补录》，第 1287 页。
② 《王阳明全集·语录三》，第 118 页。
③ 《王阳明全集·语录三》，第 132 页。
④ 《王畿集·与梅纯甫问答》，第 4 页。

套，以求容于世。其不掩处，虽是狂者之过，亦是其心事光明特达、略无回护盖藏之态，可进于道。①

在王畿看来，"狂者"具有希圣希贤的高远志向和独立人格，内心的"光明超脱""光明特达"是其最本质的特点，绝不"盖藏回护""弥缝格套"，以求苟容于世。正是在这些思想的深刻影响下，徐渭形成了"点也之狂"的狂者气派。他在《自为墓志铭》的开篇写道：

> 山阴徐渭者，少知慕古文词，乃长益力。既而有慕于道，往从长沙公究王氏宗，谓道类禅，又去扣于禅，久之，人稍许之，然文与道终两无得也。贱而懒且直，故惮贵交似傲，与众处不浼袒裼似玩，人多病之，然傲与玩，亦终两不得其情也……一旦为少保胡公罗致幕府，典文章，数赴而数辞，投笔出门。使折简以招，卧不起，人争愚而危之，而己深以为安。②

徐渭自评他的性格为"直""傲"与"玩"，身为布衣却秉性刚直，对于权贵的孤傲及与众人相处时的轻慢使他显得非常疏狂而不合时宜。时胡宗宪权震天下，延请徐渭入其幕府，徐渭先与之约定"若欲客某者，当具宾礼"，坚守自己与一方大员的人格平等。胡宗宪允诺之后，

> 文长乃葛衣乌巾，长揖就座，纵谭天下事，旁若无人，胡公大喜。是时公督数边兵，威振东南，介胄之士膝语蛇行，不敢举头，而文长以部下一诸生傲之，信心而行，恣臆谭谑，了无忌惮。③

---

① 《王畿集·与阳和张子问答》，第 126 页。
② 《徐渭集》，第 638—639 页。
③ （明）袁宏道：《徐文长传》，《徐渭集》，第 1342 页。

陶望龄《徐文长传》也载其在胡幕时的情形：

> 渭性通脱，多与群少年昵饮市肆。幕中有急需，召渭不得，夜深，开戟门以待之。侦者得状，报曰："徐秀才方大醉嚷嚣，不可致也。"公闻，反称甚善。时督府势严重，文武将吏庭见，惧诛责，无敢仰者，而渭戴敝乌巾，衣白布浣衣，直闯门入，示无忌讳。公常优容之。而渭亦矫节自好，无所顾请。[①]

作为"谋食"手段，为人作幕常被视为降志辱身之举，如徐渭般"信心而行"，一派狂者风范，非内心高远超脱、光明特达者不能为之。胡宗宪也正是深知这一点，方才会格外优厚宽容。于徐渭而言，狂诞任情之性已深入骨髓，哪怕是出狱以后境遇窘迫不堪，依然桀骜偃蹇。陶望龄《徐文长传》中记述：

> 狱事之解，张宫谕元忭力为多，渭心德之，馆其舍旁，甚欢好。然性纵诞，而所与处者颇引礼法，久之，心不乐，时大言曰："吾杀人当死，颈一茹刃耳，今乃碎磔吾肉！"遂病发，弃归。[②]

沈德符《万历野获编》也记载：徐渭"性跅弛不受羁靮，馆于同邑张阳和太史（元忭）家，一语稍不合即大诟詈，策骑归。"[③] 在常人看来，徐渭之言行实在是狂诞不羁，不近人情；但在徐渭而言，却是宁愿引颈就戮，也不愿被礼法一日一日碎磔了自己的真性情。在他的内心，自有一番是非曲直。他在《自为墓志铭》中写道：

> 渭为人度于义无所关时，辄疏纵不为儒缚，一涉义所否，干耻诟，介秽廉，虽断头不可夺……渭有过不肯掩，有不知耻以为

---

① （明）陶望龄：《徐文长传》，《徐渭集》，第 1339 页。
② （明）陶望龄：《徐文长传》，《徐渭集》，第 1340 页。
③ （明）沈德符：《万历野获编·徐文长》，中华书局 1959 年版，第 581 页。

知，斯言盖不妄者。①

他注重自己内心的道德准则"义"，把是否符合"义"视作实践道德的准绳，世人的评判或诟病，绝不能改变他的心志，"虽断头不可夺"。这与阳明心学注重以本心判断事物的价值而不假外求的修身方式是完全一致的。他追求"光明特达"的心境，有过不掩，不知为不知，绝不愿有一些子的回护盖藏以求容于世。张元忭看重礼法，这与他的生命追求相悖，所以与其分道扬镳；但张元忭的营救之恩，他也绝不会忘记。因此在张元忭死后，已闭门十年不出的徐渭白衣往祭，张元忭之子张汝霖《刻徐文长佚书序》记述：

> 先文恭殁后，余兄弟相葬地归，阍者言："有白衣人径入，抚棺大恸，道惟公知我，不告姓名而去。"余兄弟追而及之，则文长也，涕泗尚横披襟袖间。余兄弟哭而拜诸涂，第小垂手抚之，竟不出一语，遂行。捷户十年，裁此一出，呜呼，此岂世俗交所有哉！②

足见徐渭对恩义的态度。只是恩义虽重，却不能动摇他坚守自己独立人格的心志。这份坚定，与阳明心学为他所提供的理论支撑密不可分。

也正是这样的人格特点、处世方式，决定了徐渭与以李攀龙、王世贞为代表的"后七子"不能相容。《嘉庆山阴县志·徐渭传》记载："当嘉靖时，王、李倡七子社，谢榛以布衣被摈，渭愤其以轩冕压韦布，誓不入二人党。"谢榛字茂秦，号四溟山人、脱屣山人，山东临清人。嘉靖间，挟诗卷游京师，与李攀龙、王世贞等结"后七子"诗社。在结社之初，谢榛年纪最长，诗名最盛，故以布衣执牛耳，为七子领袖。此后李攀龙、王世贞头角渐露，声望日高，又都是

---

① 《徐渭集》，第639页。
② （明）张汝霖：《刻徐文长佚书序》，《徐渭集》，第1349页。

进士出身，难以容忍身为布衣的谢榛成为诗社领袖。嘉靖三十三年
（1554），李攀龙作《戏为绝谢茂秦书》与谢榛绝交。而王世贞等人
也都站在李攀龙一边，交口诋毁谢榛，如王世贞在《艺苑卮言》中
说谢榛的诗"丑俗稚钝，一字不通"，却偏要"高自称许"，甚至辱
骂比自己年长三十一岁的谢榛"何不以溺自照"①。谢榛最终被"七
子社"除名，感慨："奈何君子交，中途相弃置"（《杂感寄都门旧
知》）②。徐渭对此深感义愤难平，作《廿八日雪》诗云：

> 昨见帙中大可诧，古人绝交宁不詈，谢榛既与为友朋，何事
> 诗中显相骂？乃知朱毂华裾子，鱼肉布衣无顾忌，即令此辈忤谢
> 榛，谢榛敢骂此辈未？回思世事发指冠，令我不酒亦不寒。③

徐渭对李攀龙、王世贞等人辱骂友朋之事极为不齿，对他们"以
轩冕压韦布"的行径极为愤慨，这其中固然有徐渭自身即为布衣的身
份认同的因素，但更说明徐渭与"后七子"的分歧，绝非仅基于文
学理念的不同，最根本的还是人格追求上的差异。

阳明心学在成就徐渭"狂狷"人格的同时，也奠定了他的哲学思
想基础。徐渭二十七八岁时，开始从学于季本、王畿二师。季、王均
为阳明心学的重要传人，治学的路径却有较大差异。季本"闵学者之
空疏，只以讲说为事"，主张"致良知"当以警惕为功夫。而王畿却
认为应以自然为宗，良知可以不假修成，直切入本体便可得。二人的
分歧本质上反映的是本体和工夫的关系。而"徐渭在阳明学派分宗衍
派最为核心的'自然'与'警惕'的问题上错综于两师之间，去取
唯我，体现了徐渭强烈的主体意识"④。在《读龙惕书》一文中，他
指出：

---

① （明）王世贞著，罗仲鼎校注：《艺苑卮言校注》卷7，齐鲁书社1992年版，第
349—350页。

② 《谢榛全集》，齐鲁书社2000年版，第5页。

③ 《徐渭集》，第143—144页。

④ 周群：《徐渭文艺观的另一面相：中道》，《江海学刊》2015年第4期。

惕之与自然，非有二也。自然惕也，惕亦自然也，然所要在惕而不在于自然也，犹指目而曰自然明可也，苟不言明而徒曰自然，则自然固虚位也，其流之弊，鲜不以盲与瞽者冒之矣。①

徐渭认为"惕之与自然，非有二也"，显然是有意调和两家的见解。他应该也是感受到了良知现成论的流弊，因此主张"然所要在惕而不在于自然"。只是这一见解看似学宗季本，而与王畿有所不同，其实不然。正如周群在《论徐渭的文学思想与王学的关系》一文中所论："这仅是表象的一面，实质上，季本与徐渭论自然、警惕的旨趣并不一致。"② 他指出，季本所持显然还是正统理学家的道德观念，而徐渭虽然也主张"要在惕"，但是，他孜求的终极目标是涤除膺伪，恢复自然。他实质上与王畿一样，都是尚自然的学者，不同之处仅在于王畿认为心、良知是虚灵的，"人心要虚，惟虚集道，常使胸中豁豁，无些子积滞，方是学"③。而徐渭则认为"自然固虚位也，其流之弊，鲜不以盲与瞽者冒之矣"④，主张防止因"虚"而致"冒"，因"冒"而失"真"；虽然"要在惕"，旨归仍在"自然"。因此，王、徐之论并没有根本的殊异；也就是说，徐渭虽认同自我检束的重要性，但他在本质上是倾向于"自然"的。也正是基于"自然"，徐渭三十二岁时就提出以"真我"为旨归的哲学观：

天地视人，如人视蚁，蚁视微尘，如蚁与人，尘与邻虚，亦人蚁形。小以及小，互为等伦，则所称蚁，又为甚大，小大如斯，胡有定界？物体纷立，伯仲无怪，目观空华，起灭天外。爰有一物，无罣无碍，在小匪细，在大匪泥，来不知始，往不知驰，得之者成，失之者败，得亦无携，失亦不脱，在方寸间，周天地所。勿谓觉灵，是为真我，觉有变迁，其体安处？体无不

① 《徐渭集》，第678—679页。
② 周群：《论徐渭的文学思想与王学的关系》，《南京社会科学》2000年第12期。
③ 《王畿集·水西精舍会语》，第63页。
④ 《徐渭集·读龙惕书》，第679页。

含，觉亦从出，觉固不离，觉亦不即。立万物基，收古今域，失亦易失，得亦易得。控则马止，纵则马逸，控纵二义，助忘之对。①

此段文字出自徐渭《涉江赋》。嘉靖壬子（1552），徐渭第五次应乡试败北，怅然涉江东归，作此赋以自遣。文中，他以赋体状写了达于真我之境的特点，对"真我说"作了全面论说。在徐渭看来，人生无论得失成败，都应力求保持一个"真我"。这个"真我"是独立、无限的，是永存于宏大深远的时空中的。它既在寸心之间，又周于天地之所，是万物产生的基础，古今历史的全部，既易失去，也易获得，驾驭好它则心如止水，放纵它则心猿意马，控纵的精髓，正如入相和出相相对。可见徐渭的"真我"，其实质即是心学的"自证自悟，自有天则"之"本心"②。他对"真我"的强调，也应是受王阳明和王畿的影响。阳明在《从吾道人记》中写道："（世之人）岂知吾之所谓真吾者乎！夫吾之所谓真吾者，良知之谓也。"③ 王畿也曾言："吾人心中一点灵明便是真种子。"④

徐渭的"真我说"推及文学创作思想中，便是提倡自然的真情，主张诗需从自己的真情实感出发，写己心之所感，己心之所动，以己之真情流注于字里行间，而绝非为写诗而写诗，徒有一个"诗"的形式。他在《肖甫诗序》中写道：

古人之诗本乎情，非设以为之者也，是以有诗而无诗人。迨于后世，则有诗人矣，乞诗之目多至不可胜应，而诗之格亦多至不可胜品，然其于诗，类皆本无是情，而设情以为之。夫设情以为之者，其趋在于干诗之名，干诗之名，其势必至于袭诗之格而

---

① 《徐渭集》，第36页。
② 《王畿集·赵麟阳赠言》，第447页。
③ 《王阳明全集》，第278页。
④ 《王畿集·留都会纪》，第99页。

剿其华词，审如是，则诗之实亡矣，是之谓有诗人而无诗。①

丁模（肖甫）是徐渭同学，曾共同师事季本，徐渭作有《丙辰八月十七日，与肖甫侍师季长沙公，阅龛山战地，遂登冈背观潮》《元旦与肖甫较射》《送丁肖甫》等诗。在这篇为丁肖甫的诗集所做的序中，徐渭指出：古人之诗以情为本，从情出发，因情而写诗，其目的不在作诗人而在诗；而后世之人却是为写诗而设情，目的是"干诗之名"，求取诗人之名。既无真情实感，那么写出来的诗也只能是"袭诗之格而剿其华词"，徒具诗的空壳，而无诗的生命。徐渭反对"设情"，与陈鹤反对"建情"，在理念上显然是完全一致的。"诗本乎情"的见解并非徐渭首创，但他进一步强调诗"非设以为之"的申发则是颇有意味的。在徐渭看来，真正的诗歌创作是真情不得不发的结果，绝非出自抄袭模拟，而应"天机自动""从人心流出"。在《奉师季先生书》中，徐渭论述道：

> 乐府盖取民俗之谣，正与古国风一类。今之南北东西虽殊方，而妇女儿童、耕夫舟子、塞曲征吟、市歌巷引、若所谓竹枝词，无不皆然。此真天机自动，触物发声，以启其下段欲写之情，默会亦自有妙处，决不可以意义说者。②

徐渭认为，国风、乐府、竹枝词，虽是出自民间，却具有"天机自动，触物发声"的特点，是以天然晓畅之文字，传达天然晓畅之性情，是"真性""真情"的自然流露，故有无穷妙处，是"真诗"，在表现形式上则未必要拘于一格。

也正因为执着于"真我"，所以徐渭对"伪"深恶痛绝。他在《赠成翁序》中曾痛切地说：

---

① 《徐渭集》，第534页。
② 《徐渭集》，第458页。

予惟天下之事，其在今日，鲜有不伪者也，而文为甚。举人之一身，其以伪而供五官百骸之奉者，鲜不重者也，而文为轻。何者？视必组绣，五色伪矣，听必淫哇，五声伪矣，食必脆脓，五味伪矣，推而至于凡身之所取以奉者，靡不然。否则，且怫然逆，故曰重。至于文，则一以为筌蹄，一以为羔雉，故曰轻。然而文也者，将之以授于人也。从左佚而得之，亦必取赵孟而名之。故曰，今天下事鲜不伪者，而文为甚。夫真者，伪之反也。故五味必淡，食斯真矣，五声必希，听斯真矣，五色不华，视斯真矣。凡人能真此三者，推而至于他，将未有不真者。①

学者指出：徐渭关于为文之真伪论，也隐约可见秉承阳明的端倪。文中筌蹄之喻，出自《庄子·外物》，已毋庸赘言。而喻文为羔雉，当以阳明《重刊文章轨范序》所论最详，他以羔雉比喻举业时文，云：

故举业者，士君子求见于君之羔雉耳。羔雉之弗饰，是谓无礼；无礼，无所庸于交际矣。故夫求工于举业而不事于古，作弗可工也。②

阳明认为举业之文仅是求得宠禄的羔雉、筌蹄而已。徐渭论述文之真伪，一方面沿着阳明的路径，认为举业时文仅是博取功名的手段，而不副于实，这是就明代科考制度的弊端而言。另一方面，徐渭指出，"伪"如同色之组绣、闻之淫哇、味之脆脓，徒有形式，这是就文坛鲜有自得的现状而发。在徐渭看来，真文即是本色自然，去除藻饰的作品③。

徐渭标示"真我"以痛绝文坛之伪，这是他独立于文坛的基础，

① 《徐渭集》，第908页。
② 《王阳明全集》，第965页。
③ 参见周群《徐渭文艺观的另一面相：中道》，《江海学刊》2015年第4期。

他的文学思想即从这一支点拓展开去。可以说，"真我说"是徐渭文学观的核心，求真绝伪是贯注于他的文学本体论、风格论等方面的共同特质，进而影响到他对古文辞的态度与取舍。徐渭所生活的时代，正是李攀龙、王世贞为首的后七子主文翰之席的时期。正如陈田所云："嘉靖之季，以诗鸣者有后七子，李（攀龙）、王（世贞）为之冠，与前七子隔绝数十年，而此唱彼和，声应气求，若出一轨。海内称诗者，不奉李、王之教，则若夷狄之不遵正朔；而噉名者，以得其一顾为幸，奔走其门，接裾联袂，绪论所及，嘘枯吹生。"① 李攀龙"持论谓文自西京，诗自天宝而下，俱无足观"②，王世贞"持论文必西汉，诗必盛唐，大历以后书勿读"③。而当此"王、李之学盛行，黄茅白苇、弥望皆是"之时，徐渭却"誓不入二人党"，在拟古之风中卓然自立，崭然有异，开晚明文学新思潮之先风。他以"真我"为基点，对复古文学提出猛烈的抨击：

> 今世为文章，动言宗汉西京，负董、贾、刘、杨者满天下，至于词，非屈、宋、唐、景，则掩卷而不顾。及扣其所极致，其于文也，求如贾生之通达国体，一疏万言，无一字不写其胸膈者，果满天下矣乎？或未必然也。于词也，求如宋玉之辨，其风于兰台，以感悟其主，使异代之人听之，犹足以兴，亦果满天下矣乎？亦或未必然也。④

徐渭所要求的，正是"无一字不写其胸膈"。在他看来，复古主义者学他人言，必然丧失自我本性：

> 人有学为鸟言者，其音则鸟也，而性则人也。鸟有学为人言者，其音则人也，而性则鸟也。此可以定人与鸟之衡哉？今之为

---

① （清）陈田辑：《明诗纪事·己签·序》，第 311 页。
② 《明史·李攀龙传》，第 7378 页。
③ 《明史·王世贞传》，第 7381 页。
④ 《徐渭集·胡大参集序》，第 907 页。

诗者，何以异于是。不出于己之所自得，而徒窃于人之所尝言，曰某篇是某体，某篇则否，某句似某人，某句则否，此虽极工逼肖，而已不免于鸟之为人言矣。

他尖锐地讥讽复古派一味仿古，即使极工逼肖，终不过是鹦鹉学舌，何尝有自己的精魂。"鸟之为人言"的模仿从本质上有悖于王阳明"心即理"的学说，王畿所谓的"从真性流行"的"活泼之体"更是无从谈起，因此徐渭倍感厌恶。他推崇友人叶子肃的诗，因为：

若吾友子肃之诗则不然，其情坦以直，故语无晦，其情散以博，故语无拘，其情多喜而少忧，故语虽苦而能遣其情，好高而耻下，故语虽俭而实丰，盖所谓出于己之所自得，而不窃于人之所尝言者也。①

徐渭赞赏叶子肃的诗出乎真情，出于自得，而并非窃于古人。在当时复古文学盛行的背景下，徐渭的观点可谓发时代之先声，是性灵文学的急先锋。他的"真我"说注重的是个体主体，而非群体主体，"在审美活动中，两种主体都是重要的，但个体主体似乎更为重要，因为审美活动都是以个体为本位进行的。面对同一审美对象，不同的审美个体往往会做出不同的审美评价。"因此，徐渭的"真我"说具有重要的美学意义，"它对程颢、程颐、朱熹'存天理，灭人欲'的理学是一个大胆的否定，而与李贽的'童心'说异曲同工。'真我'说、'童心'说，还有汤显祖的'情至'说共同组成了明代浪漫主义的美学思潮……'真我'的提出，使中国古典美学开始了从古典形态向近代形态的飞跃"②。

然而需要强调的是，徐渭虽然讥讽抨击复古文学，"崛强自负，

① 《徐渭集·叶子肃诗序》，第519—520页。
② 陈望衡：《徐渭和他的"真我"说》，《理论月刊》1997年第7期。

不屑入弇洲（王世贞）、太函（汪道昆）之牢笼"①，但他并不像公安派那样鄙薄古人。他反对复古文学主要是针对其"伪"，即一味仿古，模拟抄袭，如同鹦鹉学舌；而主张师心自用，抒写真我。在《书田生诗文后》中，徐渭说：

> 田生之文，稍融会六经，及先秦诸子诸史，尤契者蒙叟、贾长沙也。姑为近格，乃兼并昌黎、大苏，亦用其髓，弃其皮耳。师心横从，不傍门户，故了无痕凿可指。诗亦无不可模者，而亦无一模也。此语良不诳。以世无知者，故其语亢而自高，犯贤人之病。噫，无怪也。②

显然，他并不反对师习古人，但认为应该习其精髓，弃其皮毛，"师心横从，不傍门户"，成就自我的风格。从创作实际来看，徐渭的作品也是深得传统格法，并且得到识者的普遍认同。陶望龄在《刻徐文长三集序》中认为徐渭"其为诗若文，往往深于法而略于貌。文类宋唐，诗杂入于唐中晚"③。袁宏道在《冯侍郎座主》中也指出徐渭的诗"有长吉之奇而畅其语，夺工部之骨而脱其肤，挟子瞻之辨而逸其气"④。显然，徐渭的诗文创作并非一空依傍，也是基于师习前人的，只不过，他师习的并非是流于表面的作诗作文之法，而是前人纵横自如、自由驰骋自我真性情的创作精神。同样是推崇杜甫，徐渭与七子派推赞杜诗的"佳处"并不相同，七子派重杜诗的格法声律，如谢榛说："其工于声调，盛唐以来，李杜二公而已。"⑤ 而徐渭极力称赞的是："工部佳处，人不易到，乃在真率写情，浑然天成。"⑥ 正因徐渭师习的是前人"真率写情"的精魂，坚持"真我"，

---

① 《黄宗羲全集》第11册，《南雷诗文集（下）·西施山书舍记后》，第176页。
② 《徐渭集》，第976页。
③ 《徐渭集》，第1347页。
④ 钱伯城笺校：《袁宏道集笺校》，上海古籍出版社1981年版，第769页。
⑤ （明）谢榛：《四溟诗话》，人民文学出版社1961年版，第79页。
⑥ （明）徐渭：《青藤山人路史》卷下，《四库全书存目丛书》，齐鲁书社1997年版，子部，第104册，第261页。

所以他的诗文才能取得"尽翻窠臼，自出手眼"①的艺术成就。也就是说，他能广泛汲取前人而后自铸伟辞，以己手写己心，而不胶着于一法一格，在继承与创新之后，形成自己的风格。

另外，在"情"与"理"的关系方面，徐渭也有自己鲜明的见解。晚明激进派文人一般都扬情抑理。如汤显祖在《牡丹亭》中说："第云理之所必无，安知情之所必有邪？"②袁宏道自述创作的过程说："一变而去辞，再变而去理，三变而吾为文之意忽尽，如水之极于澹而芭蕉之极于空，机境偶触，文忽生焉。"③李贽在《童心说》中也说："夫既以闻见道理为心矣，则所言者皆闻见道理之言，非童心自出之言也。言虽工，于我何与？"④他们都反对文中之理，认为道理闻见、圣人之旨往往滞碍了人性的自然流行和情感的自然抒写。更重要的是，他们认为被理学家们演绎的"道"和"理"，是自然人性的羁束，往往是有悖自然的"伪"道、"伪"理⑤。而徐渭与他们的观点不尽相同，甚至可以说迥然有异，他既主张诗本乎情，同时又推许诗中之理。如他称誉朱邦宪云："邦宪既大家子才立，观其诗则又富于学，而深入于理。"⑥在《肖甫诗序》中，徐渭也肯定了唐顺之等唐宋派文人在文坛"袭诗之格而剿其华词"之时的纠矫之功，云：

> 有穷理者起而救之，以为词有限而理无穷，格之华词有限而理之生议无穷也，于是其所为诗悉出乎理而主乎议。

他认为丁模（肖甫）所做的诗歌"入理而主议"，"其所造之理，与所主之议，深而高，故其为诗也沈，而为人所难知"，但是徐渭"独私好之"⑦。在为郦琥（玉仲）所做的《草玄堂稿序》中，徐渭

---

① 《袁宏道集笺校·冯侍郎座主》，第769页。
② 《汤显祖全集》，北京古籍出版社1999年版，第2066页。
③ 《袁宏道集笺校·行素园存稿引》，第1570页。
④ 《李贽文集·焚书》，第92页。
⑤ 周群：《徐渭文艺观的另一面相：中道》，《江海学刊》2015年第4期。
⑥ 《徐渭集·寿朱母夫人序》，第961页。
⑦ 《徐渭集》，第534页。

更有与王阳明相似的崇理绌文之论：

> 　　或问于予曰："诗可以尽儒乎？"予曰："古则然，今则否。"曰："然则儒可尽诗乎？"予曰："今则否，古则然。"请益，予曰："古者儒与诗一，是故谈理则为儒，谐声则为诗。今者儒与诗二，是故谈理者未必谐声，谐声者未必得于理。盖自汉魏以来，至于唐之初晚，而其轨自别于古儒者之所谓诗矣。"曰："然则孰优乎？"曰："理优。"谓理可以兼诗，徒轨于诗者，未可以言理也。予为是说久矣，暨之玉仲郦君，始见予于蓟门邸中，则以理，卫道诸篇是也；既而见也，则以诗，此稿是也。予两取而揆之，君非不足于诗者，而顾独有余于理。苟世之评君之诗者，徒律之以汉魏，则似不能无遗论于君。有深于儒与诗者，别作一观，独溯君于无声之前，若所谓"天籁自鸣"之际，则汉、魏、唐季诸公，方将自失其轨，而视君之驰骤奔腾，盖瞠乎其若后矣。君诚儒者也，而非区区诗人之流也。予先为彼说以答或人，既为此说以质于君，君呀然曰："吾师某某也，而私淑于新建之教者，公其知我哉！"予亦呀然相视而笑。①

　　对于诗中囊括性理，或是以理兼诗，徐渭持赞成态度，他认为古代的诗与儒合而为一，兼有谈理和谐声，可是后来两者却分道扬镳，世之学者往往只得其一。徐渭认为应该回归诗儒合一的传统，他甚至更认同理优于诗的创作。因为诗歌创作只有以"儒"与"理"为依托，具有相应的哲学根底，才能取得"天籁自鸣""驰骤奔腾"的较高成就。反之，则"徒轨于诗"，仅仅是"谐声"而已。他称誉郦琥"诚儒者也，而非区区诗人之流也"，一问一答，冥会诸心，"呀然相视而笑"，根本原因是他们都"私淑于新建之教"。

　　可以说，正是在以阳明心学为主的哲学思考的基础上，徐渭建立了自己的文艺思想体系。李贽与公安派等人同样依傍王学，但比较而

---

① 《徐渭集》，第 906 页。

言,他们的目的似乎主要在于为自己的理论张本,都不如徐渭守师法之笃。而阳明等理学家几乎都崇理绌文,徐渭不绌性理,援理以论文,崇尚"儒与诗一"的文论显然较多地承祧了阳明的思想脉络。另一方面,徐渭受唐宋派影响颇深,唐宋派代表人物唐顺之是其最为尊崇的五位"师类"之一,徐渭基本是承因了唐宋派论文的路径①。而唐宋派的文论受阳明心学影响,同样具有浓厚的理学色彩,时人乃至将其视为与理学家一路,如王世贞竭力排诋王慎中、唐顺之:"理学之逃,阳明造基,晋江(王)、毗陵(唐)藻棁。"②而徐渭却引为同调。因此,需要明确的是:徐渭的"真我",不仅是个体主体内在的"真情",也包含个体主体所体悟到的"真理"。

而从创作实践看,徐渭在接受阳明心学前后同样有一个明显的转变过程。早年徐渭曾系统地接受程朱理学的熏陶,"少知慕古文词,乃长益力"③,在诗歌上也追寻过前七子复古派的足迹,多模仿拟古之作。如《登滕王阁》:

> 南浦雄州开水上,高台积翠绕天涯。匡庐地远连秋树,荆楚山长入晚霞。新阁不巢唐幕燕,莫林多下汉江鸦。归船便取章门路,西去郊原日易斜。④

这首诗作于嘉靖二十一年(1542),彼时徐渭二十一岁。整首诗虽然意境开阔,对仗工整,有杜诗风格,但对景物的描摹似乎只是停留在表面,主要是"高台""秋树""晚霞""燕""鸦"等意象的单纯叠加,缺乏真切的情感、浓烈的个性色彩和实质性的创新,因此显得平淡,有为作诗而作诗的痕迹。在徐渭前期的诗文中,这类作品还是比较多的。但在明确抒写"真我""师心横从"的原则之后,他的

---

① 周群:《徐渭文艺观的另一面相:中道》,《江海学刊》2015 年第 4 期。
② (明)王世贞著,罗仲鼎校注:《艺苑卮言校注》卷5,第 242 页。
③ 《徐渭集·自为墓志铭》,第 638 页。
④ 《徐渭集》,第 824 页。

艺术追求就转向"重真、重情、重个性、重本色"①。虽然在现实的重压下，在他长达二十六年的诸生生涯中，尤其是入胡宗宪幕期间，写了不少背叛"真我"的"谀文"，但那些终究是违心之作。在他的内心，始终执着于"真我"。当现实对他关闭了建功立业的大门，这一"真我"反而更易得到释放，正如袁宏道所论述："文长既已不得志于有司，遂乃放浪曲蘗，恣情山水。走齐、鲁、燕、赵之地，穷览朔漠，其所见山奔海立，沙起云行，风鸣树偃，幽谷大都，人物鱼鸟，一切可惊可愕之状，一一皆达之于诗。其胸中又有一段不可磨灭之气，英雄失路托足无门之悲，故其为诗，如嗔如笑，如水鸣峡，如种出土，如寡妇之夜哭，羁人之寒起。当其放意，平畴千里，偶尔幽峭，鬼语秋坟。"②达到了更高的艺术高度。对于晚年徐渭而言，既然外在追寻已实现不了自身的抱负，那么不如转向内心，坚守"真我"，虽然孤独，却任性任情：

> 半生落魄已成翁，独立书斋啸晚风。笔底明珠无处卖，闲抛闲掷野藤中。(《葡萄》)③

在这首著名的代表作中，诗人抒发了自己怀才不遇、托足无门的无限感慨，他本应像"笔底明珠"一样光彩夺目，却遭"闲抛闲掷野藤中"。诗中流露了诗人的怅惘与不平，更有孤傲与决绝。整首诗一气呵成，自然写成，毫无造作之感，纯属性情之作，已尽去矫伪，只存"真我"。

徐渭与之前的王门弟子不同，他不再以道学家自居，而是自我定位为一个文人，一生都致力于诗文、戏曲等文艺方面的创作。正如他自我评价所说："夫语道，渭则未敢，至于文，盖尝一究心焉者。"④只是，他虽非心学家，心学的熏陶却引导他执着于"真我"，明末文

---

① 陈望衡：《徐渭和他的"真我"说》，《理论月刊》1997 年第 2 期。
② （明）袁宏道：《徐文长传》，《徐渭集》，第 1343 页。
③ 《徐渭集》，第 401 页。
④ 《徐渭集·聚禅师传》，第 622 页。

人章重在《梦遇》中即谈道："先生志不媚世，存吾真而已矣。"① 这使他成为一个反传统的文坛奇人，把"眼空千古，独立一时"② 的奇气带到明代文坛，并形成一套崭新的文学思想，投入到诗文创作中，也取得意想不到的效果，体现了追求独立人格、自由心性的强烈意志和不拘旧法的创新精神，对后世产生深远影响，成为"晚明进步文艺思潮首开风气的先行者"③。

除杨珂、沈炼、陈鹤、徐渭外，"越中十子"中的其他六子也多和阳明心学有一定关联。如钱楩于嘉靖四年（1525）中举，五年（1526）成进士。中举前，钱楩即在稽山书院求学，得阳明亲授。故钱德洪《年谱》记载："明年乙酉大比，稽山书院钱楩与魏良政并发解江、浙。"④ 钱楩后来又拜季本为师，见列于季本门墙，徐渭《师长沙公行状》记载："若江之陈君昌积，乡之钱君楩，始以文章老释自高于世，终亦舍所集而就业于先生焉。"⑤ 诸大绶于嘉靖三十五年（1556）登丙辰科状元，王畿作《与诸南明》，柬中提到诸大绶对王阳明"精意相感，神交梦授，有得其宗者"，可见诸大绶同样服膺于阳明心学。王畿深知于此，故特以阳明良知之论，勉励诸大绶"人生贵闻道，始有安身立命之地，先师提出良知二字，乃是至道之精神，神感神应，真是真非，一毫不容自昧，乃易简直截根源，千圣从入之真机……吾兄于此既有所悟入，安身立命当不假于外求"⑥。此外，《明儒学案·泰州学案三》也记载诸大绶与罗念庵等共同探讨学问。萧勉之父萧鸣凤"少从王守仁游"⑦，吕光升之兄吕光洵"自结发为学，学靡不优，而中治新建旨，再后与余姚钱刑部德洪、吾乡王兵部畿、武进唐都院顺之三先生相切磨最力"⑧，萧勉、吕光升既受父兄

---

① （明）章重：《梦遇》，《徐渭集》，第 1345 页。
② （明）袁宏道：《徐文长传》，《徐渭集》，第 1343 页。
③ 张新建：《徐渭论稿》，文化艺术出版社 1990 年版，第 65 页。
④ 《王阳明全集·年谱三》，第 1426 页。
⑤ 《徐渭集·师长沙公行状》，第 648 页。
⑥ 《王畿集》，第 231 页。
⑦ 《明史·萧鸣凤传》，第 5488 页。
⑧ 《徐渭集·吕尚书行状》，第 652—653 页。

之教，又与徐渭、陈鹤、沈炼、杨珂等皆为知交，定也受到阳明心学的影响……可见，"越中十子"因所处时空之关系，与阳明心学的渊源极深。

作为对程朱理学的反拨，阳明心学打破程朱理学一统天下的局面，为当时沉闷的思想界注入一股激荡人心的清流，更重要的一点，是解决了士子如何在日益险恶的政治环境中安顿个体生命的问题。阳明的人生实践与心学理论向士人指出："判断人生价值的标准并不在外部世界，他既不是朝廷的褒奖或贬斥，也不是先圣的经书与格言，更不是世俗的诋毁或赞誉，这个标准就在你自己的心中，除了追求自我的心安与自足外，你无法用其他的外在标准来衡定自我生命的有无意义；同时，作为一个士人，出仕为官并不是其生命意义的全部，追求山水审美，获得自我愉悦，对于人生的价值来说是同等重要的。"也就是说，人生的选择不再是学优则仕的唯一，而可以是多样化的；无论是做官、入幕、闲居、隐逸，还是收徒讲学，只要坚守本心，践行良知，就都能实现人生的自我价值，求得心安与自足。因此，阳明心学极大地拓展了当时士人的现实生活空间，缓解了他们的精神苦闷，也在某种程度上"重塑了明代士人的心态"①。"越中十子"与阳明心学渊源深厚，他们的人格范式、处世方式以及日常心态无不深受影响。但是，与徐爱、季本、王畿等王门弟子相比，杨珂、沈炼、陈鹤、徐渭等并没有以道学家自居，而是更多地自我定位为文士，因此也就不会把诗文视为"余事"或"雕虫之技"，而愿意投注更多的时间和心力。他们不仅在阳明心学中找到了生命的价值和人生的归属感，而且还把王学中维护独立人格、自由心性，高扬主体精神、自我意识等具有审美特质的一面投注到文学理论与创作中，强调师心自用，学古而不泥古，反对"设情"、"建情"，追求"真我"、"法天情之真"、"情往意随，沛乎自然达之"，践行情理合一，这就在很大程度上摆脱了"讲学家之诗文"的头巾气、道学气，展现的是阳明学的基本精神融会贯通于文学领域后所能达到的新高度。

---

① 左东岭：《王学与中晚明士人心态》，第204—205页。

第四章　心学陶冶下的越中小品文

"小品"一词，本为佛家用语，是指大部佛经的略本。《世说新语·文学》："殷中军读《小品》。"刘孝标注："释氏《辨空经》，有详者焉，有略者焉。详者为大品，略者为小品。"[①] 鸠摩罗什所译《摩诃般若波罗蜜经》，二十七卷本称作《大品般若》，十卷本即称为《小品般若》。因此小品与大品相对而言，最初只是指篇幅长短、详略的不同，而不是题材或体裁的区分。小品一词后来运用于文学领域，同样没有明确的定义，凡是短篇杂记一类的文章，如尺牍、游记、日记、序跋、辞赋、小说等文体都可称之为小品。明人所谓"小品"，主要相对于载道论政的"高文大册"而言，并非专指某一特定的文体。篇幅的短小，题材的包容，体裁的自由，以及文字的轻灵隽永，以小见大，以少总多，可以说是小品文的主要特点。刘大杰曾论述："这些作品并不是代圣人立言的大块文章，所以不讲义理，不讲形式，上至宇宙，下至苍蝇，游山玩水，说理抒情，随笔直书，多写便长，少写便短，随心所欲，毫无滞碍。"[②]

小品文的渊源可以追溯至先秦，但作为文体的兴盛是在明清，主要是晚明阶段，它的兴盛与阳明心学的影响是分不开的。一方面，阳明心学重塑了明代士人的心态和人格，促使他们追求自我个性，在诗文中自由地抒写真性情，而小品文的内容性质全然自由，可以包容不同思绪与风格，有助于摆脱传统作文方式的束缚和压抑，正与这一追

---

① （南朝宋）刘义庆撰，刘强会评辑校：《世说新语会评》，第134页。
② 刘大杰：《中国文学发展史》，百花文艺出版社2007年版，第488页。

求相契合。另一方面，阳明心学"注重灵明之心的主观能动性，强调主体性灵在心与物关系中所占据的绝对主导地位，主张通过主体之心灵观照和体悟，从客观事物中获得性灵释放和审美感受"，"促成了中国文学思想在文学发生论上，由早期以物为主的感悟说向着晚期以心为主的性灵说的转变，从而构成了晚明小品之神髓'性灵说'的哲学基础"，因此"为小品文在晚明的兴盛发展，指明了一条以文体解散之形式突破传统古文之压制和束缚的道路"①。继徐渭之后，晚明的越中地区涌现出一批优秀的小品文作家，其中的代表人物有陶望龄、王思任、张岱等，他们的文学理论及创作风貌都呈现鲜明的"心学"特色。

第一节　陶望龄：自胸膈中陶写出

陶望龄（1562—1609）字周望，号石篑，因以"歇庵"名居，学者又称歇庵先生，会稽人，南京礼部尚书陶承学之三子。天性敏慧，"方五岁未就塾也，人命以句曰：'中举中进士'，应声对曰：'希贤希圣人'"②。五岁幼儿，即有希慕圣贤之意，可与阳明十一岁以"读书学圣贤"为"第一等事"参比。十七岁时，补邑弟子员，"遂致力于古文词，搜讨百氏，力追先秦。所称'中原七子'，非其好也"③。明万历十七年（1589）中进士，官至翰林院编修、国子监祭酒。一生清真恬淡，以治学为最大乐事，同时工诗善文，著有《歇庵集》二十卷、《天水阁集》十三卷等。

就学术背景而言，陶望龄融通三教，不拘一家，但"生平所服膺文成教最笃"，奉之为最切实际的"著名深切之教"④。他极为推崇王

① 梁娟：《论王阳明的良知之学与散文创作——兼论对晚明小品之影响》，《广西民族大学学报》（哲学社会科学版）2009 年第 1 期。
② （明）陶望龄：《歇庵集》附录《先兄周望先生行略》，《续修四库全书》，上海古籍出版社 1995 年版，集部，第 1365 册，第 652 页。
③ （明）陶望龄：《歇庵集》附录《先兄周望先生行略》，第 653 页。
④ （明）黄汝亨：《寓林集》卷 11《祭酒陶先生传》，《续修四库全书》，上海古籍出版社 1995 年版，集部，第 1369 册，第 142 页。

阳明的人格品行，所作《重修阳明先生祠碑记》云：

> 凡以修人职而忧其旷耳，吾无远引，惟我阳明先生。天授超颖，平生所建立，尺节寸膏，分句数辈，皆足凭睨而介立，荣名而润身，而先生视若秋云绚空，不足有也。自登朝莅官，至穷愁窜逐之乡，锋驰刃接之地，岩居林卧之时，靡不集俦侣，正衣冠，征诘讲明于此学。虽处群姗，涉至险，而不变不疑，盖明此之谓人悖则禽、迷则鬼矣。人旷而入于鬼与禽，此至痛也，至哀也，先生忧之，故拳拳思与天下共举其人职，无使旷佚，而标指二字，以立判乎人禽鬼之关，所谓良知者是也。夫自私用智，生民之通蔽也。自私者，存乎形累；用智者，纷乎心害；此未达于良知之妙也。混同万有，昭察天地，灵然而独运之谓知；离闻泯睹，超绝思虑，寂然而万应之谓良；明乎知而形累捐矣，明乎良而心害遣矣，良知者所以为人而远禽与鬼之路也。诚举人职，则先生之学不可一日而不明，其功亦不容一日而泯。①

陶望龄所说的"人职"与"人性"密切相关，认为"物必有职，得职而后物举……性者，人之所以为人。故人之职在乎知性"②。在他看来，王阳明正是修举人职的最突出代表，不仅功业盖世，淡泊名利，有儒家至大至刚的浩然之风，且标指良知，为世人指明"人之所以为人""判乎人禽鬼之关"的标志，功莫大焉。他在《海门文集序》中又写道：

> 自阳明先生盛言理学，雷声电舌，雨云畅施，以著为文词之用。龙溪绍厥统，沛乎江河之既汇，于是天下闻二先生遗风，读其书者若饥得饱，热得濯，病得汗解，盖不独道术至是大明，而言语文字足以妙乎一世。明兴二百年，其较然可耀前代，传来兹

---

① （明）陶望龄：《歇庵集》卷8，第323页。
② （明）陶望龄：《歇庵集》卷8，第323页。

者，惟是而已。①

在文中，他极力推扬阳明心学，认为王阳明、王畿的心学思想使有明一代士子如获新生，明代能够超越前代、传于来世的，唯有阳明心学。

阳明以下，王门诸子中，陶望龄最为推崇"二溪"，即龙溪（王畿）、近溪（罗汝芳）。故黄汝亨《祭酒陶先生传》云："文成'致良知'三字符，上接周、程，以溯孔门明德之宗，及门之士龙溪子妙入其解，而近溪子独见赤子本体，慈湖活泼言下，先生（陶望龄）闻而知之矣！"②陶望龄在《盱江要语序》中也写道：

> 新建之道传之者为心斋、龙溪，心斋之徒最显胜。而龙溪晚出寿考，益阐其说，学者称为"二王"先生。心斋数传至近溪，近溪与龙溪一时并主讲席于江左右，学者又称"二溪"。余友人有获侍二溪者，常言："龙溪笔胜舌，近溪舌胜笔。"余生既晚而愚，未尝见二先生，独嗜其书耳，而嗜近溪语尤甚。口诵手抄，汇成一帙。闲居鲜朋友时，快读一过则神朗气畅，手足掉舞。群从有过予庵中，或呼与偕诵之，虽素不识性学者，皆释然心开，喜色浮面上可揽掬。③

文章生动描述了自己及其他学子独嗜"二溪"之书，读后豁然开朗、心折不已的情状。

陶望龄与王门传人的交往相当广泛，给予他最大影响的应该是周汝登。黄宗羲《明儒学案·文简陶石篑先生望龄》论述："先生之学多得之海门。"④万历二十三年（1595），陶望龄至剡溪拜访周汝登，二人初识。此后，二人时常相聚，一起论道谈学，登览山水，并有很

---

① （明）陶望龄：《歇庵集》卷3，第223页。
② （明）黄汝亨：《寓林集》卷11《祭酒陶先生传》，第143页。
③ （明）陶望龄：《歇庵集》卷3，第223—224页。
④ 《黄宗羲全集》第8册，《明儒学案·泰州学案》，第130页。

多书信往来，探讨迁善改过，论工夫，论不惑等。周汝登的学识对陶望龄哲学思想的成熟起到重要的导引作用，《歇庵集·海门文集序》写道：

> 望龄蒙鄙，获以乡曲事先生，受教最久。舍而北来，先生忧其日趋于艰僻，莫知反也，投之以药言，意甚苦，具在刻中，每展读，未尝不惭愧汗下。[1]

《与周海门先生》中又记载：

> 望龄根器劣弱，力不精猛，染指此道，动踰数年，而见处未彻，信力未充，日夜忧念，未有安歇。重荷垂闵蒙蔽，意将拯而引之，自惟钝昏，无以为地，每念若刀刃刺心，使至辱手教征诘，盖将令之刳肠剖脏，发露病源，投以神药，敢自匿瑕恶，仰孤盛心……老丈真知妙悟，犹有无常迅速之言，若弟者，于疑与信两无所据，悠悠碌碌，日月其滔，惟忧愧之怀，颇倍往日耳！[2]

可见陶望龄对周汝登传授学问的感激之情。二人不仅有师生之情，更具友朋之意。陶望龄卒后，周汝登为之作祭文，云："弟与兄谈朝闻夕可之学，而兄深研有获，死生之际，当自脱然。乃弟犹不免为兄痛楚悲伤，岂以世俗之肝肠事兄，而未为知兄之深哉，则亦有甚不可胜者迫于中耳！"[3] 为二人再不能共同钻研道学而痛心。

陶望龄与焦竑也交往甚密。焦竑字弱侯，号漪园、澹园，山东日照人，明万历十七年（1589）状元，著名心学家耿定向、罗汝芳的弟子。《歇庵集》中，陶望龄给焦竑的书信多达二十八封。他生平极敬佩罗汝芳，思想上也接近罗派心学，这与焦竑的影响恐怕是分不开

---

[1]　（明）陶望龄：《歇庵集》卷3，第223页。
[2]　（明）陶望龄：《歇庵集》卷11，第402—404页。
[3]　（明）陶望龄：《歇庵集·附录·祭文·嵊周海门》，第660页。

的。通过与焦竑交往，陶望龄还结识了李贽，自述"在京师时，从焦弱侯游，得闻卓吾先生之风，继得其书，毕习之，未尝不心开目明，常恨不能操巾拂其侧"①，崇敬之情溢于言表。他曾多次向焦竑探听李贽的状况及行踪，对李贽关怀备至，细致入微。万历三十年（1602），李贽自杀于狱中，陶望龄闻讯悲痛，专门托王赞化代为祭奠，并作《祭李卓吾先生》，称颂其"独处独游，独行独语，目如辰曦，胆如悬瓠，口如震霆，笔如飞雨，万蛰俄开，群萌毕怒"，视为"大鹏九万，风在其下，目无川陵"②，推崇备至。

陶望龄在当时的声名非常显著，"海内二十年来，远近识不识，靡不称有陶会稽先生……里社妇孺缁流耆宿交口赞"③，是公认的阳明后学重要的代表人物之一。刘宗周写道："吾乡自阳明先生倡道龙山时，则有钱、王诸君子并起为之羽翼，嗣此流风不绝者百年。至海门、石篑两先生，复沿其绪论，为学者师。迨二先生殁，主盟无人，此道不绝如线，而陶先生有弟石梁子，于时称二难，士心属望之久矣。"④ 认为周汝登、陶望龄是继钱、王之后承袭阳明心学的重要人物，下启陶奭龄。《明史·刘宗周传》也认为："越中自王守仁后，一传为王畿，再传为周汝登、陶望龄，三传为陶奭龄。"⑤ 陶奭龄字君奭，一字公望，号石梁，又号小柴桑老，陶望龄之弟。兄弟二人经常一起探讨交流，陶奭龄的思想深受陶望龄影响，共同成为阳明心学的重要传承人物。值得一提的是，陶望龄、陶奭龄的祖父陶廷奎，字应夫，官至工部右侍郎，乃是与王阳明同时代的程朱一系的学者，著有《王学演说》《四书正学衍说》等，其学主斥阳明"良知"之说，在王学"倡召海内，士争趋之"之时"心不谓善也"，"于是著书数万言，于知行、博约之类，皆严析而精论之"⑥。陶望龄兄弟没有秉

---

① （明）陶望龄：《歇庵集》卷11《奉刘晋川先生》，第413页。
② （明）陶望龄：《歇庵集》卷14，第468—469页。
③ （明）余懋孳：《歇庵集小引》，陶望龄《歇庵集》，第147页。
④ 《刘宗周全集》第2册《会约书后》，浙江古籍出版社2012年版，第497—498页。
⑤ 《明史》，第6591页。
⑥ （清）张履祥：《杨园先生全集》，中华书局2002年版，第1054页。

承家学，反而共同转向阳明心学，也深切说明在当时的社会背景下，阳明心学激动人心的巨大力量。

哲学史上，陶望龄起着重要的过渡作用。在阳明心学和刘宗周的蕺山之学中间，他承担了传承王畿、罗汝芳、周汝登的思想的任务，并对刘宗周思想的形成和成熟产生很大的推进作用。因此，在《明史》中，公安三袁、黄辉，甚至焦竑、董其昌等都归入文苑传，而陶望龄则与吴山、余继登、冯琦等人并列，被称为"词苑之鸿儒，庙堂之岿望"①；《乾隆绍兴府志》中，他又被列在王守仁、徐爱、季本、王畿、张元忭等著名心学家之后，进入《人物志·理学》。黄宗羲在《明儒学案》中也将陶望龄列于《泰州学案》。但同时，他在文学史上也有着重要地位，是晚明文坛中的一位重要人物，公安派的干将，与公安三袁声气翕合。陈田《明诗纪事》云："公安楚咻，始于伯修。黄平倩、陶周望与伯修同馆，声气翕合。中郎稍晚出，推波助澜，二人益降心从之。"② 陶望龄与公安"三袁"过从甚密，感情深厚，而与袁宏道关系最为密切。两人结识于万历十七年（1589），一见如故。万历二十五年（1597），陶望龄与袁宏道等人作吴越之游，二人"君携我如头，我从君若尾，不是西看山，便是东涉水"③，"自堕地来，不曾有此乐"④。陶望龄称袁宏道是"礼部天才"⑤，袁宏道赞陶望龄"诗文并佳"⑥，互相推崇。另外，陶望龄与袁宗道、袁中道也多有书信往来，共同探讨学问、交流诗文。

陶望龄是公安派反对复古、独抒性灵理论的积极响应与推行者。万历十七年（1589），陶望龄以会试第一、殿试一甲第三的成绩官授编修，与焦竑、袁宗道、黄辉共讲性命之学时，即反对复古之风。钱谦益《列朝诗集小传》记载："万历中年，汰除王、李结习，以清新

---

① 《明史》，第 5723 页。
② （清）陈田辑：《明诗纪事·庚签》卷 16，第 589 页。
③ 《袁宏道集笺校》卷 9《别石篑》，第 403 页。
④ 《袁宏道集笺校》卷 22《尺牍·伯修》，第 492 页。
⑤ 陶望龄：《歇庵集》卷 12《与友人》，第 416 页。
⑥ 《袁宏道集校笺·答陶石篑》，第 743 页。

自持者，馆阁中平倩、周望为眉目云。"① 平倩为黄辉之字。当时以王世贞、李攀龙为代表的"后七子"流传下来的复古模拟之风颇盛，以至于万口一响，诗道寝弱，对于独立新奇有创见的作品，往往横加诋毁，视为野路。在这样的风气中，陶望龄却敢于率先汰除王、李习气，并提出一些反对复古，主张新变的文论主张。在《八大家文集序》中，他激烈抨击"前七子"所开启的拟古之风：

> 明兴二百余年，代有作者，率道斯路。弘正之际，一二能文之士始以时代为上下，谓西京以降无文焉，天下缀学之士靡然响风。其持论薄八家不为，其著作又非能超八家而上之者，徒取秦汉子史残膏剩馥，饾饤纫缀，衣被而合说之。如枯杨之华只增索然，而不见其所有。迄今而弊极矣。②

陶望龄主张"文也者，至变者也"③，认为弘治、正德年间以李梦阳、何景明为首的"前七子"所开启的文学复古之风，不过是取前人的"残膏剩馥"拼凑缀补，如同"枯杨之华"，索然无味。此段文字谈锋犀利，语词激切，显示了无所拘碍的思想锐气，与他亲炙"掀翻天地""非名教之所能羁络"④ 的泰州后学恐怕不无关系。陶望龄指出，明代诗歌积弱的根源就在于模拟之风："从来诗道，大明派头甚正。至我朝何、李诸公，忽尔衰绝。"⑤ 他在《方布衣集序》中写道："夫舍情与词则无文，剽古而依今，词则归诸古人，情则傅诸流俗，己不一与焉，而谓之文，吾且得信之乎？"⑥《答求墓铭友人》中又云："今为传志文者，奇浮蔓延，务为备密，如画生者嘴距毛毳，件件描摹，总视反失真神。"⑦ 这些观点都明确反对剽古因袭，提倡

---

① （清）钱谦益：《列朝诗集小传·丁集·陶祭酒望龄》，第622—623页。
② （明）陶望龄：《歇庵集》卷19，第618页。
③ （明）陶望龄：《歇庵集》卷4《徐文长三集序》，第239页。
④ 《黄宗羲全集》第7册，《明儒学案·泰州学案》，第821页。
⑤ （明）陶望龄：《歇庵集》卷15《与袁石浦》，第407页。
⑥ （明）陶望龄：《歇庵集》卷4，第242页。
⑦ （明）陶望龄：《歇庵集》卷12，第427页。

写作应以一己之真"与焉"，实开公安派"性灵说"之先声。他在写给焦竑的信中说：

> 弟闲时颇以古今诗集妄加校勘，益信何、李诸人直是浅陋，欲拣择数篇以备一代之作而难于下手，乃知白沙、荆川辈真可人也。①

他直言何、李之浅陋，而认为陈白沙、唐荆川等这些具有心学背景的文人所创作的诗文更契合自己的心意。他还曾讥讽说：

> 予生平喜人读古书，而憎袭其语，每诮之曰：女食生物不化耶。然学者安其陋。②

讽刺袭古之人其实是食古不化，却不自知，反而"安其陋"。他在《与袁石浦》一文中称赞杨慎博学多识，"其七言律与五七言绝句，大有佳者"，一方面肯定杨慎的诗歌创作成就，同时也表达了"所恨太似古人，遂减成色"③的遗憾，认为杨慎受七子复古之说所累，在诗歌创作中出现了拟古之弊端。

陶望龄反对七子复古的立场和激烈程度与袁宏道等公安派主要成员一致，但他们对待古书等传统文化的态度却不尽相同。袁宏道早年认为："其万一传者，或今间阎妇人孺子所唱《擘破玉》《打草竿》之类，犹是无闻无识真人所作，故多真声，不效颦于汉、魏，不学步于盛唐，任性而发，尚能通于人之喜怒哀乐嗜好情欲，是可喜也。"④认定"无闻无识"最为可贵，主张除旧布新，全面否定学古，言语上也更为偏激，把学古斥为"粪里嚼渣"，"顺口接屁"，"一个八寸

---

① （明）陶望龄：《歇庵集》卷11《与焦弱侯》，第409页。
② （明）陶望龄：《歇庵集》卷4《门人稿序》，第249页。
③ （明）陶望龄：《歇庵集》卷15，第407页。
④ 《袁宏道集笺校·叙小修诗》，第188页。

三分帽子人人戴得"①。而陶望龄在这一问题上的立场与袁宏道颇有不同，他虽然也旗帜鲜明地反对拟古、袭古，但他反对的是生搬硬套、生硬模拟，而并不排斥对古书的阅读和学习。相反，从前面所引的材料可知，他"生平喜人读古书"，自己"闲时颇以古今诗集妄加校勘"，非常重视吸收文化传统与学术精华。他在《登第后寄君奭弟书》中就一再提到："少年学文，正宜直寻旁讨，多读古书，多看时贤名笔，浸灌日久，范我驰驱"，"不通古而欲袭今，如拾人败绘，可作锦段否"②。强调"通古"的重要性。"通古"与"复古"不同，不是模拟、因袭古人的作品，而是要对古书的精华融会贯通，否则不过是"拾人败绘"而已。只有多读古书，长期浸淫其中，才能积淀深厚，自然而然地将前人所长化为己用，不刻意为文，而自然做出好文章，并达到挥洒自如的境地。

在反对拟古、袭古的基础上，陶望龄认为读书不可依文解义，主张"求自得于心，然后可"，赞赏"古之人缘性而抒文"，又说"古人之为文，其取夫称心"③。在与弟奭龄论时文时，陶望龄提出"自胸膈中陶写出"的作文主张：

> 今人不晓作文，动言有奇平二辙，言奇言平，诖误后生。吾论文亦有二种，但以内外分好恶，不作奇平论也。凡自胸膈中陶写出者，是奇是平为好。从外剽贼沿袭者，非奇非平是为劣。骨相奇者以面目，波涛奇者以江河。风恬波息，天水澄碧，人曰此奇景也。西子双目两耳，人曰此奇丽也，岂有二哉？但欲文字佳胜，亦须有胜心。老杜言："语不惊人死不休"，陆平原云："谢朝华于既披，启夕秀于未振。"昌黎曰："惟陈言之务去，戛戛乎难哉。"自古不新不足为文，不平不足为奇。镕范之工，归于自

---

① 《袁宏道集校笺·张幼于》，第 501 页。
② （明）陶望龄：《歇庵集》，第 431、432 页。
③ （明）陶望龄：《歇庵集》，《附录一·先兄周望先生行略》，第 654 页；卷 3《马曹稿序》，第 237 页；卷 4《方布衣集序》，第 242 页。

然，何患不新不古不平不奇乎？①

陶望龄认为，评判文字优劣高下的准则应该是"内外"，而并非"奇平"。内，即"自胸膈中陶写出者"；外，即"从外剽贼沿袭者"。文字只要是"自胸膈中陶写出者"，不论奇、平，都是好的；相反，"从外剽贼沿袭者"，则不论奇、平都是伪劣的。认为文学创作的最高准则应是"归于自然"。陶望龄的这段文字，其实是以"心""性"为文之本，与公安派的"性灵"说有相通之处，是心学理论影响的产物。

受阳明心学的影响，陶望龄更从尽心尽性的角度，提出"偏至"说。阳明《答顾东桥书》所言："夫心之体，性也；性之原，天也。能尽其心，是能尽其性矣。"② 认为只要能尽心尽性，则与天通。陶望龄则在《马曹稿序》一文中提出了在其文学思想中具有重要地位的"偏至论"，也是他最有原创性的文学理论：

> 刘邵志人物，尝言："具体而微，谓之大雅；一至而偏，谓之小雅。"盖以诗喻人耳。予尝覆引其论，以观古今之所谓诗辞，求其具体者不可多见，因妄谓自屈、宋以降，至于唐宋，其间文人韵士，大抵皆小雅之流，而偏至之器。惟人就其偏，而后诗之大全出焉。夫人之性有所蔽，材有所短；短而蔽者，若穷于此，而后修而通者，始极于彼，此恒数也。古之人，缘性而抒文，因能而效法；文以达意，法以达材，务自致于所通，而不求全于所短。如火炎则弥扬之，水下则弥浚之。醴盈其甘，醯究其酸，不独无以揉之也，而且为之极焉。故其势充，其量满，其神理所至自足，以轶往古，垂将来。吾观唐之诗，至开元盛矣。李、杜、高、岑、王、孟之徒，其飞沉舒促，浓淡悲愉，固已若苍素之殊色，而其流也，抑又甚焉。元、白之浅也，患其入也；而郊、岛

---

① （明）陶望龄：《歇庵集·登第后寄君奭弟书》，第431页。
② 《王阳明全集》，第43页。

则惟患其不入也。韦、柳之冲也，患其尽也，而籍、建则惟患其不尽也。温、许之冶也，患其椎也；而卢、刘则惟患其不椎也。韩退之氏，抗之以为诘崛；李长吉氏，探之以为幽险。予于是叹曰：诗之大至是乎！偏师必捷，偏嗜必奇。诸君子者，殆以偏而至，以至而传者与？众偏之所凑，夫是之谓富有；独至之所造，夫是之谓日新。向令诸君子者舍独以群众，易己以摹古，疗偏以造完，将困踬之不暇，而暇成其能哉？①

刘邵《人物志》中用以人物品评的"偏至"论，被陶望龄首次引入文论中。他以自然性情为前提，论述了作家性情与创作风格的关系。他认为，作家的秉性是作品风格的决定性因素。屈宋以降，至于唐、宋的文人，都是"偏至之器"。前人多认为"偏"意味着不全不正，因此加以诟病。而陶望龄则相反，认为"偏"才能尽性、达道、独造、传世：偏至之人"缘性而抒文"，即能顺性情之势而张扬之，扬长避短，将其所擅长的偏才发挥到极致；唐代诗人风格各自独造，正因为他们的性情偏至不一。而倘若世之文人"舍独以群众，易己以摹古，疗偏以造完"，则不可能取得那样的文学成就。唯有"独至"，诗歌才能日新。可见，陶望龄的"偏至"论，与他反对袭古、摹古的观点，是紧密关联在一起的。而这一观点"大反程朱理学之正，一时振聋发聩，奠定了他在晚明文论史上的独特地位"②，一直以来都被视为陶望龄作为公安派成员的代表性文学理论，与袁宏道的"独抒性灵"理论相互发明，桴鼓相应。

在《上官进士夷门稿序》中，陶望龄还提出"虚以神"的理论主张：

文之得气在动，得意在虚。动以机，虚以神。善画者鸟兽飞

---

① （明）陶望龄：《歇庵集》卷3，第237页。

② 陈玉强：《陶望龄"偏嗜必奇"说及其心学语境》，《清华大学学报》（哲学社会科学版）2012年第3期。

伏，花木翩舞，人之举止指顾必于其动取焉。至魃羽奔蹄，若惊若喜，风花露艳，若笑若泣。逸士之逸，静女之静，武夫之武，今见者或肃或冶，或畏或慕，其取态有无之间而见巧于不可容思之域，所谓虚也。唯虚故能善动。①

陶望龄所言之"虚以神"，是指"虚空里面凝聚着内在的精神"②，这种内在精神往往在"有无之间"，虽有感觉却很难捉摸。"有无之间"主要是就描摹对象而言，而"不可容思之域"则是一种浑然天成的境界，是区别于理性思维的直觉体悟，既包含着对创作方法的要求，又有对创作主体的心理状态乃至心灵境界的要求，同时又暗含对某种审美风格的要求。这一理论的提出显然与他所接受的心学思想有密切的关系。王阳明"有无之境"实际上也是对"虚"之本体意义的理解问题，而其身后关于"四有"与"四无"的争论则由之产生了王学的分化③。阳明认为："心之虚灵明觉，即所谓本然之良知"④，说明"虚灵"是良知的本质特征。王畿也主张："虚寂者心之本体，良知知是知非，原只无是无非。无即虚寂之谓也。"⑤同样认为心之本体具有"虚寂"的特点。陶望龄论良知云："混同万有，昭察天地，灵然而独运之谓知。离闻泯睹，超绝思虑，寂然而万应之谓良"⑥，体现他对"虚"的哲学思想的理解与接受。而从创作实践的角度讲，陶望龄也深得"虚"之真味，学生称其"当其屏人，独对香一缕、茗一瓯，意有玄晤，嗒焉丧我，盖寸心之神往与千古之灵秘悉发之文词耳"⑦。

黄宗羲评价陶望龄的散文曰："歇庵之文，昌明博大，一洗抄袭

① （明）陶望龄：《歇庵集》卷4，第248页。
② 尹恭弘：《公安派的文化精神》，同心出版社2008年版，第549页。
③ 吴倩：《论陶望龄对公安派文学思想的调剂与补充》，博士学位论文，首都师范大学，2005年。
④ 《王阳明全集·答顾东桥书》，第53页。
⑤ 《王畿集·别曾见台漫语摘略》，第464页。
⑥ （明）陶望龄：《歇庵集》卷8《重修阳明先生祠碑记》，第323页。
⑦ （明）陶望龄：《歇庵集·附录三·陶老师文集后序》，第671页。

模仿之套，盖宗法阳明者也。"①"昌明博大"主要是就他的议论文而言，陶望龄的小品文，同样能"一洗抄袭模仿之套"，不仅情理相融，个性鲜明，而且还极富创新性，正是他反模拟因袭，提倡"偏至""自胸膈中陶写出"等文学观念的践行。如他的代表作《游洞庭山记》，构思上就相当新奇，并不似一般的游记以时间为顺序纪其游踪，而是先在小序中交代游历缘起，其中写道：

> 夫一山之景，日有异观；一日之观，人有异趣。

强调无论是自然景观，还是人，都有自己独特的风貌和个性。进而分八则记述，每则有一主题。如第一则，记林屋洞中的三洞，主要记述雨洞；第二则纵谈洞庭山花树之盛，感慨今昔之变；第三则感叹"山水以相遇而胜，相敌而奇"，记述洞庭"以七十二峰之苍翠，矗立于三万六千顷之波涛"的胜景；第八则另辟蹊径，不记洞庭之山水，而是记述所作洞庭诸记欲与柳宗元争胜的奇士蔡羽。最著名的是第四则，作者写道：

> 自胥口望太湖，顾惮其广。扬帆行，少顷，抵中流，而诸山四环之，似入破垒中也。目得凭杖，意更安稳，顾反诮之曰："此蝶面耳！'划却君山好，平铺湘水流'，岂欺予哉！"登缥缈峰之日，日色甚薄，烟霭罩空，峰首既高绝，诸山伏匿其下，风花云叶，复覆护之。于是四望迷谬，三州遁藏，浩弥之势，得所附益，渺然彷徨，莫知天地之在湖海、湖海之在天地。予于是叹曰："夫造化者，将以是未足以雄予之观而为此耶？"仰而视白云，如冰裂，日光从罅处下漏，湖水映之，影若数晦大圆镜，百十棋置水面。
>
> 僧澄源曰："登山之径不一，从西小湖寺上者夷。"故是日炊

---

① 《黄宗羲全集》第11册，《南雷诗文集》卷22《书七·拟与友人论文书　陶望龄》，第169页。

于寺而登，罡风横掣，人每置足自固，乃敢移武，攀石据地，仅而得留。至顶蹲岩间，引脰窃望，便缩避。以其游之艰，不可辄去也，更相勉少住，然以不可，竟相引而下。①

作者先写心中的忧虑"颇惮其广"，以反衬湖水的浩渺深广。再写中流处诸山环绕的奇特地势，并引李白《陪侍郎叔游洞庭醉后》中的诗句为证。然后以清新简净之笔触，描写缥缈峰高绝险峻，诸山伏匿其下，花叶如风云遮护的绝美景致。作者四望茫茫湖水，感叹造化之神奇，不知是天地包容了湖海，还是湖海涵纳了天地。更有白云如冰裂，日光下漏，如圆镜般星罗棋布于湖面，形成气势非凡的自然奇观，令人叹为观止。最后写登峰的艰难，山高风大，而作者攀石据地，游兴浓、意志坚，不愿离去。整篇文章层次清晰、文势跌宕起伏，实为明代山水小品中的优秀之作。

陶望龄的园林小品则多于山水亭阁中得其真趣，发其哲理，代表作有《也足亭记》《歇庵记》《酣中阁记》《介子庵记》等。《也足亭记》开篇写道：

> 吾越多崇山，环溪植，多美竹，每与山为峭衍，上下蒙密延衷，恣目未已，大溪潢然，时罅篱而出，余时常乐观焉。其他罗生门巷藩圃间者，虽畦畹连络，以为窄迫不足游也。然樵客牧叟，嬉玩于山溪者，日饱其荫，亦犹以为门巷间物，或闻赏誉，辄更诧笑。而予北来涉淮，问其人，遂绝不知有竹。又二千里而抵京师，则诸名园争珍植之，数干靡靡而已。朱晋甫斋后有两丛特盛，予数饮其下，辄裴回不能去。因自嗤物以希见贵，竹不宝于越而宝于燕，固然，而予与晋甫皆越产，夫亦好其为燕之竹耶？将越之人固亦有知好竹如吾二人者乎？然予向之所欲，意必之乎深箐广林，纵观其苞山怀溪之胜而后厌。

---

① （明）陶望龄：《歇庵集》卷9，第352—354页。

作者带着深切的情感描叙"吾越"崇山峻岭中竹林"蒙密延袤"的景致，二千里外的京师再难睹此盛景。他的友人朱晋甫植竹两丛，作者虽时常徘徊不能去，但不能满足，"意必之乎深箐广林，纵观其苞山怀溪之胜而后厌"。而在下文中，作者又叙写朱晋甫建造了个小亭子，取名"也足"。于是二人之间展开一番关于"足"的讨论：

> （晋甫）语予曰："吾日左右于此君也，展膝袒坐，身足其荫；阒而听之，籁籁然风，足于吾耳；良夕月流，疏影交砌，及著壁上，层层如画，足于吾目。耳清目开，脱然忘身，趣足于心，口不得喻。客能来者，觥筹时设，嗒然相对，与我皆足。子尝登茅山、穷天姥而观于竹者，信侈矣。当其所得，亦奚以加于我？且吾子之有好于是也，必为我记之。"予曰："子之言甚近于道，知道者有所适而无所系，足乎已也，殆将焉往不足哉！"……至夫轨尚超绝而又解其胶固，寄于物而不系焉，视彼数竿，富若渭川之千亩而有以自足，此吾所谓近于道者也。某之有意于斯道久矣。把臂入林，晋甫其尚教之。①

朱晋甫认为自己所种之竹虽不过百杆，却给身心带来莫大满足，因此给亭起名为"也足"。作者听了以后，深以为然，并进一步阐发了"知道者有所适而无所系"的哲理，发人深省。其他如《歇庵记》的构思，也与此篇颇为相似，借"歇庵"之名，表明自己的意向与志趣。《醋中阁记》中，作者又借栖他人之居，"枕席之上，卧眺山水"，于身闲意适之中，到达了虚寂无我、与宇宙万物为一的至高境界："放眼而望，收目而瞑，不知宇宙之巨细，万物之异同，嗒然兀然而已。"② 还有一篇《养兰说》，也可归入园林小品之列。作者以自己养兰的亲身经历，证闻说之妄，先述"会稽多兰，而闽产者贵。养之之法，喜润而忌湿，喜燥而畏日，喜风而避寒，如富家娇小儿女，

---

① （明）陶望龄：《歇庵集》卷9，第348—349页。
② （明）陶望龄：《歇庵集》卷9，第349页。

特多态难奉"，"休园中，有兰二盆"，"予"循旧闻之法以茗汁溉之，兰槁色瘁；后述他家所植以秽溉之，茂而多花；最后作者亦"运粪而溃之"，兰花"遂盛"①。文章娓娓道来，于耳目所见小事中生发无限诗意，寄寓朴实无华的哲理，表明只听闻旧说，不加验证地付诸实践，尽管精心却反而损害了花卉，由此阐明做事应当从实际出发，不能盲从他人的道理，可谓幅短神遥，墨希旨永。

陶望龄的人物传记类小品则平易朴实，无雕琢斧凿之功。如《徐文长传》，记述徐渭淹蹇的一生，多选取一些日常的言行细节，从而使人物的形象生动逼真，毫发毕现。如写其晚年居家：

> 既归，病时作时止，日闭门与狎者数人饮噱，而深恶诸富贵人，自郡守丞以下求与见者，皆不得也。尝有诣者伺便排户半入，渭遽手拒扉，口应曰："某不在。"人多以是怪恨之。②

其狂放之形态宛然若现。袁宏道亦为徐渭作传，但风格有所不同，更富传奇色彩，而陶传更贴近传主生平行状，读来更觉真实。陶望龄的尺牍、铭赞，也大多简洁明快，生动形象③。如《与袁石浦》：

> 天下有二等自在人：一大睡者，二大醒者。惟梦魇未觉人，谓睡着则已欲醒，谓醒则正在梦境，叫号谵呓，纯是苦趣。仆，魇者也。足下虽振其手，摇其足，未肯霍然寤也，欲自在得邪？忆侍雅论时，觉身心时时有益。自远胜友，转复茫然。虽苦自鞭策，较往日已加紧切，而逾求逾远，不自知其入于支离艰僻之内。此古人所以愿亲近善知识，以为甚于衣食父母也。长安如弈棋，世路日难矣，叹叹。④

① （明）陶望龄：《歇庵集》卷10，第381页。
② （明）陶望龄：《歇庵集》卷14，第478页。
③ 李灿朝：《陶望龄的文学观念及其小品文创作》，《云梦学刊》2011年第3期。
④ （明）陶望龄：《歇庵集》卷11，第407页。

袁石浦即袁宗道，石浦其号。在这篇短文中，作者指出天下有两种人最为自在：大睡者与大醒者，而自己则属于梦魇者，期待袁宗道以"善知识"来警醒自己。最后还以"长安如弈棋，世路日难"表达了对时局的感慨。整幅尺牍不足二百字，却言简意赅，取譬生动。

陶望龄的小品文存世数量并不多，这与他逝世后文集被多次整理有关。据陶履中记载："余给谏令山阴时从荒毁中索去诠次，未称尽善；嗣后，乔直指重锓于武林，删繁正伪，遂称定本。无几，被祖龙之灾，不胜扼腕。今梓于瑞阳，以广其传。"① 门生余懋孳的"诠次"、乔时敏的"删繁正伪"，都出于维护其师名节的考虑，却也令许多篇章散佚。袁中道也说到这种情况："近阅陶周望祭酒集选者，以文家三尺绳之，皆其庄严整栗之撰，而尽去其有风韵者……石篑所作，有游山记，及尺牍，向时相寄者，今都不在集中，甚可惜。"② 遗憾陶望龄的"有风韵"的小品文多未能收入集中。袁中道还曾将陶望龄与袁宏道并举，曰："两人递相取益，而间发为诗文，俱从灵源中溢出，别开手眼，了不与世匠相似。"③ 从陶望龄的小品文创作来看，虽然还不能与袁宏道相比，但在独抒性灵、不事模拟上，二者是一致的。陶望龄亦曾自言："属文信手填写，无检点顾望，而反得所求。"④ 他的小品文创作同样是"自胸膈中陶写出"，即"从灵源中溢出"，信手而作，却又能别开手眼，风采独具。

总体而言，陶望龄是晚明越中地区阳明心学承前启后的重要桥梁，在文学思想和创作上，他又是徐渭、王思任和张岱之间的重要连接点。宋传新《文化之链：徐渭、王思任与张岱》一文指出，受地域环境和文化渊源的影响，徐、王、张三人在精神气质上具有明显的相似性，而在美学思想和文学创作上则表现出一脉相承的特征，形成

---

① （清）陶履中：《刻水天阁集凡例》，《四库禁毁书丛刊》，北京出版社1997年版，第9册，第105页。

② （明）袁中道：《珂雪斋集·答蔡观察元履》，上海古籍出版社1989年版，第1044页。

③ （明）袁中道：《珂雪斋集·吏部验封司郎中中郎先生行状》，第755页。

④ （明）陶望龄：《歇庵集》卷12《登第后寄君奭弟书》，第431页。

一条文化之链①。而在这条"文化之链"中，起到过渡作用的便是陶望龄。徐渭一生怀才不遇，名不出乡里，如果不是陶望龄和袁宏道一起发现并宣扬徐渭诗文，很难说徐渭会有文学史上有怎样的地位。陶望龄还亲自收集、整理并刊刻了徐渭的诗文集，使得徐渭的影响更大更深远，也使得后来者如王思任、张岱等人能够读到徐渭的作品，学习徐渭的诗文风格，从而传承越中文学。同时，陶望龄作为同乡先贤，自己也是王思任、张岱的效法对象。陶望龄曾给王思任《及幼草》作序，多有评论指点；张岱更因仰慕这位从外祖的道德文章而自号"陶庵"。可以说，王、张远祖徐渭，近学陶望龄；陶望龄在中晚明的越文化之链中，是不可忽视的重要环节。

第二节　王思任：诗以言己

王思任（1575—1646）字季重，号遂东，晚号谑庵居士，山阴人。少年有才，五岁遍受经书，十岁恣为文章，十四岁时，京城槜李宫庶黄洪宪见其文，赞曰："异禀灵心，压倒万峰之笔，他日文章名世。"② 二十一岁中进士，其"房书出，一时纸贵洛阳。士林学究，以至村塾顽童，无不口诵先生之文"。后曾任兴平、当涂、青浦县令，又补松江教授，任国子监助教、九江签事。从政期间，一心为民，倜傥有为，政绩显著。但由于意轻五斗，不拘小节，遂致偃塞不顺，三仕三黜，"五十年内，强半林居，乃遂沉湎曲蘖，放浪山水，且以暇日闭户读书"。顺治二年（1645），清军攻陷南京，王思任听闻佞臣马士英将挟持太后逃入绍兴，遂上疏太后，历数马士英罪状，请求斩之。又与马士英书，斥其专权误国，不许其来绍兴避难，书中"夫越乃报仇雪耻之国，非藏垢纳污之地也"一句，广为传诵。七月，鲁王监国，王思任因才气与名气重新受任，任命为詹事府詹事，礼部侍

---

① 宋传新：《文化之链：徐渭、王思任与张岱》，《扬州大学学报》（人文社会科学版）2007 年第 1 期。

② （明）王思任：《王季重先生自叙年谱》，《北京图书馆藏珍本年谱丛刊》，北京图书馆出版社 1999 年版，第 57 册，第 296 页。

郎。顺治三年（1646），绍兴城破，鲁王仓皇出逃海上，王思任辞官弃家入秦望山，依祖墓建"孤竹庵"，不食清粟，终绝食而死，"临瞑连呼高皇帝者三，闻者比之宗泽濒死三呼过河焉"①。

王思任与被视为王学左派的泰州学派关系密切。《王季重先生自叙年谱》（后文简称《自叙年谱》）载万历十三年（1585），"公（父承德公）携往见罗近溪、王带水、左宗郢三先生。近溪奖曰：'何来一圣童？'而王、左二公谓公曰：'贤郎当友天下之士。'"②王思任拜见的三位先生均为阳明后学，尤其是罗汝芳（号近溪）更是被视为泰州学派的代表人物。王带水即王一言，是罗汝芳的学生。王思任《自叙年谱》中，多次记录与王一言的交往，家族之间过从甚密。王一言卒后，王思任为之撰《中议大夫资治尹应天府府丞带水王公墓志铭》。左宗郢同样是罗近溪的门人。王思任与三位先生的后人也一直保持往来，《自叙年谱》记载："天启五年乙丑，先生五十一岁……王带水公诸孙邀看麻姑双瀑，郑公之文饮之乐游院，罗近溪先生孙饮之太平桥。"③此外，王思任还与陶望龄、焦竑、董其昌等其他被归属于泰州学派的文人有广泛交游。陶望龄非常欣赏王思任的文章，曾为其时文集《及幼草》作序。王思任与焦竑的交游始于万历三十四年（1606），《自叙年谱》记载："正月，太史焦公漪园招游燕矶、达摩洞、摄山诸名胜。史公弘博端毅，常得其名言之教。"④可见二人关系密切。万历三十七年（1609），王思任之父承德公八十大寿，焦竑还特地作《王封翁八十寿序》以赠。万历三十九年（1611），王思任令青浦期间，又与董其昌相交，此后多有诗歌往来。

以王艮、罗汝芳为代表的泰州学派推崇"赤子之心"，认为"心为身主，身为神舍，身心二端，原乐于会合，苦于支离。故赤子孩提，欣欣长是欢笑，盖其时身心犹相凝聚。及少少长成，心思杂乱，

---

① （明）张岱：《琅嬛文集·王谑庵先生传》，岳麓书社1985年版，第193—196页。
② （明）王思任：《王季重先生自叙年谱》，第293页。
③ （明）王思任：《王季重先生自叙年谱》，第373—374页。
④ （明）王思任：《王季重先生自叙年谱》，第343页。

便愁苦难当"①。"赤子之心"是天然的没有任何污染压抑的自在之心，其特质是真，反对刻意抑制，人为做作，"不追心之既往，不逆心之将来，任他宽洪活泼，真是水流物生，充天机之自然"②。罗汝芳的"赤子之心"与李贽的"童心"有很大相似之处，都强调"真"，肯定人欲的合理要求，主张人际间地位平等，追求个性的自然发展。黄宗羲在《明儒学案》中指出："阳明先生之学，有泰州、龙溪而风行天下"，王思任身处这样的时代风潮中，其个性特征以及文学理念和创作都不免深受影响。

与晚明众多受阳明心学尤其是王学左派影响的文人一样，王思任的文学观念也以"性情"为基础。在这个时期，"'言情'是晚明士人的一大人生追求，从哲学到政治再到文学，无不显示出言情的踪迹"③。汤显祖、公安派、竟陵派等各大诗人或文学流派都提出"性灵""性情"的口号来响应这个思潮。王思任同样肯定"性情"，注重人性的自由，他在《落花诗序》中说：

> 《诗》三百，皆性也。而后之儒增塑一字，曰"诗以道性情"，不知情即性之所出也。性之初，于食色原近。告子曰"食色性也"，其理甚直。而子舆氏出而讼之，遂令覆盆千载，此人世间一大冤狱也。《国风》好色而不淫，若非魁三百篇者乎？未得《关雎》，不胜其哀哀之旨。向使不必得之，又得之即不寿，参差其语，文王将默默已耶？宁不知"倾城与倾国，佳人难再得"，武帝雄风大略，开口称善，五脏俱见，至姗姗来迟，叹与烛荧惚恍，而读者先以心伤矣，此皆性之所呼也。④

王思任认为情由性出，并充分肯定告子"食色近性"观点的合理性，指出被奉为儒家经典的《诗经》"皆性也"，尤其是其中的《国

---

① 《黄宗羲全集》第 8 册，《明儒学案·泰州学案三》，第 5 页。
② 《黄宗羲全集》第 8 册，《明儒学案·泰州学案三》，第 15 页。
③ 左东岭：《王学与中晚明士人心态》，第 453 页。
④ （明）王思任：《王季重十种》，浙江古籍出版社 2010 年版，第 15 页。

风》，真切、自然地传递了人之性情，所以才得以魁三百篇之首。他对《诗经》尤其是《国风》推崇备至，以为"《三百篇》，诗之大常也"（《李贺诗解序》），而"诗之胎在《国风》"（《蕳园近草序》）①。在《澹宁斋诗序》中也说：

> 《三百篇》之什寄托感叹，非无砰激而确厉焉者，然味之，则铿然和平不尽也，其心以有之也。②

在《萍吟草序》中又说：

> 声出于心乎？心之司属火，则其味苦。怨女劳夫，有一声之逸忽，不知其何以动，遽可传宫刻羽，而文人学士，毕世摹之不肖，追之不前也，故《三百篇》只《风》为诗，其《雅》与《颂》，大抵愉悦之辞耳。③

都认为《诗经》寄托了人们发自内心的情感，《国风》更是怨女劳夫们真实心声的表达，是发性情之作，即使是文人学士，也"毕世摹之不肖"，所以超过了《雅》与《颂》的艺术成就。

王思任的文学观建立在"性情"的基础之上，因而，他注重文学的个性和风格，强调"求真""言己"，反对拟古。他在《朱宗远定寻堂稿序》中，引朱宗远的话说：

> 吾于诗，怨明，怨七子，尤怨历下。其所奉为符玺丹药者，"拟议以成其变化"一语耳，吾闻之不乐也。造物者既以我为人矣，舌自有声，手自有笔，心自有想，何以拟之议之为，而必欲相率相呼以为拟议之人？彼为人拟议者，宁渠曾仿某子甲耶？

---

① （明）王思任：《王季重十种》，第9、46页。
② （明）王思任：《王季重十种》，第23页。
③ （明）王思任：《王季重十种》，第19页。

认为造物者既然创造了"我",就拥有属于自己的声音、文笔和思想,又何必仿效他人?他非常赞同朱宗远反对拟古的文学态度,并表示"吾且当焚笔塚砚,破所灾木,以事宗远"①。王思任还提倡作诗要写"言己"的诗,他在《倪翼元宦游诗序》中说:

> 诗以言己者也,而今之诗则以言人也。自历下登坛,欲拟议以成其变化,于是开叔敖抵掌之门,莫苦于今之为诗者,曰如何而汉魏,如何而六朝,如何而唐宋,古也,今也,盛也,晚也,皆拟也,人之诗也,与己何与?李太白一步崔颢语,即不甚为七言,杜子美竟不作四言诗,亦各任其性情之所近,无乐乎为今诗而已。②

在王思任看来,文学创作的本质应该是"言己",即抒写"我"的真实情感。他以李白和杜甫两大诗人"任其性情"作诗为例,说明"诗以言己者"才是好诗,而那些拟"汉魏、六朝、唐宋"的诗歌只能是"人之诗也",根本不能算是己之诗。在《深柳斋三集序》中,他又说:

> 说者谓今日无诗,非无诗也,夫人而有诗也,夫人而有诗,皆人其人之诗,而无其诗也。③

认为只要坚持抒写真我性情的原则,那么就是"人而有诗"。因此,他对于有自己风格的诗人总是给予充分的肯定。如在《江深父五一草序》中赞扬江深父诗"至澹至绮",在《爵冈诗自选序》中赞其诗"涤空孤诣,容与澹涵",在《贺仲来诗集序》中赞叹贺仲来诗"盖融液汉魏初盛,而清真峭邃,时出心性语",在《水署闲吟序》

---

① （明）王思任:《王季重十种》,第39—40页。
② （明）王思任:《王季重十种》,第25页。
③ （明）王思任:《王季重十种》,第67页。

中赞叹夏阳镇的诗"豪隽疏飘，遒逸峭上"①。与陶望龄一样，王思任虽然批判模拟古人，但并不反对向古人学习，他认为应该学古但又不落入古人窠臼。因此，在《倪翼元宦游诗序》中，他对倪翼元学习古人，但又不似古人，而有自己风格的诗大为赞扬：翼元诗于"钱、刘、岑、孟之间，而又不以钱、刘、岑、孟著，皆翼元所自为诗……是以其诗和平正大，开爽精灵……不但天衢享阔，而名在后世者，亦宏远甚矣!"②

在文学实践中，王思任同样力求在师法前人的基础上形成独特的个性风格。其《自叙年谱》载万历十四年（1586），王思任十二岁时，"诣教授新昌俞公，乞惜阴歌，随袖袁公安会墨请教，俞公一一圈示，谈其布格运思之奇。归而自失，静味之三日，觉胎骨抖然一换"③。他虽然学习袁宏道等人的作文之法，但绝不会亦步亦趋，满足于仿效、模拟，而是"静味之三日"，终于达到"胎骨抖然一换"的境地。因此王思任所作诗文虽与当时风靡天下的公安、竟陵等流派有千丝万缕的联系，却终究能形成自己独特的风格。钱谦益在《列朝诗集小传》中说："（王诗）钟、谭之外又一傍派也。"④ 陈继儒在《王季重〈拟存〉叙》中曰："已读其《观海》《灵谷》诸诗，骨干风姿，出之俱异想，咀之俱异趣，异人也哉!"⑤ 陶望龄为王思任的时文集《及幼草》作序时也称赞："王比部季重弱冠登第，博古长诗文。近代诗家尚同工剽，不敢己出一新语，用一新事。而予所见季重赠客诗，独广大富有，略类长公。至其余，勇胜技溢，为轻生言，亦殚理究情，恣出无方。"⑥ 王思任自己也将友人寅侯对他的评价"与公安竟陵不同衣饭，而各自保暖"⑦，引为知己之论。正是这样的艺术追求，成就了王思任在晚明小品文领域的超然地位。

---

① （明）王思任：《王季重十种》，第 39、76、79、80 页。
② （明）王思任：《王季重十种》，第 26 页。
③ 《王季重先生自叙年谱》，第 294 页。
④ （清）钱谦益：《列朝诗集小传·丁集·王金事思任》，第 575 页。
⑤ （明）陈继儒：《晚香堂小品》卷 11，上海杂志公司 1936 年版，第 209 页。
⑥ （明）陶望龄：《歇庵集》卷 4，第 253 页。
⑦ （明）王思任：《王季重十种·心月轩稿序》，第 61 页。

王思任还将追求独特个性的意识引入到文体领域，扩展到对小品文文体的认知。他在《唐诗纪事序》中说：

> 一代之言，皆一代之精神所出，其精神不专，则言不传。汉之策，晋之玄，唐之诗，宋之学，元之曲，明之小题，皆必传之言也。①

王思任认为：就个人而言，文学创作应"言己"，形成自己的特色；扩而广之，于时代而言，则应该反映一个时代特有的精神风貌。他把明朝的小题与汉赋、晋玄、唐诗、宋词、元曲相提并论，肯定了明代小品文独有的特色，以及在文学史上的突出地位。这种自信源于对自己和同时代人风貌和文采的肯定，同时也表明他反对复古模拟的态度。王思任的这个观点和李贽在《童心说》里的看法基本是一致的。李贽说，"诗何必古选，文何必先秦。降而为六朝，变而为近体；又变而为传奇，变而为院本，为杂剧，为《西厢曲》，为《水浒传》，为今之举子业，皆古今至文，不可得而时势先后论也。"② 时代在改变，最能代表一代精神风貌的文体也在变迁。王思任敏锐地感受到小品文必将成为明代最有代表性的文体，因而倾注全力，积极投身于小品文的创作中。

王思任的小品文，样式极为丰富，但最具特色、最为后人叹赏的是他的山水小品，大多可见于其所作《历游记》和《游唤》中。阳明心学中追求个性解放、洒落自在的内在倾向，与山水自然有着天然的趋同性，王阳明就性极爱山水。在心学的熏染下，"比起前代来，晚明文人不但只是一般的好游，更进而耽于山水，好游成癖，甚而成痴。山水之癖是以山水景物为'自娱娱人'之极的表现，面对山光水色，表现出如醉如痴的极端状态。这是前所未有后所罕见的现象"③。袁宏道、袁

---

① （明）王思任：《王季重十种》，第 78 页。
② 《李贽文集·焚书·童心说》，第 92 页。
③ 周振鹤：《从明人文集看晚明旅游风气及其与地理学的关系》，《复旦学报》（社会科学版）2005 年第 1 期。

中道、陶望龄、陈继儒、钟惺等都是极度好游的代表。袁宏道曾说："恋躯惜命，何用游山？且而与其死于床第，孰若死于一片冷石也。"① 陶望龄也是"性喜临泛，往往旬日不休。崎岖跋履，初不言倦。每见林薄蓊翳，清溪潆洄，则解衣盘薄，嗒焉忘返。或至山水奇绝之处，则摄衣而登，褰衣而涉，践苔扪萝，凌绝危磴"，从游者战栗却步，他却"翩然独诣，境穷后返"②。在这样的社会风气引领下，王思任同样是好游成癖，平生足迹广布大江南北。汤显祖说他"往来燕越间，起禹穴、吴山、江、海、淮、沂，东上岱宗，西逸太行，归乎神都。所游目，天下之股脊喉腮处也。英雄之所躔，美好之所铺，咸在矣"③。王思任在《徐伯鹰天目游诗纪序》也自言：

> 尝欲佞吾目，每岁见一绝代丽人，每月见一种异书，每日见几处山水，逢阿堵举却，遇纱帽则逃入深竹，如此则目著吾面不辱也。

晚明士人追求人性解放，无不爱享受美好的事物，王思任也不例外。但有意思的是，从这段文字可知：对于王思任而言，绝代丽人一岁一见即可，异书每月一见即可，唯独山水，却是每日须见几处。由此可见他对山水的癖好到了何等程度。个中缘由，正如他引友人徐伯鹰语："色易衰，书易倦，无斁无妒，世间惟山水。"④ 他的理想生活是"随其心之所及，买天缝地，挝山邀水"⑤。而他对山水的热爱并非只是感性的体验，更是融入了哲意的思索。他在《游唤序》中说：

> 天地定位，山泽通气，事毕矣，而又必生人，以充塞往来其间，则人也者，大天、大地、大山、大水之所托以恒不朽者也。

---

① 《袁宏道集校笺·开先寺至黄岩寺观瀑记》，第 1144 页。
② （明）陶望龄：《歇庵集·附录一·先兄周望先生行略》，第 658 页。
③ 《汤显祖全集·王季重小题文字序》，第 1135 页。
④ （明）王思任：《王季重十种》，第 51 页。
⑤ （明）王思任：《王季重十种·名园咏序》，第 21 页。

人有两目，不第谓其昼视日，夜视月也；又赋之两足，亦不第欲其走街衢田陌，上长安道已也。瓦一压而人之识低，城一规而人之魄狭。天之下三山六水，土处一焉。一土之中，蠕蠕攘动，以尽其疆场，是恶能破蜂之房，而出蚁之穴耶？……夫天地之精华，未生贤者，先生山水。故其造名山大川也，英思巧韵，不知费几炉冶，而但为野仙山鬼蛟龙虎豹之所啸据，或不平而争之，非樵牧则缁黄耳。而所谓贤者，方如儿女子守闺阃，不敢空阔一步。是蜂蚁也，尚不若鱼鸟，不几于负天地之生，而羞山川之好耶？①

这篇文字道出王思任的山水情结以及他撰写游记小品的目的与意义。王思任认为："人"乃是"大天、大地、大山、大水之所托以恒不朽者也"，天地为人创造了双目、两足，其目的就是让人感知世界，造访名山大川；倘若蜗居于狭小之所，则有负天地造化，同时也是违背人性的。因此，在王思任看来，欣赏山水乃是人的本性所需。这一思想，同样与他深受心学濡染有关。杨梅在《略论王思任游记的人文性》一文中指出："王思任受心学的影响，认为观览是人性所需，它满足了人精神方面的基本需求。因此在其游记中通过山水中名人足迹、碑文刻字的找寻，及在描摹山水时加入一些历史记闻、神话传说和对人情世态、民俗的描述，来突出景观的人文性，并使用修辞手法使一些景物人格化。而且在其游记中突出了对与人性相通的'情'与'趣'的追求。"②

正因王思任将游历名山大川视为是人性的自然追求，所以在他的游记小品文中，读者多能体味到作者置身于山水中的物我两忘、欢喜无限的精神境界。如《剡溪》开篇：

将至三界址，江色狎人，渔火村灯，与白月相上下，沙明山

---

① （明）王思任：《王季重十种》，第20—21页。

② 杨梅：《略论王思任游记的人文性》，《乐山师范学院学报》2006年第1期。

静，犬吠声若豹，不自知身在板桐也。①

"板桐"即指船。在作者的笔下，江岸闪烁摇曳的渔火，星星点点的村灯，与夜幕中的白月上下辉映，更兼沙明山静，猸猸犬吠打破了夜的寂静，却更反衬出夜的寂静。作者在不知不觉中将自己融入这幽静的景象中，浑然忘记了身在何处。再如在《南明》的篇末，王思任写道：

> 熟看大枫树，若至深秋，便如万点朱砂，映发出土绣绿。小桥红寺，骑驴至此，或当醉心绝倒，亦直得号天泣地也。②

深秋奇丽的景致令作者无限沉醉，几乎无以言表，所以不禁用了"醉心绝倒""号天泣地"这样极具感情色彩的语词，从中显露了王思任对山水的一往情深。且这深情正如伯牙之于钟子期，是一种镂心刻骨的知己之情，是自己内心最深处的人性追求与天地万物相映发的极致欢欣之情。在王思任眼中，当人徜徉于自然山水中时，人与天与地是合而为一的，这种物我交融的境界，确实是很难用语言来表达的。他在《游唤·纪游》中感慨道：

> 至于鸟性之悦山光，人心之空潭影，此即彼我共在，不相告语者。今之为告语，亦不过山川之形似，登涉之次第云耳。嗟乎！游何容易也，而亦何容易告语人也！③

唐代诗人常建《题破山寺后禅院》诗中有"山光悦鸟性，潭影空人心"之句，极为后人叹赏。王思任的这段文字则强调这种人与天地自然共存共在、交相融汇的境界，是绝非能用语言形象鲜明地表达

---

① （明）王思任：《王季重十种》，第108—109页。
② （明）王思任：《王季重十种》，第110页。
③ （明）王思任：《王季重十种》，第107—108页。

出来的。又像他在《石门·青田》结尾所言：

> 夫游之情在高旷，而游之理在自然，山川与性情一见而洽，斯彼我之趣通。①

他把山川视为毕生知己，意趣想通，一见倾心，故而也能领略它们的大美。前人给予王思任的山水小品极高的评价。陆云龙在《翠娱阁评选王季重先生小品叙》中说："而其借灵山川者，又非山川开其心灵，先生直以片字镂其神，辟其奥，抉其幽，凿其险，秀色瑰奇，踞其巅矣。"② 陈继儒在《晚香堂小品·王季重〈游唤〉序》中也有类似评语："王季重笔悍而神清，胆怒而眼俊，其游天台、燕荡诸山，时懦时壮，时嗔时喜，时笑时啼，时惊时怖，时呵时骂，时挺险而鬼，时蹈虚而仙。"③ 汤显祖评价王思任的游记："故其为文字也，高广其心神，亮浏其音节。精华甚充，颜色甚悦。缈焉者如岭云之媚天霄，绚焉者如江霞之荡林樾。"④ 张岱则说："笔悍而胆怒，眼俊而舌尖，恣意描摹，尽情刻画。"⑤ 王思任的山水小品之所以能取得这样的艺术效果，在很大程度上就是因为作为创作主体的作者对于山川这一审美对象投注了无限深情。

除山水小品外，王思任其他样式的小品文如序跋、尺牍、铭传等，也都不蹈袭前人，求真求创，不拘格套，自有一种清新气息，令人耳目为之一新。他的小品文创作从精神气质看，与王学之泰州学派推崇"赤子之心"，反对拘制人性，追求天机自得，是一脉相承、契合无间的。也正因此，他的小品文被赋予了极其鲜明的个性，在公安派的"性灵"与竟陵派的"幽深孤峭"之外，别树一帜，特然独立。

---

① （明）王思任：《王季重十种》，第 133 页。
② （明）陆云龙等选评：《明人小品十六家》（下），浙江古籍出版社 1996 年版，第 651 页。
③ （明）陈继儒：《晚香堂小品》卷 13，第 260 页。
④ 《汤显祖全集·王季重小题文字序》，第 1135 页。
⑤ （明）张岱：《琅嬛文集·王谑庵先生传》，第 193 页。

第三节　张岱：得其真，得其近

　　张岱（1597—1684）字宗子，号陶庵、蝶庵等，山阴人。张岱的小品，主要萃于《琅嬛文集》和《陶庵梦忆》《西湖梦寻》中。《琅嬛文集》中的文体，传、记、序、跋、书、檄、铭、赞均有；内容则以传人、论诗、品文、评史为主，集中体现张岱的诗文创作原则和主张，反映他的审美理想和追求。张岱的小品文取得极高的文学成就，被誉为"晚明散文的最后一位大家和集大成者"①、"绝代散文家"②。同时，他也是明清之际一位重要的阳明学者。

　　山阴张氏一族，自张岱高祖张天复始，便逐渐靠近、接受阳明心学。张天复字复亨，号内山，嘉靖二十六年（1547）进士，深受南中王门代表人物徐阶赏识，与其过从甚密。张天复与徐渭是县学同学，曾为营救徐渭出狱不遗余力。张岱曾祖张元忭字子荩，别号阳和，又号不二斋，隆庆五年（1571）状元，授翰林院修撰，是浙中王门的重要人物。元忭十七岁时，即以气节自负，闻杨继盛死，"设位于署，为文哭之，悲怆愤鲠，闻者吐舌"③。初宗朱子学，后闻阳明致良知说，恍若有悟，喟然叹曰："学在是矣！"自是从王畿游，学宗阳明，日究心学④。黄宗羲《明儒学案》云：元忭之学，"从龙溪得其绪论，故笃信阳明四有教法。"⑤但张元忭对阳明心学并非原封不动地接受，而主张以朱学的实际功夫补救王学之空疏，"每病世之学文成者多事口耳，乃以力行矫之"⑥，故《明史》谓其"矩矱俨然，无流入禅寂之弊"⑦。张元忭与徐渭的关系非常密切，二人都是

---

　　① 章培恒、骆玉明：《中国文学史》（下），复旦大学出版社1997年版，第305页。
　　② 胡益民：《张岱评传》，南京大学出版社2002年版，第292页。
　　③ （明）张岱：《琅嬛文集·家传》，第158页。
　　④ 《张元忭集》，第14页。
　　⑤ 《黄宗羲全集》第7册，《明儒学案·浙中王门学案五·侍读张阳和先生元忭》，第369页。
　　⑥ 《张元忭集》，第7页。
　　⑦ 《明史》，第7289页。

王畿的学生，实属同门。元忭经常接济困顿中的徐渭。徐渭因杀继室张氏而坐牢七年，全靠天复、元忭父子竭尽全力营救才得以出狱，是故徐渭自著《畸谱》，将他们作为恩人记入《纪恩》栏中。张岱祖父张汝霖字肃之，号雨若，元忭长子，朱赓之婿，万历二十三年（1595）进士，授清江令，迁兵部主事。张汝霖"幼好古学，博览群书"，"励精古学，不肯稍袭占毕以冀诡遇"①。他接受了父辈传承下来的心学思想，并与陈继儒、陶奭龄、黄汝亨等过从甚密。在家族中，张岱受祖父的影响非常大，无论是《四书遇》中，还是他的诗文集中，都有许多谈及祖父的内容。比如，在《四书遇》中，张岱说：

> 家大父曰：心体中打叠得干净，圣贤学问工夫，自一了百当。②

他还在《四书遇序》中说：

> 余幼遵大父教，不读朱注。凡看经书，未尝敢以各家注疏横据胸中。正襟危坐，朗诵白文数十余过，其意义忽然有省。间有不能强解者，无意无义，贮之胸中，或一年，或二年，或读他书，或听人议论，或见山川云物，鸟兽虫鱼，触目惊心，忽于此书有悟。

这种注重独立思考、主体感悟和外物感发的思维方式，显然正源于心灵的虚静和人格的脱俗。他的《四书遇》就是"直于途次之中邂逅遇之"的"石火电光，忽然灼露"③。可以说，他的价值取向、治学方法、文艺思想及生活方式都有张汝霖的痕迹。张汝霖还让自己

---

① （明）张岱：《琅嬛文集·家传》，第160—161页。
② （明）张岱：《四书遇》，浙江古籍出版社1985年版，第540页。
③ （明）张岱：《四书遇·自序》，第1页。

的几个儿子，包括长子，即张岱之父张耀芳，皆拜黄汝亨为师。至张岱，山阴张氏已五世与阳明心学密切关联。张岱曾云："总见心学不可少有间断。"① 这是他对心学绵延不绝的期盼，也是自己家族世代与心学一脉气味相投的真实写照。阳明心学对张岱的影响是深远且复杂的，有学者归纳："张岱一生接受阳明心学的影响是多方面的，随着年龄和生活环境的变化，其接受心学的影响也有内涵深浅表现的不同。四十八岁以前，主要是受家庭名士风气及阳明后学率性而行，追求个性平等的思想影响较多，表现在生活上追求声色之好，追求同伴，寻求知己的友道思想；后期随着生活环境的改变，则是重在格物致良知的修养和忠贞行为操守的履践。张岱受阳明心学的影响，一方面是对阳明心学的继承和实践；另一方面，他虽然宗王，但不是事事处处尊王，不诉诸权威，以己之心所得独立见解，深得阳明心学之精髓。"②

张岱所生活的明末清初，王学已经式微，不少主张经世致用的学者不满王门后学的空疏，纷纷采取全盘否定的态度，而张岱不以为然。他极其推崇王阳明，称：

> 阳明先生创良知之说，为暗室一炬。③

充分肯定阳明心学在古代思想史上的重要地位。他将王阳明置于《有明于越三不朽图赞》之首，称扬道：

> 圣学渊源，必宗邹鲁。良知良能，孟氏是祖。訾为异端，人皆聋瞽。不朽兼三，历爵臻五。既列勋臣，复祀两庑。人皆妒之，遂多簧鼓。吾论姚江，窃效韩愈。引导之功，不下大禹。④

---

① （明）张岱：《四书遇·孟子》，第 565 页。
② 佘德余：《张岱与阳明心学》，《绍兴文理学院学报》2017 年第 2 期。
③ （明）张岱：《石匮书》，《续修四库全书》，史部，第 319 册，第 350 页。
④ （明）张岱：《越中三不朽图赞》，绍兴印刷局 1918 年版，第 1 页。

他认为阳明秉承儒学渊源，创建了立德、立功、立言的三不朽宏业，对于世人的引导之功不下于大禹治水，却也因此招致妒恨，被訾为异端。在张岱所著的《有明于越三不朽图赞》《石匮书》《快园道古》《夜航船》和《四书遇》等著作中，皆有对王阳明言论的记述及评价，尤其是《四书遇》，可以说是全面继承了晚明阳明学派对《四书》义理的体悟和实践。他的《四书遇》"就是一部以'阳明心学'作为诠释'四书'的著作，阳明心学的主要内容包括'心即理''知行合一''致良知'等理论，在其《四书遇》中都得到了全面的继承"①。在《四书遇》中，张岱还广泛引用了王畿、罗汝芳、杨起元、李贽、张侗初、管志道、焦竑、周汝登等众多阳明学者的观点来阐释自己对《四书》的见解。

张岱受徐渭、陶望龄和王思任的影响也非常大。对于和张氏三代相交的徐渭，张岱有着极深的崇拜之情，并编辑《徐文长逸稿》。其《琅嬛诗集序》云："向年余老友吴系曾梦文长说余是其后身，此来专为收其佚稿。"②《徐文长逸稿》成书于天启三年（1623），彼时张岱二十七岁，其祖父张汝霖在序中说："余孙维城，蒐其佚书十数种刻之，而欲余一言弁其端。"③王思任在序中也说："而张文恭父子雅与文长游好，闻见既多，笔札饶办。其孙宗子，箕裘博雅，又广蒐之，得逸稿分类如干卷。"可见《徐文长逸稿》由张岱搜集编纂，张汝霖、王思任校阅成书，而《四库全书总目提要》误以为张汝霖、王思任编纂。关于此书的编辑，王思任在序中说得很清楚："是集也，经予雠阅者什三。予有搏虎之思，止录其神光威沈，欲严文长以爱文长；而宗子有存羊之意，不遗其皮毛齿角，欲仍文长以还文长。谋不同而道自合。"④王思任主张对搜集到的材料严加选择，但张岱出于对徐渭的强烈钦慕之情，则要把所有的材料全部编进集内。张岱的个性、思想和诗文可以说都直接或间接地受到徐渭的巨大影响，虽然张

① 佘德余：《张岱与阳明心学》，《绍兴文理学院学报》2017 年第 2 期。
② （明）张岱：《琅嬛文集》，第 63 页。
③ 《徐渭集》，第 1349 页。
④ 《徐渭集》，第 1351 页。

岱的诗文后来形成了自己的面目，但他还是说自己是"不必学文长而似文长之宗子"①，并数次自豪地宣称自己"是其后身"，说明徐渭的影响已深入张岱生命的底层②。张岱幼年多病，为外祖父陶允嘉收养，而陶允嘉正是陶望龄从兄，陶望龄即是张岱从外祖。张岱曾祖父张元忭也和陶望龄有交往，陶望龄曾作《张浮峰先生遗稿序》。张岱对陶望龄的道德文章深为仰慕，其著作《石匮书》《石匮书后集》的命名，也和陶望龄号"石篑"（又作"石匮"）有很大关系。王思任与张汝霖为万历二十三年（1595）的同科进士，二人既是同乡，又是同年，因此感情甚好，来往密切，结下世交。张岱称王思任为"年祖"，对其十分尊敬，在诗文中曾多次提及王思任，现存张岱集中保留有《与王谑庵年祖》《王谑庵先生传》《王季重先生像赞》等文。而在《祭周戬伯文》中，张岱写道："余好古作，则有王谑庵年祖、倪鸿宝、陈木叔为古文知己"③，可见，对于张岱来说，王思任既是一位尊敬的长辈，更是一位惺惺相惜的文字知己④。张、王两家来往频繁，张岱经常得到王思任的指教。张岱十七岁时，搜集整理《徐文长佚稿》，未能领略王思任"选青藤文，如拾孔雀翎；只当拾其金翠，弃其羽毛"的教导，贪多求全，后来随着人生阅历的丰富和思想的逐渐成熟，意识到"颇多率笔，意甚悔之"⑤，重新整理，经王思任删削，获得成功。

张岱的哲学思想集中体现在《四书遇》中。受阳明心学的影响，在本体论上，张岱秉持心为本体，主张："圣人论人，必论其心"⑥，"大抵圣贤教人，只在心上做工夫，不在外边讨求"⑦，"千古圣人道脉只是一'知'，'知'便彻天彻地，心口不传而道以传，特就当世异世分个见闻耳。其实见知不属面承，闻知不关耳受；面承耳受之知

---

① （明）张岱：《琅嬛文集·琅嬛诗集序》，第 63 页。
② 张则桐：《张岱与徐渭》，《中国典籍与文化》2002 年第 3 期。
③ （明）张岱：《琅嬛文集》，第 274 页。
④ 游奇伟：《王思任的选文理论及其对张岱的影响》，《科技风》2008 年第 24 期。
⑤ （明）张岱：《琅嬛文集·王谑庵年祖》，第 139 页。
⑥ （明）张岱：《四书遇·论语》，第 177 页。
⑦ （明）张岱：《四书遇·论语》，第 265 页。

有限，圣人传心之知无穷"①。他认同张侗初的观点："认得本心，一生更无余事。"② 又引用张元岵的话说："世人看得天命之性，正不知何等玄微，全不从自心料理，孟子直就心中指出，总见衣里有珠，不消向外求乞。"③ 张岱的"心"即是"性"，也即是"良知"，具有本体地位，五德具全，所谓："性生天、生地，故可以赞天地之化育。天地万物依我性而立，我性不依天地万物而立，故与天地万物并立而为三。"④

张岱的文学观念同样深受阳明心学的影响。他推崇"冰雪"人格，追求狂者风范，认为这种理想人格和风范源于学者心胸纯净，光明超脱，不为世俗社会熏染和物欲遮蔽。他在《芙蓉石》中说："其胸次不净，总一般不得'狂'"⑤。因此，他论诗评文也主张要有"冰雪之气"："盖文之冰雪，在骨在神，故古人以玉喻骨，以秋水喻神，已尽其旨；若夫诗，则筋节脉络，四肢百骸，非以冰雪之气沐浴其外，灌溉其中，则其诗必不佳。"⑥ 进而崇尚空灵，认为"世间山川、云物、水火、草木、色声、香味，莫不有冰雪之气；其所以恣人挹取受用之不尽者，莫深于诗文。盖诗文只此数字，出高人之手，遂现空灵；一落凡夫俗子，便成臭腐。此其间真有差之毫厘，失之千里"⑦，"故诗以空灵才为妙诗"⑧。而他所崇尚的空灵，又并非"率意顽空者"，而是必须以"坚实"为空灵的基础："天下坚实者空灵之祖，故木坚则焰透，铁实则声宏。"⑨ 所以他又推崇真实切近。这样的美学追求，体现在他的创作实践中，就使他的小品既世俗又儒雅，既真

---

① （明）张岱：《四书遇·孟子》，第 578 页。
② （明）张岱：《四书遇·孟子》，第 540 页。
③ （明）张岱：《四书遇·孟子》，第 532 页。
④ （明）张岱：《四书遇·中庸》，第 50 页。
⑤ （明）张岱：《四书遇》，第 144—145 页。
⑥ （明）张岱：《琅嬛文集·一卷冰雪文后序》，第 54 页。
⑦ （明）张岱：《琅嬛文集·一卷冰雪文序》，第 19 页。
⑧ （明）张岱：《琅嬛文集·与包严介》，第 152 页。
⑨ （明）张岱：《琅嬛文集·跋可上人大米画》，第 213 页。

切，又"有一种空灵晶映之气，寻其笔墨，又一无所有"①。

张岱还推崇"率性""自然"。他认为，吾人处世所倚恃的是一元的"仁心"即"良知"，而"良知"出自"率性"，所以唯有"率性"者方能具有"仁心""良知"："仁者，人也。天命之性，天而人者也。合而言之，道也。率性之道，人而天者也。"② 他认为率性不仅是"人而天者也"，而且是一种美，一种基本人格的价值取向。因此，他主张"物性自遂""己性自遂"。他在游杭州云栖寺时，见到鸡、鹅、豚、羖等动物"共牢饥饿，日夕挨挤，堕水死者不计其数"，便再三要求僧人莲池"撤禁"；在西湖放生池边，他又对"鱼牢幽闭，涨腻不流，刿鬐缺鳞，头大尾瘠"的现象大为不满，激愤地指出："鱼若能言，其苦万状。以理揆之，孰若纵壑开樊，听其游泳。"③ 并进一步引用陶望龄的《放生池》诗，表达自己平等贵生、"物性自遂"的思想。同时，张岱对王畿的率真自然论非常推崇，在《四书遇》中引用王畿语达十处之多，主张保持"本来真头面"，反对模拟伪饰。在《论语·为儒章》中，他先引用王畿语："王龙溪曰：从来圣人自出手眼，何尝有样子学得来？凡依傍样子者，毕竟不是大人。"继而认为模仿之后的结果是："真小人即假君子，伪中行乃真乡愿，欺歉唯其所造，非明眼人莫辨。"④ 在《论语·狂直章》中，他又说："明是诈伪之人，又借一种假狂简、假老实以掩饰之，则较之本色雕斫之人又更险矣，岂不可恶！天生丑妇，裙布荆钗，有何可恶？搽脂抹粉，乔装打扮，效颦娇痴，然后可恨。"⑤ 他反对以作伪、乔装来掩饰事物的自然面目，认为做人做事都要有自己的特点、本色。为人如此，为学自然也是如此。在《孟子·自得章》中，张岱再次引用王畿语来说明为学不依傍门户的可贵："王龙溪曰：学贵自信自立，不是倚傍世界做得的，求自得而已。自得之学，居安则

---

① （明）张岱：《西湖梦寻·祁豸佳序》，北京出版社2004年版，第3页。
② （明）张岱：《四书遇·中庸》，第21页。
③ （明）张岱：《西湖梦寻·放生池》，第98页。
④ （明）张岱：《四书遇·论语》，第157页。
⑤ （明）张岱：《四书遇·论语》，第202—203页。

动不危，资深则机不露，左右逢源，则应不穷，见在流行，随处平满。"接着他批评依傍门户者："从门入者不为家珍，庄老不必论，申韩卑卑名实之间，中有独得，故持之弥坚，言之弥确，见诸天下国家都是成效。吾儒大而无用，只为倚门傍户，体既不真，用亦不实。"① 在《论语·温故章》中，他又引邓定宇的话说："为学须翻窠倒臼，如医之用方，兵之用法，依傍人不得。必须从旧纸堆中翻出新意见来，方可以为人师。"② 在张岱看来，保持"真我"，这是最重要、最根本的为人、为学的基点。

在文学创作中，张岱同样反对虚伪、乔装、掩饰，推崇本色自然，认为"食龙肉谓不若食猪肉之味为真也，貌鬼神谓不若貌狗马之形为近也"，文章"何论大小哉！亦得其真、得其近而已矣"③。指出拟古的诗文犹如食龙肉和貌鬼神一样，虚无缥缈，创作的要义在于"真"和"近"。因此，他为文作诗，主张要自出手眼，不落依傍，反对模仿他人，随波逐流。这一观点，在《又与毅儒八弟》一文中阐述得尤其透彻明快：

> 前见吾弟选《明诗存》，有一字不似钟谭者，必弃置不取。今几社诸君子盛赞王李，痛骂钟谭；而吾弟选法又与前一变，有一字似钟谭者，必弃置不取。钟谭之诗集，仍此诗集；吾弟手眼，仍此手眼。而乃转若飞蓬，捷如影响，何胸无定识，目无定见，口无定评，乃至斯极耶？……吾弟勿以几社君子之言横据胸中。虚心平气，细细论之，则其妍丑自见，奈何以他人之好尚为好尚哉！况苏人极有乡情，阿其前辈，见世人趋奉钟谭，冷淡王李，故作妒妇之言，以混人耳目。吾辈自出手眼之人，奈何亦受其溷乱耶？且吾浙人极无主见，苏人所尚，极力摹仿。如一巾帻，忽高忽低；如一袍袖，忽大忽小。苏人巾高袖大，浙人效

---

① （明）张岱：《四书遇·孟子》，第467—468页。
② （明）张岱：《四书遇·论语》，第89页。
③ （明）张岱：《琅嬛文集·张子说铃序》，第20页。

之；俗尚未遍，而苏人巾又变低，袖又变小矣。故苏人常笑吾浙人为"赶不着"，诚哉其赶不着也！不肖生平崛强，巾不高低，袖不大小，野服竹冠，人且望而知为陶庵，何必攀附苏人，始称名士哉？故愿吾弟自出手眼，撇却钟谭，推开王李。毅儒、陶庵还其为毅儒、陶庵，则天下能事毕矣。学步邯郸，幸勿为苏人所笑。①

张岱批评八弟张毅儒在选诗的过程中"胸无定识，目无定见，口无定评"，总被时风所左右，主张要有独立的判断、自己的本色，毅然标举"不肖生平崛强"，绝不随波逐流，"人且望而知为陶庵"。他还进而上升至地域文化的层面，认为浙人应彰显自我风格，而不是亦步亦趋于苏人。

出于"求真"的目的，张岱写人"必期酷肖其人"②，"亦得其真、得其近而已矣"③。他作《家传》，说自己"无能为吾高曾祖考另开一生面，只求不失其本面真面笑啼之半面也已矣"。即使是写自己的长辈，张岱也绝不像一般封建文人那样为尊者讳，而是实事求是、瑕瑜互见。例如他认为自己的三叔张尔含"有瑜有瑕"，并进而说："解大绅曰：'宁为有瑕玉，勿作无瑕石。'然则瑕也者，正其所以为玉也，吾敢掩其瑕以失吾三叔之玉乎哉！"④ 他曾记述高祖张天复与曾祖张元忭之间的趣事：

> （高祖天复）归则构别业于镜湖之址，高梧深柳，日与所狎纵饮其中。命一小侯踞树颠，侯文恭（曾祖元忭）舟至，辄肃衣冠待之。去即开门，轰饮叫嚣如故也。⑤

① （明）张岱：《琅嬛文集》，第142—143页。
② （明）张岱：《琅嬛文集·周宛委墓志铭》，第203页。
③ （明）张岱：《琅嬛文集·张子说铃序》，第20页。
④ （明）张岱：《琅嬛文集·家传》，第154—155、168页。
⑤ （明）张岱：《琅嬛文集》，第157页。

寥寥几笔，勾勒出这对父子截然不同的性格，张天复的佻达不羁与张元忭的"矩矱俨然"宛然可见，令人莞尔。张岱又曾记其父亲张耀芳：

> 壮年与朱樵风表叔较食量，每人食肥子鹅一只，重十斤。而先子又以鹅汁淘面，连啜十余碗。表叔捧腹而遁。①

两相对比，把父亲饕口馋舌的情态描绘得淋漓尽致，"捧腹而遁"四字又将表叔的狼狈情状刻画得惟妙惟肖。之所以能达到这样的艺术效果，主要原因就在于他的取材完全基于生活本身，力求表现人物的"本面真面"。在小品文中，张岱同样敢于直面自己，揭示真实的自我，抒发真切的情感。如他在《自为墓志铭》中所写：

> 蜀人张岱，陶庵其号也。少为纨绔子弟，极爱繁华，好精舍，好美婢，好娈童，好鲜衣，好美食，好骏马，好华灯，好烟火，好梨园，好鼓吹，好古董，好花鸟，兼以茶淫橘虐，书蠹诗魔。②

在传统文学作品中，极少能见到有人如此直白地暴露自己，甚至有点寡廉鲜耻的意味。这样的直抒胸臆只有在晚明这样思想叛逆的时代才会出现。阳明心学强调人的主体精神，尊重人的个性发展，因此宋儒所推崇的禁欲主义被逐渐摒弃。像张岱这样在小品文中直接抒发对声色、享乐的追求，在晚明时期已是普遍现象③。

而在品评人物方面，基于"求真"的原则，张岱非常看重"癖"和"疵"。他在《五异人传》开篇写道：

---

① （明）张岱：《琅嬛文集·家传》，第167页。
② （明）张岱：《琅嬛文集》，第199页。
③ 王美伟：《晚明"心式"小品——论心学思想对张岱小品文的影响》，《西南农业大学学报》（社会科学版）2011年第8期。

人无癖不可与交，以其无深情；人无疵不可与交，以其无真气也。①

张岱对这段议论非常满意，在诗文中多次提到。他"以有癖、有疵，为有深情，有真气，为有与众不同的个性，为有傲世刺世的锋芒，这正是晚明文人名士狂狷不羁、玩物玩世的突出表现"。② 他在《自为墓志铭》中所坦陈的种种喜好，即是癖，是疵，而他所传之人，也多有癖，有疵。如《五异人传》中记载：

余家瑞阳之癖于钱，髯张之癖于酒，紫渊之癖于气，燕客之癖于土木，伯凝之癖于书史，其一往深情，小则成疵，大则成癖。五人者，皆无意于传，而五人之负癖若此，盖亦不得不传之者矣。③

其他如祁止祥"有书画癖，有蹴鞠癖，有鼓钹癖，有鬼戏癖，有梨园癖"④；鲁云谷有洁癖，"性极好洁，负米颠之癖，恨烟恨酒，恨人撷花，尤恨人唾洟秽地。闻咯痰声，索之不得，几学倪迂，欲将梧桐斫尽。故非解人韵士，不得与之久交"⑤；王思任有谑癖，"与人谐谑，矢口放言，略无忌惮"，以致"莅官行政，摘伏发奸以及论文赋诗，无不以谑用事"，哪怕"两计两黜"，"人方眈眈虎视"，依然"对之调笑狎侮，谑浪如常，不肯少自贬损"，晚年"逢人仍肆口诙谐，虐毒益盛"⑥。"癖"和"疵"在理学家看来是人成圣成贤过程中的阻力和障碍，但张岱显然认为人的本然状态并不是纯净无染的，"癖"和"疵"也是人性之中合理的组成部分，且还是一个人之所以可贵的地方，它并不会阻碍人成圣成贤，不需要也不能将其

---

① （明）张岱：《琅嬛文集》，第175页。
② 林邦钧：《梦醒寻梦——张岱及其小品文》，《深圳大学学报》（人文社会科学版）2002年第3期。
③ （明）张岱：《琅嬛文集》，第175—176页。
④ （明）张岱：《陶庵梦忆·祁止祥癖》，中华书局2008年版，第80页。
⑤ （明）张岱：《琅嬛文集·鲁云谷传》，第191页。
⑥ （明）张岱：《琅嬛文集·王谑庵先生传》，第193—195页。

克服净尽①。张岱对个人"癖""疵"的推崇，其实即是对张扬个性的肯定。从中我们既可以看到王阳明、王畿、徐渭推崇狂狷品性的影子，也能发现它与陶望龄的"偏至"论的一脉相承之处，还可发现它与袁宏道所说"世人但有殊癖，终身不易，便是名士"② 如出一辙。而从艺术角度来看，也正因为张岱能抓住人物的"癖"和"疵"来着力刻画，将求真的精神贯穿到人物描写当中，才使得他文中的人物千人异面，个个鲜活，人人传神。

张岱之所以浓墨重彩地描写"癖"和"疵"，其主要目的是为了凸显人物的"真气"和"深情"。求真是他审美思想的基础，也是他所标举的"一往深情"的基础。在肯定人的"真气"的基础上，张岱非常注重"深情"的开掘。他在《五异人传》中说："其一往深情，小则成疵，大则成癖"，在这里，"真气"已被"深情"所包容。"一往深情"是张岱在诗文中经常使用的词汇，出现的频率非常高，并涉及不同题材的作品。如"楚生多坐驰，一往深情，摇飏无主"③，"一往深情可奈何，解人不得多流视"④，"奈何呼不已，一往有深情"⑤，"苏子美之读汉书而满举大白，一往深情，余无多让"⑥等。由此可以看出张岱对"一往深情"这个词的钟爱。"一往深情"也是张岱创作动力的源泉，与王思任相似，正是对那些"醉心绝倒"的美的体验，使他产生强烈的创作冲动。他说：

> 余尝见一出好戏，恨不得法锦包裹，传之不朽；尝比之天上一夜好月，与得火候一杯好茶，只可供一刻受用，其实珍惜之不尽也。桓子野见山水佳处，辄呼"奈何！奈何！"真有无可奈何者，口说不出。⑦

---

① 范根生：《张岱心学的思想特质》，《理论界》2018 年第 5 期。
② 《袁宏道集校笺·与潘景升》，第 1597 页。
③ （明）张岱：《陶庵梦忆·朱楚生》，第 102 页。
④ 《张岱诗文集·曲中妓王月生》，上海古籍出版社 1991 年版，第 46 页。
⑤ 《张岱诗文集·西湖三首》，第 74 页。
⑥ 《张岱诗文集·古今义烈传自序》，第 408 页。
⑦ （明）张岱：《陶庵梦忆·彭天锡串戏》，第 107 页。

他要用文字把过去的美留住，所谓"偶拈一则，如游旧径，如见故人，城郭人民，翻用自喜"①，他的《陶庵梦忆》创作的落脚点也正是"一往深情"的审美体验，既有对过往的追忆和体验，也有对现在的把握和玩味。而《西湖梦寻》的创作更为集中地体现张岱"一往深情"的审美情怀。他长期生活在杭州，对西湖及其四周的景色了如指掌，正如王雨谦在《西湖梦寻序》中所说："张陶庵盘礴西湖四十余年，水尾山头，无处不到。湖中典故，真有世居西湖之人所不能识者，而陶庵识之独详；湖中景物，真有日在西湖而不能道者，而陶庵道之独悉。"② 他一直把自己看作西湖的知音，"深情领略，是在解人"③。他笔下的西湖别有韵致，晚年虽与西湖分离，"然西湖无日不入吾梦中，而梦中之西湖，实未尝一日别余也"。张岱之前就有许多文人描写西湖，而张岱描写山水园林重在用自己的内心最深处来领略山水的自然状态，原质原形，原色原味。在《西湖梦寻》里，他以西湖为中心构建自己的审美家园和情感归宿。所以当他看到现实的西湖一片萧瑟凄凉时，不禁写道："而今而后，余但向蝶庵岑寂，蘧榻于徐，惟吾旧梦是保，一派西湖景色，犹端然未动也。"④ 由此我们不难体会到张岱的执着和痴情⑤。这在其名篇《湖心亭看雪》中表现得尤其鲜明：

> 崇祯五年十二月，余住西湖。大雪三日，湖中人鸟声俱绝。是日更定矣，余拏一小舟，拥毳衣炉火，独往湖心亭看雪。雾凇沆砀，天与云、与山、与水，上下一白。湖上影子，惟长堤一痕，湖心亭一点，与余舟一芥，舟中人两三粒而已。
>
> 到亭上，有两人铺毡对坐，一童子烧酒，炉正沸。见余大惊喜，曰："湖中焉得更有此人！"拉余同饮。余强饮三大白而别。

---

① （明）张岱：《陶庵梦忆·自序》，第1页。
② （明）张岱：《西湖梦寻·王雨谦序》，第2页。
③ （明）张岱：《西湖梦寻·明圣二湖》，第3页。
④ （明）张岱：《西湖梦寻·自序》，第9—10页。
⑤ 张则桐：《"一往深情"：张岱散文情感底蕴论》，《浙江社会科学》1999年第3期。

问其姓氏，是金陵人，客此。及下船，舟子喃喃曰："莫说相公痴，更有痴似相公者！"①

作者以白描的手法，运用写意画"取影写神"法和山水画的晕染法，为西湖雪景传神写照，在这过程中作者的性情已融入其中。文中取景由远及近，由物及人。量词"痕""点""芥""粒"，尖新警拔，精巧贴切，其景其物其人，如在目前。而在天、云、山、水"上下一白"的背景下，长堤、湖心亭、小舟兼舟中人，都何其渺小微茫，若实若虚，似已完全消融于天地之间。他是在用灵魂的视角俯瞰湖面，他的笔尖扪摸到了西湖山水的生命脉搏。结尾处舟子的喃喃自语"莫说相公痴，更有痴似相公者"，则为点睛之笔："痴"之一字，关联着前文所说的"癖"和"疵"，更关联着"一往深情"！

晚明心学还把"道"阐述得更为实际细致，不再虚幻缥缈。王艮提出："圣人之道，无异于百姓日用。"② 李贽则说："穿衣吃饭，即是人伦物理；除却穿衣吃饭，无伦物矣。"③ 心学把"道"这种具有复杂性、神秘性的哲学简化为日常生活化的事物，于是在文学领域，晚明文学开始尚俗，小说、戏曲等原来并不为人所重视的文学形式开始大放异彩。张岱的小品文同样把创作重心放在普通人和平凡事上，在普通人中见真性情，在平凡事物的细微处见奇见趣，突破文以载道的传统观念，具有革新精神④。他的小品文记录了晚明社会的方方面面，对当时的文物古迹、茶楼酒肆、歌台舞榭、戏曲声伎、放灯迎神、养鸟斗鸡、打猎阅武、山水风景、园林池沼、奇花异木、工艺书画、饮食烹饪、狭邪妓女等社会生活和风俗人情都有细致的描述。他在《越俗扫墓》中描述：

越俗扫墓，男女袨服靓妆，画船箫鼓，如杭州人之游湖，厚

---

①　（明）张岱：《陶庵梦忆·湖心亭看雪》，第60页。
②　《黄宗羲全集》第7册，《明儒学案·泰州学案一·处士王心斋先生艮》，第835页。
③　《李贽文集·焚书·答邓石阳》，第4页。
④　王美伟：《晚明"心式"小品——论心学思想对张岱小品文的影响》，《西南农业大学学报》（社会科学版）2011年第8期。

人薄鬼，率以为常……虽监门小户男女，必用两坐船，必巾，必鼓吹，必欢呼畅饮。下午必就其路之所近，游庵堂、寺院及士夫家花园。鼓吹近城，必吹《海东青》《独行千里》，锣鼓错杂。①

反映了当时的祭祀风俗。他写竞渡龙船：

> 瓜州龙船一二十只，刻画龙头尾，取其怒；旁坐二十人，持大楫，取其悍；中用彩篷，前后旌幢绣伞，取其绚；撞钲挝鼓，取其节；艄后列军器一架，取其锷；龙头上一人足倒竖，戏跂其上，取其危；龙尾挂一小儿，取其险。②

感情充沛，文采四溢，用墨酣畅，围绕"怒""悍""绚""节""锷""危""险"七字落笔，龙舟的形象鲜明突兀，如同浮雕突现在读者的面前。此外，记载各地风俗的小品文还有《绍兴灯景》《闰元宵》《西湖七月半》《虎丘中秋夜》《秦淮河房》《扬州清明》等。所记风土民俗就地域而言遍及绍兴、杭州、南京、扬州、苏州、镇江、兖州、泰安等江南大地，就内容而言林林总总，琳琅满目，使人目不暇接。文学大家或不愿涉及的日常题材，被张岱以生花妙笔，写得真切动人，兴味益然，并且借此抒发人生感悟，寄托哲思理趣。张岱的人物传记则注重描写社会底层人物，在他的小品文中有许多描写精彩的小人物。如《诸工》中的一段描写：

> 竹与漆与铜与窑，贱工也。嘉兴之腊竹、王二之漆竹、苏州姜华雨之篾篹竹、嘉兴洪漆之漆、张铜之铜、徽州吴明官之窑，皆以竹与漆与铜与窑名家起家，而其人且与缙绅先生列坐抗礼焉。则天下何物不足以贵人，特人自贱之耳。③

---

① （明）张岱：《陶庵梦忆》，第14页。
② （明）张岱：《陶庵梦忆·金山竞渡》，第99页。
③ （明）张岱：《陶庵梦忆》，第87页。

全文仅89个字，把人无贵贱、皆可为圣贤这一具有心学思想的主题表现得明确直白。关于人最初的状态，张岱在《四书遇》中引用杨起元语来阐发人最初本性是好的，即"人本来个个豪杰，个个圣贤"，只是后天的原因才会有一些"不长进之事"：

> 杨复所曰："其初"两字，最可玩味，人之本来个个豪杰，个个圣贤，世上多少龌龊下流不长进之事，都是后来增入。今不忘其初，所以能进取也。若一忘其初，便视古人如天上矣，尚敢进而取之乎？……救世君子所以思狂思狷，正要与吾党共鼓舞庶民。庶民既兴，野夫游女皆有志气骨力，那阉媚风气如云雾之消散，何独一二乡愿？故曰"斯无邪慝矣"。可知今日奄奄不振，只是世无大力君子。①

因此他深入社会下层，结识了许多胸次纯净、有才有德却被埋没的人。他笔下的人物，有说书先生、戏曲艺人、竹雕工匠、勾栏妓女、村镇医生、落魄文士，等等。张岱满怀深情地赞誉他们的胸次、美德与才能。如描写南京竹雕艺人濮仲谦：

> 南京濮仲谦，古貌古心，粥粥若无能者，然其技艺之巧，夺天工焉。其竹器，一帚一刷，竹寸耳，勾勒数刀，价以两计。然其所以自喜者，又必用竹之盘根错节，以不事刀斧为奇，则是经其手略刮磨之，而遂得重价，真不可解也。仲谦名噪甚，得其一款，物辄腾贵。三山街润泽于仲谦之手者数十人焉，而仲谦赤贫自如也。于友人座间见有佳竹、佳犀，辄自为之。意偶不属，虽势劫之、利啖之，终不可得。②

形象地把明代金陵派竹刻大家濮澄技艺超群，但又超然不为名利

---

① （明）张岱：《四书遇·孟子》，第576页。
② （明）张岱：《陶庵梦忆·濮仲谦雕刻》，第20页。

所累，甘于清贫的个性和人品描绘出来。再如写调腔女艺人朱楚生：

> 楚生色不甚美，虽绝世佳人，无其风韵。楚楚谡谡，其孤意在眉，其深情在睫，其解意在烟视媚行。性命于戏，下全力为之。曲白有误，稍为订正之，虽后数月，其误处必改削如所语。楚生多坐驰，一往深情，摇飏无主。一日，同余在定香桥，日晡烟生，林木窅冥，楚生低头不语，泣如雨下。余问之，作饰语以对。劳心忡忡，终以情死。①

热情赞美朱楚生"性命于戏，下全力为之"，对戏曲倾注全部心智与精力的艺术热情，并对她"终以情死"的人生结局表达了深切的感伤和同情。又如写秦淮名妓王月生，姿容出众，"面色如建兰初开，楚楚文弱"，能书善画，又知音律，虽出身朱市，却竭力维持自己的尊严，"寒淡如孤梅冷月，含冰傲霜，不喜与俗子交接"②。园艺家金乳生虽然"弱质多病"，但酷爱种植花草，勤于护养，"早起，不盥不栉，蒲伏阶下，捕菊虎，芟地蚕，花根叶底，虽千百本，一日必一周之"，"事必亲历，虽冰龟其手，日焦其额，不顾也"③。又如《柳敬亭说书》写道：

> 南京柳麻子，黧黑，满面疤瘰，悠悠忽忽，土木形骸，善说书。一日说书一回，定价一两。十日前先送书帕下定，常不得空。南京一时有两行情人：王月生、柳麻子是也。余听其说《景阳冈武松打虎》白文，与本传大异。其描写刻画，微入毫发；然又找截干净，并不唠叨。哱夬声如巨钟，说至筋节处，叱咤叫喊，汹汹崩屋。武松到店沽酒，店内无人，謇地一吼，店中空缸空甓皆瓮瓮有声。闲中着色，细微至此。主人必屏息静坐，倾耳听之，彼方掉舌。稍见下人咕哗耳语，听者欠伸有倦色，辄不

---

① （明）张岱：《陶庵梦忆·朱楚生》，第102页。
② （明）张岱：《陶庵梦忆·王月生》，第150页。
③ （明）张岱：《陶庵梦忆·金乳生草花》，第8页。

言，故不得强。每至丙夜，拭桌剪灯，素瓷静递，款款言之，其疾徐轻重，吞吐抑扬，入情入理，入筋入骨，摘世上说书之耳而使之谛听，不怕其不龂舌死也。①

文字精简，笔力分明，层次清晰，柳敬亭说书时的精神气势宛如可见，陈述笔力之高堪称神妙。张岱笔下的柳敬亭虽然容颜丑陋，却技艺超群，性格率真，毫不做作。这些三教九流中的小人物大都受到社会不同程度的轻视、压抑，有的虽名噪一时，而内心却埋藏着凄苦。在许多文学大家的眼中他们或许本不值一提，可在张岱的小品文中，他们与帝王将相一样可以入传，并对他们有志不获伸、才不为世用的遭遇深感痛心、愤慨。这体现了张岱对人与人之间关系的一种尊重，追求人格的平等，也与阳明心学所提倡的"满街都是圣人"的思想极其吻合。吴承学在《晚明小品研究》中也认为："张岱小品最突出特点，是把古典文化形态中的贵族文化与民间文化、高雅文化与通俗文化天衣无缝地融为一体。"②

在"情"与"性"的关系的认识上，张岱也"继承了阳明心学的基本面貌，主张作为本体的'性'为无善无恶而又为至善，以'真情'为人之性灵，并在本体意义上把'性'与'情'两相同一"③。尽管在青年时期，他有过一段声色犬马、无所节制的放纵情欲的生活，但总体而言，在思想上，他对于阳明后学所引导的情欲解放风潮并不完全认同。他在阐释《孟子·性善章》时引用贺玚的话说：

> 性之与情，犹水之与波，静时是水，动则是波；静时是性，动则是情，盖即此意。④

---

①　（明）张岱：《陶庵梦忆》，第 91 页。

②　吴承学：《晚明小品研究》，江苏古籍出版社 1999 年版，第 227 页。

③　冯宁宁：《"性体"与"情识"——论张岱"情欲解放"与"道德严格"的两相并行》，《现代哲学》2017 年第 5 期。

④　（明）张岱：《四书遇·孟子》，第 507 页。

认为性与情的关系犹如水与波，本是同体一物，这就充分肯定了情的合理性和地位。但另一方面，张岱"又指出需以'诚'来保证'情'之所发合乎'性'之本然，并批判猖狂隐怪之流的任情恣性，强调圣学之道德观念以救治王学末流蔑视伦理道德的弊病"。① 他对人的情欲进行了界定和区分，认为情欲有公和私之分，他在解释"周"和"比"的时候说：

> "周"与"比"不在量之广狭，而在情之公私。情公，即一人相信亦"周"；情私，即到处倾盖亦"比"。②

"情公"即是人的正当情感欲望，"情私"即非正当的情感欲望，而"人情若水，无所以疏瀹之则怀山襄陵，无所不至"③，需要对情欲进行节制和疏导。由此，张岱特别重视修养工夫，极为强调"戒慎""恐惧""慎独""忌惮"在修养工夫中的重要性，认为修养工夫刻不容缓，"'一日'字最可味，舍此'一日'不下手，永无下手之期矣"④，即使是圣人也不能有所懈怠，表现出道德严格主义的要求。所以张岱的品性中既有率性任情、自由活泼的一面，又有严格治欲、庄整严肃的一面，这两者并不矛盾，但"须从心体入微处辨别"⑤，也即是一切以性体良知作为根本标准⑥。而作为两者之间强大张力的内在制衡，则是"诚"。张岱在《四书遇》中先引用杨起元的论述：

> 杨复所曰：吾儒之学，原以人物为担子，化育为生涯。作伪者，不能尽其性，遂与草木同朽腐。至诚者，能尽其性，则与天地并立而为三矣。孰去？孰取？人其择之。

① 冯宁宁：《张岱对阳明后学的继承与反思》，《浙江社会科学》2017 年第 3 期。
② （明）张岱：《四书遇·论语》，第 90—91 页。
③ （明）张岱：《四书遇·论语》，第 82 页。
④ （明）张岱：《四书遇·论语》，第 253 页。
⑤ （明）张岱：《四书遇·中庸》，第 32 页。
⑥ 范根生：《张岱心学的思想特质》，《理论界》2018 年第 5 期。

杨起元认为虚伪不是尽性，真诚才是尽性，性与天地是并存的，对此张岱作了进一步的阐释：

> 性生天、生地，故可以赞天地之化育。天地万物依我性而立，我性不依天地万物而立，故与天地万物并立为三。人须要识得个诚体性体。无假之谓诚。有此诚，故性用不论于空寂。无碍之谓性。有此性，故诚境不滞于思为。①

在张岱眼中，性与天地、万物是并立而存的，性体即诚体，有了诚，性才不是空洞无物的。冯宁宁在《张岱对阳明后学的继承与反思》一文中，系统论述了张岱正是基于这样的哲学理念，才始终对阳明后学的情欲解放等弊病保持着清醒反思。她指出：这种努力无论是在高扬主体性之晚明，抑或是在宣扬道德主义之清初，都是难能可贵的客观理性的态度。张岱本人也是将这种既重视个人之情感性灵，又强调道德践履的学术观念贯穿其生平实践。因此历史上的张岱，既是一位风流名士，又是一位守节遗民。他不仅留下了《西湖梦寻》《陶庵梦忆》等"独抒性灵"之著作，亦撰写了《古今义烈传》《有明于越三不朽图赞》《快园道古》等作品来表彰忠义之士，高度赞扬和歌颂他们义烈千秋的壮举，以明德性道义②。明室覆亡，在绍兴监国的鲁王政权崩溃之后，刘宗周、祁彪佳、王思任等张岱的师友相继以身殉国。张岱悲恸欲绝，以气节自重，抛散家业，避居剡溪山村，亲自挑粪舂米，"布衣蔬食，常至断炊"③，"瓶粟屡罄，不能举火"④，而"宁使断其炊，取予不敢苟"⑤ 的信念使他渡过了这些艰难岁月。也正是在这个时刻凸显了他生命中最强硬的底线，他没有自绝于人世，更没有依附新朝，强烈的责任感使他顽强地生活下来，把自己的全部

---

① （明）张岱：《四书遇·中庸》，第50页。
② 冯宁宁：《张岱对阳明后学的继承与反思》，《浙江社会科学》2017年第3期。
③ （明）张岱：《琅嬛文集·自为墓志铭》，第199页。
④ （明）张岱：《陶庵梦忆·自序》，第1页。
⑤ 《张岱诗文集·甲午儿辈赴省试不归走笔招之》，第32页。

精力都投入著述之中，以惊人的毅力完成了《石匮藏书》这部巨著，并写了大量饱含黍离之悲的散文。晚年生活的苦涩和心酸与其前半生豪奢的生活形成巨大的反差，往日种种，终成梦幻泡影，但他严守遗民的气节和操守，始终以平民学者自居。他在八十二岁时所写的"烧钱饯穷鬼，酹酒蜡文心"①，是他后半生的真实写照。困顿而寂寞的岁月把张岱的人格锤炼得更加纯粹完美，他就像一树含冰傲雪的老梅，在荒僻的山谷里散发出悠远馨香。他以自己的生命历程完成了对"冰雪"人格的体认。②

张岱生活的时代，尽管阳明心学的发展因何心隐被害、李贽自杀遭遇了重大挫折，但追求天机自然与任情适性的思想实际上已随着"心即理""心外无物"的口号进入了文人的观念深处与日常生活。阳明心学在张岱小品文的主题、内容、风格等方面，都留下明显的印记，因而，有学者认为张岱的小品文可以称得上是一种"心式"小品③，是并不为过的。在学术上，张岱对不同的心学流派采取辩证的分析方法，有吸收，有摒弃，不是全盘接受，也不是摒弃一切。在艺术上，他同样博采众长，不仅向前朝作家学习，也向同时代的作家学习。但又鄙弃规圆矩方，学步邯郸，贵于有创造，有个性。王雨谦说："盖其为文不主一家，而别以成其家，故既能醇乎其醇，亦复出奇尽变，所谓文中之乌获，而后来之斗杓也。"④ 这段话，正说明张岱在创作上的继承性与独创性。他曾颇为自得地自称："不肖生平崛强，巾不高低，袖不大小，野服竹冠，人且望而知为陶庵。"这既是他的人格个性，又是他的小品文的艺术个性。他的小品文，既有所师承，又能"绝去甜俗蹊径"，"解脱绳束"⑤，做到文无定法，篇无定格，句式奇诡，力求生新，"不事铺张，不事雕绘，意随景到，笔借

---

① 《张岱诗文集·戊午除夕》，第 95 页。
② 参见张则桐《冰雪之气：张岱散文艺术精神论》，《浙江社会科学》2003 年第 3 期。
③ 王美伟：《晚明"心式"小品——论心学思想对张岱小品文的影响》，《西南农业大学学报》（社会科学版）2011 年第 8 期。
④ （明）张岱：《琅嬛文集·王雨谦序》，第 309 页。
⑤ （明）张岱：《琅嬛文集·跋祁止祥画》，第 208 页。

目传"，"闲中花鸟，意外烟云，真有一种人不及知，而己独知之之妙"①。他的小品文，洒脱不拘似徐渭，性灵隽永似中郎，天机活泼似思任，并能在博采众长的基础上，自成风格，"虽间涉游戏三昧，而奇情壮采，议论风生，笔墨横恣，几令读者心目俱眩"②，最终成就他晚明小品之集大成者的地位。更为可贵的是，他的小品文所表现的性灵，"不是无病呻吟式的'赋得性灵'，而是一位经历了甲申之变后，'既不能觅死，又不能聊生'（《自为墓志铭》）的大彻大悟的智者对生命真谛、对大千世界那种俯仰自得、目送归鸿式的心领神会——一种真正意义上的性灵。性灵，在他那里绝不是插科打诨式的'妙语'，而是生命智慧和人格的外化，是'真性情'、真人格的自然流露。"③

中国古代散文素有明经尊道的传统，特别是自唐代韩愈以来，在"文以载道"的创作原则下，宗经、载道成了散文创作的主要目的，散文逐渐失去了活力。而在从万历到明末的晚明时期，是明代小品文发展的全盛时期，也是中国古代小品文创作走向繁荣并取得杰出成就的时期。正是在这个时期，小品文成为一种代表了一个时代特色的自觉的文体。在这个发展的过程中，以陶望龄、王思任、张岱为代表的越中小品文作家居功甚伟。他们的文学理念和创作深受心学影响，反对抄袭复古，追求"偏嗜必奇""自胸臆中陶写出"，强调文学应体现天机触发、自然流露的"真至之情"，重视独立个性和自由生命。心学陶冶下的晚明越中小品文在主题、内容、风格等诸方面对传统散文都有所突破创新，使散文在情理兼胜的同时，表现出一种诗意与哲意交相融合，剔透玲珑，生机无限的境界，不仅在当时产生重大影响，也对后世包括现代散文的发生发展具有重要影响，堪称是中国文学中一粒光华流转、璀璨动人的明珠。

---

① （明）张岱：《琅嬛文集·跋寓山注》，第 210 页。
② （明）张岱：《陶庵梦忆·伍崇曜跋》，第 169 页。
③ 胡益民：《张岱散文初论》，《滁州学院学报》2007 年第 5 期。

第五章　明代越中曲家与阳明心学

自古以来，越中一带巫风甚炽，图腾崇拜、歌舞娱神盛行。王国维在《宋元戏曲考》中说："周礼既废，巫风大兴，楚越之间其风尤盛。"① 应劭《风俗通义》记载，汉代时，会稽依然"俗多淫祀，好卜筮"②。至南北朝，越人以丝竹伴奏跳傩。任昉《述异记》载："越俗祭防风神，奏防风古乐，截竹长三尺，吹之如嗥，三人披发而舞。"③ 唐时，越州就有参军戏，范摅《云溪友议》记载："有俳优周季南、季崇及妻刘采春，自淮甸而来。善弄陆参军，歌声彻云……采春一唱是曲，闺妇行人莫不涟泣。"④ 至南宋，杂剧、参军戏、诸宫调、鼓子词等各种曲艺都在越中大地上登场亮相，各逞伎艺。元代是中国戏曲史上的"黄金时期"，北有杂剧，南有戏文，交相辉映。元代一些著名戏曲家、散曲作家如高明、张可久、乔吉、徐再思、倪瓒等，都曾到过绍兴。由元入明，中国戏曲又进入新一轮的繁盛期，尤其以吴、浙之地最盛。吕天成云："博观传奇，近时为盛。大江左右，骚、雅沸腾；吴、浙之间，风流掩映。"⑤ 祁彪佳也指出："作者如

---

① 《王国维戏曲论文集·宋元戏曲考》，中国戏剧出版社 1984 年版，第 4 页。

② （汉）应劭著，吴树平校释：《风俗通义校释》，天津人民出版社 1980 年版，第 339 页。

③ （南朝）任昉：《述异记》卷上，《丛书集成初编》第 2704 册，中华书局 1991 年版，第 1 页。

④ （唐）范摅：《云溪友议》卷下《艳阳词》，古典文学出版社 1958 年版，第 63—64 页。

⑤ （明）吕天成：《曲品》，《中国古典戏曲论著集成》（六），中国戏剧出版社 1959 年版，第 211 页。

林，大江以南，尤标赤帜。"① 凭借深厚的戏曲文化积淀，越中戏曲的发展也在此时达到鼎盛，尤其是明中叶以后，俨然已成"戏曲之乡"。王国维《录曲余谈》概括为："至明中叶以后，制传奇者，以江浙人居十之七八；而江浙人中，又以江之苏州，浙之绍兴居十之七八，此皆风习使然，不足异也。"②

第一节　王阳明的戏曲风化观

王阳明生活在明中叶越中具有浓郁民间戏曲传统的环境下。徐渭在《南词叙录》中说："今唱家称'弋阳腔'，则出于江西，两京、湖南、闽、广用之；称'余姚腔'者，出于会稽，常、润、池、太、扬、徐用之；称'海盐腔'者，嘉、湖、温、台用之。唯'昆山腔'止行于吴中。"③ 可见在徐渭所生活的年代，昆山腔还只囿于吴中，余姚腔已是蔚然大观，除浙江外，已风行于常州、润州、池州、太平、扬州、徐州等皖南、苏南、苏北一带。在这种地域文化的熏陶下，王阳明自然与曲乐多有接触。钱德洪所编《年谱》记载，正德三年（1508）阳明抵龙场后，"日夜端居澄默，以求静一；久之，胸中洒洒。而从者皆病，自析薪取水作糜饲之；又恐其怀抑郁，则与歌诗；又不悦，复调越曲，杂以诙笑，始能忘其为疾病夷狄患难也"④。学者以为，此中所谓"越曲"即"余姚腔"⑤。

作为中国主流文化的儒学素来轻视戏曲，明代的正统文人对戏曲也极为鄙视。成化二年（1466）进士、"娄东三凤"之一的陆容在《菽园杂记》中说："嘉兴之海盐，绍兴之余姚，宁波之慈溪，台州之黄岩，温州之永嘉，皆有习为倡优者，名曰'戏文子弟'，虽良家

---

① （明）祁彪佳：《远山堂曲品·曲品凡例》，《中国古典戏曲论著集成》（六），中国戏剧出版社 1959 年版，第 8 页。

② 《王国维戏曲论文集·录曲余谈》，第 226 页。

③ （明）徐渭著，李复波、熊澄宇注释：《南词叙录注释》，中国戏剧出版社 1989 年版，第 37 页。

④ 《王阳明全集》，第 1354 页。

⑤ 参见钱明《王阳明的音乐戏曲思想与实践》，《孔子研究》2006 年第 1 期。

子不耻为之。其扮演传奇，无一事无妇人，无一事不哭，令人闻之，易生凄惨。此盖南宋亡国之音也。其赝为妇人者名妆旦，柔声缓步，作夹拜态，往往逼真，士大夫有志于正家者，宜峻拒而痛绝之。"①祝允明则在《猥谈》中说："自国初来公私尚用优伶供事。数十年来，所谓南戏盛行，更为无端，于是声乐大乱……今遍满四方，转转改益，又不如旧。而歌者愈谬，极厌观听。盖已略无音律腔调。愚人蠢工，徇意更变，妄名余姚腔、海盐腔、弋阳腔、昆山腔之类，变易喉舌，趁逐抑扬，杜撰百端，真胡说耳！"②鄙夷之情，溢于言表。而王阳明却不同，他基于自己的"良知"理论，对流行于民间的戏曲不是简单地予以否定，而是看到戏曲"于风化有益"的社会教育作用。《传习录》中有《论复古乐》一段文字：

> 先生曰："古乐不作久矣。今之戏子，尚与古乐意思相近。"未达，请问。先生曰："《韶》之九成，便是舜的一本戏子。《武》之九变，便是武王的一本戏子，圣人一生实事，俱播在乐中。所以有德者闻之，便知他尽善尽美与尽美未尽善处。若后世作乐，只是做些词调，于民俗风化绝无关涉，何以化民善俗？今要民俗反朴还淳，取今之戏子，将妖淫词调俱去了，只取忠臣孝子故事，使愚俗百姓人人易晓，无意中感激他良知起来，却于风化有益。然后古乐渐次可复矣。"③

《韶》与《武》，是周代的文舞与武舞的代表，《韶》相传是舜所作，《武》相传是武王所作。《韶》《武》都是乐与舞的结合，《荀子·乐论》中有"舞《韶》歌《武》，使人之心庄"④ 之说，并且包含一定的叙事因素。尤其是《大武》，表现武王克商的丰功伟绩。《乐记·宾牟贾篇》记孔子的解释，分为誓师伐纣、直捣朝歌、凯旋

---

① （明）陆容：《菽园杂记》卷10，中华书局1985年版，第124页。
② 俞为民等编：《历代曲话汇编·明代编》第1集，黄山书社2009年版，第225页。
③ 《王阳明全集·语录三》，第128页。
④ （清）王先谦：《荀子集解》，中华书局1988年版，第381页。

归来、南国臣服、周召共治、礼拜天子六大段落，虽是用象征手法，但可以说已经具备一定的情节。《史记·乐书》也记载孔子和宾牟贾观《武》，孔子评曰："武王之事"，"盛威于中国也"①。乐、舞、情节正是戏曲的要素，因此，阳明认为《韶》与《武》分别是舜和武王的"一本戏子"，是中国戏曲渊源之一，是不为过的。他进而对"乐"与"实事"的关系作了论述："圣人一生实事，俱播在乐中"，也就是说，"乐"的功能正在于传播圣人"实事"，而"有德者"正是在这样的艺术欣赏中，察知"善"和"美"。"便知"句，语出《论语·八佾》："子谓《韶》：'尽美矣，又尽善也。'谓《武》：'尽美矣，未尽善也。'"②而阳明所处的时代，戏曲表现的内容显然是以"妖淫词调"即表现男女情爱为主，"于民俗风化绝无关涉"，不能"化民善俗"。因此，他从"致良知"的目的出发，主张改革戏曲，用"忠臣孝子故事"来取代"妖淫词调"，让戏曲具有淳朴"民俗"、有益"风化"的社会功能，使普通百姓在"无意中感激他良知起来"。其中所表露的思想，与另一段文字相近：

> 爱又问："恶可为戒者，存其戒而削其事以杜奸，何独于《诗》而不删郑、卫？先儒谓'恶者可以惩创人之逸志'，然否？"先生曰："《诗》非孔门之旧本矣。孔子云：'放郑声，郑声淫。'又曰：'恶郑声之乱雅乐也。郑、卫之音，亡国之音也。'此是孔门家法。孔子所定三百篇，皆所谓雅乐，皆可奏之郊庙，奏之乡党，皆所以宣畅和平，涵泳德性，移风易俗，安得有此？是长淫导奸矣。此必秦火之后，世儒附会，以足三百篇之数。盖淫泆之词，世俗多所喜传，如今闾巷皆然。'恶者可以惩创人之逸志'，是求其说而不得，从而为之辞。"③

---

① 《史记·乐书》，第 1229 页。
② 杨伯峻译注：《论语译注》，第 33 页。
③ 《王阳明全集·语录一》，第 12 页。

在阳明看来，只有纯正典雅的音乐，才能起到宣扬和平、涵养德性、移风易俗的作用，而郑、卫之音虽为世俗所喜，却只会助长淫逸，导致亡国。戏曲也是如此，只有"忠臣孝子故事"，才真正有助于风化。

王阳明强调戏曲的教化作用，即将戏曲作为教化愚俗百姓的一种有效手段，有三个基点：一是基于他的"致良知"说。他认为良知人人皆有，圣人有，愚夫愚妇也有，"人胸中各有个圣人"，"满街人都是圣人"①。二是基于他对礼乐之教的重视，这是儒家的一个传统，也是阳明一直重视的问题。他认为："圣人之制礼乐，非直为观美而已也；固将因人情以为之节文，而因以移风易俗也。"② 他在滁阳时，"月夕则环龙潭而坐者数百人，歌声振山谷。诸生随地请正，踊跃歌舞"③；后建天真精舍于（杭州）龙山之阳，亦"每形于歌咏"④；晚年在越中讲学，更是弦歌之音不绝。吟诗歌舞、讲求礼乐一直都是阳明论道讲学的重要手段之一。三是基于他对戏曲艺术特点的认识。他认为戏曲通俗、形象，具有"人人易晓"的特点，流播范围非常广泛，能达到"无意中"激发观众"良知"的感化效果⑤。学者指出，王阳明的这段论述，乃是一则关于音乐、诗歌、舞蹈、戏曲的宏观论文，主要论述戏曲。在这则论述中，王阳明提出"戏曲有益风化"的中心命题，同时涉及戏曲的文学品位（"今之戏子，尚与古乐意思相近"）、社会功能（"于风化有益""要民俗反朴还淳""古乐渐次可复"）、教化作用（"感激他良知起来"）、道德使命（宣扬"忠臣孝子""尽善尽美"的伦理）、受众对象（"愚俗百姓"）、审美特征（"故事""人人易晓""无意中""感激"）等等问题，其核心是以戏曲致良知⑥。王阳明的这段议论，引起后来不少学者的重视。刘宗周

---

① 《王阳明全集·语录三》，第 105、132 页。

② 《王阳明全集·策五道》，第 946 页。

③ 《王阳明全集·年谱一》，第 1363 页。

④ 《中国地方志集成·寺观志专辑·武林梵志》卷 8，江苏古籍出版社 1991 年版，第 6 册，第 358 页。

⑤ 赵山林：《王阳明与戏曲》，《中国典籍与文化》1997 年第 2 期。

⑥ 王颖泰：《王阳明的"戏曲有益风化"论》，《艺术百家》2004 年第 2 期。

《人谱类记》卷下在谈到戏曲的教化作用时就援引了这一观点。冯元成《礼说》曰：

> 古者燕客，琴瑟笙簧；而今用优剧，欢呼谑浪，既以乖雅，华虫藻火，或以犯制，虽王文成以为劝善戒恶，有古乐之遗，然疏客众会，亦可以代劳节语，若素心雅集，断乎可已。①

梁恭辰《劝戒录五编》在谈到如何点戏时也引用这段话：

> 凡劝化之最足动人者，莫如演做好戏。王阳明先生曰："要民俗反朴还淳，宜取今之戏子，将妖淫词调俱去，只取忠臣孝子故事，使愚俗百姓，人人易晓，无意中感激他良知起来，却于风化有益。"故点戏者，务要点忠孝节义等出，如《糟糠》《剪发》《寻亲》《泣杖》《芦林》《看画》《代杀》《别弟》《度蚁》《还带》《朱砂记》《雷霆报》之类，见之者每多感泣，比寻常劝化之功，胜过百倍。此真潜移默化，莫大阴功。②

此外董榕作《芝龛记》传奇，夏纶作《花萼吟》传奇，均将此论置于卷首，作为先贤遗训。李调元《剧话》亦引之，并评论道："此论最为得旨。"③ 晚清的经学家皮锡瑞也在《题桧门观剧诗》中写道："阳明论乐古无传，样子能传虞与周。证以仪征说三颂，方知四代有俳优。"④ 阳明的这一主张，显然是延续"文以载道"的思想，对戏曲内容所做的政治规范。他从道学家的立场出发，单纯地把戏曲当作宣教的工具，势必会造成类似《五伦全备记》等教化剧

---

①　（明）冯元成：《礼说》，王利器主编：《元明清三代禁毁小说戏曲史料》，上海古籍出版社1981年版，第290页。

②　（清）梁恭辰：《劝戒录五编》，王利器主编：《元明清三代禁毁小说戏曲史料》，第282页。

③　（清）李调元：《雨村剧话》，任中敏编：《新曲苑》（上），凤凰出版社2014年版，第321页。

④　（清）叶德辉编：《双梅影闇丛书》，海南国际新闻出版中心1995年版，第254页。

的泛滥，从而背离戏曲创作的规律。而从实际效果来看，这样的教化剧不仅难以真正起到教化的作用，反而会导致戏曲的泛政治伦理化，使之更快地走向衰落①。但在客观上，他提出"今之戏子，尚与古乐意思相近"的观点来为戏曲正名，目的是要用今之戏曲来完成"古乐"的使命，这就把被人鄙视的戏曲提高到与诗词同等的地位，肯定了戏曲在宣传伦理道德上的教化作用，也肯定了戏曲的文学价值②。安徽南陵为目连戏发祥地之一，据《南陵县志》记载，阳明曾到此观剧：

> 陵民报赛酬神，专演目连，谓父乐善好施，子取经救母。王阳明先生评目连曲曰："词华不似《西厢》艳，更比《西厢》孝义全。"亦神道设教意也。③

这两句评语还被郑之珍编撰《目连救母劝善戏文》时所采纳，收入卷下首折《开场》。虽未必真是阳明语，或是附会，却也侧面反映了阳明戏曲风化观的影响。

王阳明本人还创作过散曲，《全明散曲》录有其作。他本人也观赏戏曲，还写过咏剧诗。他的《观傀儡次韵》诗云：

> 处处相逢是戏场，何须傀儡夜登堂？繁华过眼三更促，名利牵人一线长。稚子自应争诧说，矮人亦复浪悲伤。本来面目还谁识？且向樽前学楚狂。④

此诗归属《居夷诗》，前为《南庵次韵二首》，后为《徐都宪同游南庵次韵》，南庵即今贵阳南明河南岸的观音寺，始建于明弘治年间，最初名为南庵，则阳明很可能是在贬居龙场期间游览南庵时观赏

---

① 参见季国平《宋明理学与戏曲》，中国戏剧出版社 2003 年版，第 181 页。
② 王颖泰：《王阳明的"戏曲有益风化"论》，《艺术百家》2004 年第 2 期。
③ 《中国戏曲志·安徽卷》，中国 ISBN 中心 1993 年版，第 12 页。
④ 《王阳明全集》，第 786 页。

傀儡剧的[①]。陈嘉言修、顾枞所纂民国《修文县志》录此诗，直接改名为《龙场傀儡戏》。在这首诗中，阳明除了肯定傀儡戏真实反映现实生活外，还借观剧直抒心怀，感叹人生便是一个大剧场，世人被"名利"二字所牵，被短促的荣华富贵所绊，如同傀儡一般，完全丧失了自己的独立人格和真情本性。末句"且向樽前学楚狂"，与他一贯宣扬的狂者风范是相通的，即世俗社会的一切纷嚣俗染不足以累其心，要保持"凤凰干千仞"[②] 的独立人格。

第二节　徐渭的戏曲理论与实践

在明代越中曲家群体中，徐渭无疑是一个承上启下、举足轻重的标杆性人物，堪称越中曲家的精神领袖。在徐渭生前，他以心学思想为依托，提出"本色论"等著名的戏曲理论，创作了《四声猿》等在明代曲坛享有盛誉的作品，并与众多越中曲家都有密切的交往；在他死后，他的戏曲精神又哺育着众多的越中后学，为晚明越中戏曲的繁盛奠定了根基。

"本色论"是徐渭对戏曲理论的最大贡献。与"真我说"枹鼓相应，徐渭论戏曲推崇"本色"。这一理论主要针对当时曲坛尤其是南戏的现状而发，是徐渭戏曲理论专著《南词叙录》中的精核。《南词叙录》约成书于嘉靖三十八年（1559），是中国戏曲史上第一部南戏专著，分"叙"和"录"两部分。"叙"介绍南戏的早期发展情况，以及南戏的宫调、音律、风格特色，还涉及作家作品评论、专门术语、方言考释等。"录"则著录宋元南戏剧目六十五个和明代南戏四十八个。南戏本滥觞于"市里之谈"，后来随着文人创作队伍的加入，影响愈加广泛。然而喜欢典雅的文人"嫌戏文俚俗，不屑一顾，别创文词一派。上也者，卖弄才情，大套细曲过多，不适宜于演唱；

---

① 徐宏图在《王阳明与戏曲》中认为此诗是"王阳明的晚年之作"（《戏曲研究》第62 辑，中国戏剧出版社 2003 年），误。

② 《王阳明全集·补录》，第 1287 页。

下也者，雕章琢句，堆砌典故，开饾饤之门"①，甚至直接以时文入南曲。对此现象，徐渭加以有力的抨击：

> 以时文为南曲，元末、国初未有也，其弊起于《香囊记》。《香囊》乃宜兴老生员邵文明作，习《诗经》，专学杜诗，遂以二书语句匀入曲中，宾白亦是文语，又好用故事作对子，最为害事。夫曲本取于感发人心，歌之使奴、童、妇、女皆喻，乃为得体，经、子之谈，以之为诗且不可，况此等耶？直以才情欠少，未免辏补成篇。吾意：与其文而晦，曷若俗而鄙之易晓也？②

在这段文字中，徐渭第一次提到"得体"这一概念，说明他已"真正开始从本体意识上探讨曲之本质属性"，"具有明确的本体意识"③。徐渭对戏曲文体的认知与阳明一脉相承，都注重其受众对象、社会功能方面的俗文学特质，指明戏曲创作的目的在于"感发人心，歌之使奴、童、妇、女皆喻"，因此决不可将经、子之谈甚至时文窜入曲词，过分追求文雅。为力矫此等流弊，徐渭提出"本色论"：

> 《香囊》如教坊雷大使舞，终非本色……至于效颦《香囊》而作者，一味孜孜汲汲，无一句非前场语，无一处无故事，无复毛发宋元之旧。三吴俗子，以为文雅，翕然以教其奴婢，遂至盛行。南戏之厄，莫甚于今。④

徐渭指出：《香囊》等吴中文人所创之剧"一味孜孜汲汲"追求文雅，"终非本色"。他所说的"本色"，一方面具有真实无伪的含义，广及人物、情节诸方面，与"相色"相对立。他说：

---

① 钱南扬：《汉上宸文存》，上海文艺出版社 1980 年版，第 82 页。
② （明）徐渭著，李复波、熊澄宇注释：《南词叙录注释》，第 49 页。
③ 谭坤：《论明代戏曲本体观念的演变和确立》，《艺术百家》2005 年第 1 期。
④ （明）徐渭著，李复波、熊澄宇注释：《南词叙录注释》，第 51—52 页。

世事莫不有本色，有相色。本色犹俗言正身也，相色，替身也。替身者，即书评中婢作夫人终觉羞涩之谓也。婢作夫人者，欲涂抹成主母而多插带，反掩其素之谓也。故余于此本中贱相色，贵本色，众人啧啧者我呴呴也。岂惟剧者，凡作者莫不如此。嗟哉，吾谁与语！众人所忽，余独详，众人所旨，余独唾。嗟哉，吾谁与语！①

他认为，戏曲中的人物形象应具有本色的风貌，比如婢子就应该有婢子的身份、性格，曲作家如果想"涂抹成主母而多插带"，反而成了拙劣修饰，失去这一人物形象的本色面目、本真性格。另一方面，"本色"是指与刻意求工、典雅藻饰相对立的语言风格。他在《题昆仑奴杂剧后》中说：

语入要紧处，不可着一毫脂粉，越俗越家常，越警醒，此才是好水碓，不杂一毫糠衣，真本色。若于此一恶缩打扮，便涉分该婆婆，犹作新妇少年哄趋，所在正不入老眼也。至散白与整白不同，尤宜俗宜真，不可着一文字，与扭捏一典故事，及截多补少，促成整句。锦糊灯笼，玉镶刀口，非不好看，讨一毫明快，不知落在何处矣！此皆本色不足，仅此小做作以媚人，而不知误入野狐，作娇冶也。②

在这段文字中，徐渭对剧本的文学语言从审美规定性出发，作了透辟的论述，指出"本色"也指戏曲语言的"宜俗宜真"。所谓"俗"，即家常、通俗易懂。但这"俗"又不是"俚俗"，更非"鄙俗"。徐渭对宋元南戏"语多鄙下"之作深为不满，高度评价《琵琶记》"用清丽之词，一洗作者之陋"③。又说："《琵琶》尚矣，其次

---

① 《徐渭集·西厢序》，第1089。
② 《徐渭集》，第1093页。
③ （明）徐渭著，李复波、熊澄宇注释：《南词叙录注释》，第5页。

则《玩江楼》《江流儿》《莺燕争春》《荆钗》《拜月》数种，稍有可观，其余皆俚俗语也；然有一高处：句句是本色语，无今人时文气。"他所认可的南戏主要是《琵琶记》《拜月亭》等数种，"句句是本色语"；其余南戏因"皆俚俗语"，难入他的法眼。可见徐渭所说的"俚俗语"是一种原生状态下的语言，不加择取，不作提炼，粗野鄙俗。"家常"俗语则是对生活用语的选择、加工，既化脱去"俚俗语"的粗鄙，又呈现出自然质朴的色彩。如徐渭评《琵琶记》曰："惟《食糠》《尝药》《筑坟》《写真》诸作，从人心流出，严沧浪言'水中之月，空中之影'，最不可到。如《十八答》，句句是常言俗语，扭作曲子，点铁成金，信是妙手。"①"点铁成金"是对"俚俗语"变成"本色语"的最好说明，只有对生活用语略加点窜修饰，才会"点铁成金"。因此，戏曲语言"与其文而晦，曷若俗而鄙之易晓也"。他"并非提倡鄙俗的戏曲语言，而是认为戏曲语言达不到本色化的时候，宁可鄙俗一点，也比晦涩要好，两权相较，取其轻"②。而所谓"真"，是指戏曲语言要表现人物的真情实感，要贴近生活本来面目。因此他评价《琵琶记》中的诸多曲作都是"从人心流出"，具有真情实感。又说"便涉分该婆婆，犹作新妇少年哄趋"，即指"婆婆"自有"婆婆"的语言，倘若扮作"新妇少年哄趋"，那就失去了"真本色"。他在评《西厢记》第五本第三折的《紫花八序》时说："迁板，不似婢子语。"③同样是这个意思。

戏曲是一种代言体的艺术形式，为了使戏曲的人物、语言都不离"本色"，徐渭要求剧作家"摹情弥真"。他在《选古今南北剧序》中明确指出：

> 人生堕地，便为情使。聚沙作戏，拈叶止啼，情昉此已。迨终身涉境触事，夷拂悲愉，发为诗文骚赋，璀璨伟丽，令人读之

---

① （明）徐渭著，李复波、熊澄宇注释：《南词叙录注释》，第45、54—55页。
② 谭坤：《论明代戏曲本体观念的演变和确立》，《艺术百家》2005年第1期。
③ 伏涤修、伏蒙蒙辑校：《西厢记资料汇编》（上），黄山书社2012年版，第176页。

喜而颐解，愤而眥裂，哀而鼻酸，恍如与其人即席挥尘，嬉笑悼唶于数千百载之上者，无他，摹情弥真则动人弥易，传世亦弥远，而南北剧为甚。①

徐渭认为人的思想情感伴随人的降生就已经产生，并且在后天的生活经历中因"涉境触事"而越来越丰富多样。戏曲家在创作时不仅要抒发自身的思想感情，更要真实反映现实生活，真切摹写剧中人物的思想感情，从而引发读者与观众的共鸣，达到"动人""传世"的目的。

戏曲艺术又与音乐密切相关，因此徐渭的"本色论"还维护天然质朴的音乐本色，而反对以人为的声律束缚戏曲。南戏本为"村坊小曲""市里之谈"，并无严格的声律，自然不符合传统的宫调。而当文人士大夫加入到南戏的创作队伍后，多参照宫调为南戏制定声律，故有所谓"南九宫"的出现。徐渭对此深不以为然：

> "永嘉杂剧"兴，则又即村坊小曲而为之，本无宫调，亦罕节奏，徒取其畸农、市女顺口可歌而已，谚所谓"随心令"者，即其技欤？间有一二叶音律，终不可以例其余，乌有所谓九宫？……夫南曲本市里之谈，即如今吴下《山歌》、北方《山坡羊》，何处求取宫调？必欲宫调，则当取宋之《绝妙词选》，逐一按出宫商，乃是高见。彼既不能，盍亦姑安于浅近。大家胡说可也，奚必南九宫为？②

文人制订曲谱，使戏曲创作规范化，更适合舞台搬演，自然有其价值和意义，不可一笔抹杀。但在徐渭看来，倘若为追求声律而束缚、压制了南戏的创作，以古律今，以雅律俗，使南戏脱离"村坊小曲"的本真面目，失去"畸农、市女顺口可歌"的"随心令"的音

---

① 《徐渭集》，第1296页。
② （明）徐渭著，李复波、熊澄宇注释：《南词叙录注释》，第15、25页。

乐本色，则是舍本逐末，不可接受的。徐渭要维护南戏的"本色"，使之保持自己的风貌，就不能不反对以传统宫调束缚南戏。

在徐渭所生活的明嘉靖、隆庆年间，继承南戏传统的传奇作品已经大量涌现，北杂剧逐渐式微，但以杂剧为正宗，传奇为邪门歪道，甚至指责、阻挠传奇创作和演出的也仍然大有人在。针对这一时弊，徐渭创作了《南词叙录》，大胆替南戏张目，提倡"本色论"，反对模拟因袭和以时文入戏，显示他不同凡响的理论见识，直接影响到稍后的越中其他曲家以及汤显祖、袁宏道等①。只是在当时，他以"本色"论文，则崭然有异于时，"众人啧啧"，和者甚寡，难免会唏嘘慨叹。

徐渭也是明代最为杰出的杂剧作家，他的《四声猿》是其"本色"理论的实践，无论是主题思想还是剧体文辞，都极具开创性，问世以来，好评如潮。汤显祖评曰："《四声猿》乃词场飞将，辄为之唱演数通。安得生致文长，自拔其舌！"②王骥德更是推崇备至："吾师徐天池先生所为《四声猿》，而高华爽俊，秾丽奇伟，无所不有。称词人极则，追躅元人"，"故是天地间一种奇绝文字"③。吕天成评曰："所著《四声猿》，佳境自足擅长，妙词每令击节。"④《四声猿》之所以能取得这样的艺术成就，与徐渭深受阳明心学的濡染也是密不可分的。从精神气质看，《四声猿》"意气豪达，与近时书生所演传奇绝异"⑤，充溢着独立不羁的个性精神。从思想内容看，四剧都写奇人奇事，分别写了气概超群、才华出众的祢衡，破戒报复的玉通禅师，代父从军的花木兰，以及文才不让须眉的黄崇嘏，这四个人物都把某一种性格或品性、才能发挥到极致。对此，前人一再赞叹。钟人杰《四声猿引》云："《渔阳》鼓快吻于九泉，《翠乡》淫毒愤于再世，木兰、春桃以一女子而铭绝塞、标金闺，皆人生至奇至快之事，

---

① 曾良、李爱平：《执着真我——徐渭的文学本色论》，《内江师范学院学报》2006年第5期。

② 《汤显祖全集·批点玉茗堂牡丹亭叙》，第2573页。

③ （明）王骥德：《曲律·杂论第三十九下》，《中国古典戏曲论著集成》（四），中国戏剧出版社1959年版，第167页。

④ （明）吕天成：《曲品》卷上，第220页。

⑤ （明）袁宏道：《徐文长传》，《徐渭集》，第1342页。

使世界骇咤震动者也。"西陵澂道人题曰："至于《四声猿》之作，俄而鬼判，俄而僧妓，俄而雌丈夫，俄而女文士，借彼异迹，吐我奇气，豪俊处、沈雄处、幽丽处、险奥处、激宕处……宁特与实父、汉卿辈争雄长，为明曲之第一，即以为有明绝奇文字之第一，亦无不可。"① 而从语言艺术看，《四声猿》挥洒自如，汪洋恣肆，气势雄奇，词锋犀利，一扫文人雅士雕章琢句之习，多用当行本色语，对当时以时文、骈俪为曲的不良风气起到摧枯拉朽的作用，"其词如怒龙挟雨，腾跃霄汉间，千古来不可无一，不能有二"②。由内而外，无不具狂者风范，无不表现出对传统艺术手法和创作模式束缚的突破与超越，达到前所未有的高度，故明末商维濬赞叹道："才思奇爽，一种超轶不羁之致，几空千古。"③

当复古派在明代中晚期一度占据文坛主导位置并在社会上掀起复古狂潮的时候，徐渭却能坚守"真我"，追求"本色"，殊为难得。在曲坛上，前人多把徐渭与汤显祖相提并论，如钱谦益《列朝诗集小传》云："万历中年，王、李之学盛行，黄茅白苇，弥望皆是。文长、义仍，崭然有异，沉痼滋蔓，未克芟薙。"④ 又如明末虞淳熙评曰："元美（王世贞）于鳞（李攀龙），文苑之南面王也。文无二王，则元美独矣。余衣青衿，揖王、李于藩，李长鬓而修下，王短鬓而丰下，体貌无奇异而囊括无遗士。所不能包者两人，顾伟之徐文长，小锐之汤若士也。"⑤ 徐、汤二人都能不趋从时俗以保持自己的真我个性，坚守独立的人品与文品，由此在曲坛获得了独立的、超然的地位。

第三节 明末越中曲家的理论与创作

自徐渭以下，明末时期，一批戏曲家在越中继起。王骥德在《曲

---

① 《徐渭集》，第 1356—1357 页。
② （清）陈栋：《北泾草堂曲论》，见《四声猿》附录之四，上海古籍出版社 1984 年版，第 218 页。
③ （明）商维濬：《刻徐文长集原本述》，《徐渭集》，第 1347 页。
④ （清）钱谦益：《列朝诗集小传·丁集·袁稽勋宏道》，第 567 页。
⑤ （明）虞淳熙：《徐文长集序》，《徐渭集》，第 1353—1354 页。

律》中指出：

> 吾越故有词派……今则自缙绅、青襟，以迨山人、墨客，染翰
> 为新声者，不可胜纪。以余所善，史叔考撰《合纱》《樱桃》《鹅
> 钗》《双鸳》《李瓯》《琼花》《青蝉》《双梅》《梦磊》《檀扇》
> 《梵书》，又散曲曰《齿雪余香》，凡十二种；王澹翁撰《双合》
> 《金椀》《紫袍》《兰佩》《樱桃园》，散曲曰《欸乃编》，凡六种。
> 二君皆自能度品登场，体调流丽，优人便之，一出而搬演几遍国
> 中。姚江有叶美度进士者，工隽摹古，撰《玉麟》《双卿》《鸾
> 鎞》《四艳》《金锁》，以及诸杂剧，共十余种。同舍有吕公子勤
> 之，曰郁蓝生者，从髫年便解摘抉，如《神女》《金合》《戒珠》
> 《神镜》《三星》《双栖》《双阁》《四相》《四元》《二媱》《神
> 剑》，以迨小剧，共二三十种。惜玉树早摧，赍志未竟。自余独本
> 单行，如钱海屋辈，不下一二十人。一时风尚，概可见已。①

据学者统计，当时越中曲家有近 40 人。他们流传下来的作品共
有杂剧 36 部，传奇 18 部，另外还有戏曲理论专著 5 部②。

阳明心学对于这些曲家的影响，一方面是由徐渭传承的，徐渭堪
称是他们的精神领袖，尤其史槃、王澹、王骥德、陈汝元都是徐渭的
弟子。另一方面，是很多曲家本身在学术上就具有心学背景。如张岱
与阳明心学的关系，前章已述。祁彪佳的父亲祁承爜常常跟从周汝
登、陶望龄学习，参加他们的聚会论学。祁彪佳自己是刘宗周的重要
弟子，也与陶奭龄交往密切。在他的日记中，多有研讨心学思想的记
载。他与张岱既是亲戚，又是文友，有共同的志趣爱好。叶宪祖之父
叶逢春"讲新建之学"③。吕天成曾作《神剑记》传奇，"以王文成公

---

① （明）王骥德：《曲律·杂论第三十九下》，《中国古典戏曲论著集成》（四），中国
戏剧出版社 1959 年版，第 167 页。
② 参见谭坤《晚明越中曲家群体研究》，上海三联书店 2005 年版，第 3 页。
③ 参见吴艳萍《叶宪祖生平创作与家学渊源》，《广西师范学院学报》（哲学社会科学
版）2009 年第 2 期。

道德事功，谱之声歌，令睹笑皆若识公之面，可佐传史所不及"①。

阳明心学对明末越中曲家的影响，谭坤《晚明越中曲家群体研究》一书中已多有论述，但较分散。概言之，这种影响首先是体现在精神气质方面。徐渭所具有的自然真率、独立不羁的个性精神，明末越中曲家大多也都具备，他们都能表现自己的一己之得和不为规矩约束的才情、个性，呈现作者的真我面目。张岱认为："人无癖不可与交，以其无深情也；人无疵不可与交，以其无真气也。"在张岱看来，"癖"与"疵"即是人的本然状态。明末越中曲家往往爱戏成癖，视戏曲为生命，将戏曲当作一生的事业来追求。王骥德抱病坚持创作："余且抱病，遂疏握椠。既屡折简，亟趋报成，余乃左持药碗，右驱管城，日疏数行，积盈卷帙。"② 吕天成在《曲品自序》中曰："予舞象时即嗜曲，弱冠好填词。每入市见传奇，必挟之归，笥渐满。初欲建一曲藏，上自先辈才人之结撰，下逮腐儒老优之攒簇，悉搜共贮，作山海大观。"③ 祁彪佳《曲品叙》云："予素有顾惧之僻，见吕郁蓝《曲品》而会心焉。"④ 张岱《陶庵梦忆·祁止祥癖》所记最为典型："止祥精音律，咬钉嚼铁，一字百磨，口口亲授，阿宝辈皆能曲通主意。乙酉，南都失守，止祥奔归，遇土贼，刀剑加颈，性命可倾，至宝是宝……止祥去妻子如脱屣耳，独以娈童崽子为性命，其癖如此。"⑤ 充分说明祁止祥视戏曲甚于妻子、性命的个性特征。

阳明心学对明末越中曲家的影响，其次体现在理论素养的培育上。明末越中曲家是一个以理论素养深厚见长的曲家群体，他们的曲论充满浓郁的理性思辨色彩，且"理论主张以较为公允全面为其主要特色"⑥。在著名的"汤沈之争"中，沈璟多从技法层面论曲，认为戏曲创作要合律依腔，这是戏曲应有之义，原本无可非议，但他把格

---

① （明）祁彪佳：《远山堂曲品》，《中国古典戏曲论著集成》（六），第 131 页。
② （明）王骥德：《曲律·自序》，第 50 页。
③ （明）吕天成：《曲品》，第 207 页。
④ （明）祁彪佳：《远山堂曲品·曲品叙》，第 5 页。
⑤ （明）张岱：《陶庵梦忆》，第 80 页。
⑥ 叶长海：《中国戏剧学史稿》，上海文艺出版社 1986 年版，第 215 页。

律音韵等形式因素凌驾于内容之上，就有失偏颇。汤显祖则从精神层面论曲，推崇意趣神色，也有过激之言："余意所至，不妨拗折天下人嗓子。"这就走向另一个极端。戏曲毕竟是舞台艺术，如果不能演唱，只能成为案头之曲。总之，二人戏曲创作主张各有偏长。对此，越中曲论家有清醒的认识。王骥德评价说："临川之于吴江，故自冰炭。吴江守法，斤斤三尺，不欲令一字乖律，而毫锋殊拙；临川尚趣，直是横行，组织之工，几与天孙争巧，而屈曲聱牙，多令歌者咋舌。"① 为了调和二者的意见，吕天成提出"双美"说："予谓：二公譬如狂、狷，天壤间应有此两项人物。不有光禄，词硎弗新；不有奉常，词髓孰抉？倘能守词隐先生之矩矱，而运以清远道人之才情，岂非合之双美乎？"② 吕天成的观点得到越中众多曲家的响应。王骥德指出："夫曰神品，必法与词两擅其极，惟实甫《西厢》可当之耳。"③ 祁彪佳在《远山堂曲品叙》中提出："予则赏音律而兼收词华。"④ 孟称舜在《〈古今名剧合选〉序》中也认为："迩来填词家更分为二：沈宁庵专尚谐律，而汤义仍专尚工辞，二者俱为偏见。然工辞者，不失才人之胜，而专尚谐律者，则与伶人教师登场演唱者何异？予此选，去取颇严，然以辞足达情者为最，而协律者次之。"⑤ 因此，既注重音律，又兼顾才情，"合之双美"，是越中曲论家的共识，也是他们戏曲创作理论的精髓。当时许多曲论家都卷入"汤沈之争"，有的赞成沈璟，有的拥护汤显祖，壁垒分明，各不相让。越中曲论家却能不囿于一家之见，折中调和，提出"合之双美"的创作主张，相比之下，显得较为公允合理，也成为明代传奇创作的一条重要的指导原则，为明代戏曲理论做出重要贡献。而在具体创作中，越中曲家的作品也能鲜明地体现他们的理论主张⑥。祁彪佳评王澹《双

---

① （明）王骥德：《曲律·杂论第三十九下》，第 165 页。
② （明）吕天成：《曲品》卷上，第 213 页。
③ （明）王骥德：《曲律·杂论第三十九下》，第 172 页。
④ （明）祁彪佳：《远山堂曲品·曲品叙》，第 5 页。
⑤ 《孟称舜戏曲集》，巴蜀书社 2006 年版，第 527—528 页。
⑥ 谭坤：《晚明越中曲家群体研究》，第 120—121 页。

合记》曰："澹翁饶有才情，闲于法而工于辞，虽纤秾之中，不碍雅则。"① 史槃的传奇作品多为场上之曲，音律谐协，语言本色，故祁彪佳评其《双鸳记》云："叔考一记出，优人争歌舞之。"② 单本创作《蕉帕记》也是既守音律又擅才情。孟称舜的《娇红记》更是"双美"的典范之作。王业浩《鸳鸯冢序》云："至其摘词遣调，隽倩入神，据事而不幻，沁心而不淫，纤巧而不露，酸鼻而不佻。临川让粹，宛陵让才，松陵让律，而吴苑玉峰输其浓至淡荡，进乎技矣。"陈洪绶《〈节义鸳鸯冢娇红记〉序》也评道："若其铸辞冶句，超凡入圣，而韵叶宫商，语含金石，较汤若士欲拗折天下人嗓子者，又进一格。"③

阳明心学主张"心即理"，强调人的主体性与个性价值，肯定个人内在的情感欲求，对"存天理，去人欲"的程朱理学产生一定的冲击力，但同时也并没有超越理学的藩篱，而只是在肯定天理的同时，又尊重人欲的需求。受此影响，在"情"与"理"的关系上，明末越中曲家的观点同样体现出思辨色彩。一方面，他们推崇情，肯定性情，故对以情为文的作品大为赞赏。如王思任在《批点玉茗堂牡丹亭词序》中热烈赞扬爱情执着的美好：

> 即若士自谓一生《四梦》，得意处惟在《牡丹》。情深一叙，读未三行，人已魂销肌栗。而安顿出字，亦自确妙不易。其款置数人，笑者真笑，笑即有声；啼者真啼，啼即有泪；叹者真叹，叹即有气……杜丽娘隽过言鸟，触似羚羊，月可沉，天可瘦，泉台可暝，獠牙判发可狎而处，而"梅""柳"二字，一灵咬住，必不肯使劫灰烧失。柳生见鬼见神，痛叫顽纸，满心满意，只要插花……若士以为情不可以论理，死不足以尽情，百千情事，一死而止，则情莫有深于阿丽者矣。况其感应相与，得《易》之

---

① （明）祁彪佳：《远山堂曲品》，第 20 页。
② （明）祁彪佳：《远山堂曲品》，第 43 页。
③ 《孟称舜戏曲集》，第 547—548 页。

《咸》，从一而终，得《易》之《恒》，则不第情之深，而又为情之至正者。今有形一接而即殉夫以死，骨香名永，用表千秋，安在其无知之性，不本于一时之情也？则杜丽娘之情，正所同也，而深所独也。①

认为《牡丹亭》正是因为"情深"，才能让读者与之共鸣，让读者感受到戏曲里的"笑者真笑""啼者真啼""叹者真叹"，才是戏剧中的精品。而王骥德所推崇的"神品"：

其妙处，政不在声调之中，而在句字之外。又须烟波渺漫，姿态横逸，揽之不得，挹之不尽。摹欢则令人神荡，写怨则令人断肠，不在快人，而在动人。此所谓"风神"，所谓"标韵"，所谓"动吾天机"。不知所以然而然，方是神品，方是绝技。即求之古人，亦不易得。②

认为"神品"的妙处不在"声调""句字"等外在形式之中，而在作品所呈现出的内涵方面的艺术魅力，"摹欢则令人神荡，写怨则令人断肠"，情感真切丰富，给人以丰富的想象，具有强烈的艺术感染力，从而达到"动人"的目的。但在标举"情"的同时，明末越中曲家也并不偏废"理"，而是提出情性合一的创作主张，主张"纲常风月两堪称"③，强调戏曲的教化功能。如王骥德云："古人往矣，吾取古事，丽今声，华衮其贤者，粉墨其慝者，奏之场上，令观者藉为劝惩兴起，甚或扼腕裂眦，涕泗交下而不能已，此方为有关世教文字。"④ 祁彪佳创作《全节记》表彰苏武的节操，张岱改编《冰山记》揭露政治腐败，史槃创作《清凉扇余》关注社会现实，都带有教化

---

① （明）王思任：《王季重十种》，第33—34页。
② （明）王骥德：《曲律·论套数第二十四》，第132页。
③ （明）谢谠：《四喜记》结尾下场诗，（明）毛晋：《六十种曲》，中华书局1958年版，第6册，第108页。
④ （明）王骥德：《曲律·杂论第三十九下》，第160页。

的目的。吕天成同样非常关注风化题材，他评《精忠》"此武穆事……演此令人眦裂"，评《断发》"事重节烈"等等，评《十孝》"有关风化"①。而祁彪佳在《〈贞文记〉序》中写道：

> 盖诗以道性情，而能道性情者，莫如曲。曲之中有言夫忠孝节义、可忻可敬之事者焉，则虽呆童愚妇见之，无不击节而忭舞；有言夫奸邪淫慝、可怒可杀之事者焉，则虽呆童愚妇见之，无不耻笑而唾詈。自古感人之深而动人之切，无过于曲者也。故人以词为诗之余，曲为词之余，而余则以今之曲即古之诗，抑非特古之诗，而即古之乐也。②

其中对戏曲教化功能的强调，尤其是认为戏曲"即古之乐"的观点，都明显受到王阳明的影响。因此在爱情剧的创作上，越中曲家往往一方面讴歌爱情的纯真与美好，一方面又让爱情接受伦理道德的约束与规范，力图将情与理折中统一起来，达到"发乎情，止乎礼义"的教化目的。这与汤显祖提倡的"第云理之所必无，安知情之所必有"③的至情观是有很大区别的。如史槃的《樱桃记》写唐末丘奉先与穆爱娟的爱情故事，女主人公穆爱娟在追求爱情的过程中，时时冷静自持，以理节情，表现出极强的理性精神。剧中两人私下幽会，丘奉先已是热情似火，穆爱娟却极力用理智控制情感，希望丘奉先金榜题名，明媒正娶，使他们的婚姻符合伦理道德。这样的克制和富于理性，与《墙头马上》等许多戏曲中女性对爱情的大胆的不顾一切地追求有着本质的区别。而最能代表越中曲家情理合一创作倾向的是孟称舜的《节义鸳鸯冢娇红记》。《娇红记》描写申纯与王娇娘之间可歌可泣的爱情悲剧，既表现了男女双方在爱情选择上的自主性，也明确提出"同心子"的爱情主张。在他们的爱情遭受摧残时，他们不

①（明）吕天成：《曲品》卷下，第227、229页。
②《孟称舜戏曲集》，第549页。
③《汤显祖全集》，第2066页。

惜以生命为代价，以此来维护爱情的尊严。孟称舜在《〈节义鸳鸯冢娇红记〉题词》中认为："性情所种，莫深于男女。而女子之情，则更无藉诗书理义之文以讽谕之，而不自知其所至，故所至者若此也。传中所载王娇、申生事，殆有类狂童淫女所为，而予题之'节义'，以两人皆从一而终，至于没身而不悔者也。两人始若不正，卒归于正，亦犹孝巳之孝，尾生之信，豫让之烈，揆诸理义之文，不必尽合，然而圣人均有取焉。"① 王业浩《鸳鸯冢序》评曰："且阿娇非死情也，死其节也；申生非死色也，死其义也。两人争遂其愿，而合于理之不可移，是《鸳鸯记》而节义之也。正为才子佳人天荒地老不朽之净缘，以视紫玉、韩重辈，胜气更凛凛烈烈……予友孟子塞，邃于理而妙于情者也。暇日弄笔墨有感于斯，即谱为传奇，令娇申活现，而儿女子之私，顿成斩钉截铁，正觉正法，为情史中第一佳案。"陈洪绶《〈节义鸳鸯冢娇红记〉序》云："盖性情者，理义之根柢也。苟夫性情无以相柢，则其于君臣、父子、兄弟、朋友、夫妇之间，殆亦泛泛乎若萍梗之相值于江湖中尔……今又得子塞《鸳鸯冢记》读之，而知古今具性情之至者，娇与申生也。能言娇与申生性情之至，而使其形态活现，精魂不死者，子塞也……申娇两人能于儿女婉娈中，立节义之标范，其过之不甚远也哉？则子塞此辞，所以言乎其性情之至也，而亦犹之乎体明天子广厉教化之意而行之者也。"马权奇在《鸳鸯冢题词》中也认为孟称舜为其作自题"节义"，目的在于"广大教化之弘愿"②。这些论者不约而同推崇《娇红记》的"节义""性情"，可见《娇红记》并非只宣扬"情"，更充分体现了越中曲家情理合一的创作倾向。而孟称舜在《〈张玉娘闺房三清鹦鹉墓贞文记〉题词》中把他的这一创作思想表达得更为明白：

> 男女相感，俱出于情，情似非正也。而予谓天下之贞女，必天下之情女者何？不以贫富移，不以妍丑夺，从一以终，之死不

---

① 《孟称舜戏曲集》，第 528 页。
② 《孟称舜戏曲集》，第 546—548 页。

二，非天下之至种情者，而能之乎？然则世有见才而悦，慕色而亡者，其安足言情哉？必如玉娘者而后可以言情。此此记所以为言情之书也。孟子曰："乃若其情，则可以为善。"则此书又即所为言性之书也。①

在孟称舜心目中，所谓"情"即"性"，"性"也即"情"，情性合一，不分彼此。这与汤显祖"情在而理亡"②的情理冲突论有着本质的区别。汤显祖在情与理、情与性冲突中，表现了青年男女对爱情自由的追求。而越中曲家将情与理、情与性合二为一，既表达了人们对自然情欲的需求，又不违背纲常伦理的规范，实质上将爱情纳入伦理教化的框架之中③。这虽然会在无形中削弱爱情的浓烈程度及其艺术感染力，但在当时的社会中，却具有相当的现实意义，在一定程度上缓解了情与理之间的内在张力。

再次，明末越中曲家还承袭了徐渭的戏曲观念，推崇"本色""当行"，并加以发挥。他们清楚地认识到，曲与诗是两种不同的文体。王骥德认为："词之异于诗也，曲之异于词也，道迥不侔也。诗人而以诗为曲也，文人而以词为曲也，误矣，必不可言曲也。"④并进一步说："曲与诗原是两肠，故近时才士辈出，而一搦管作曲，便非当家。"⑤也就是说，曲与诗是两种不同的文学样式，它们有着各自的文体特征。诗是文人墨客的案头读物，曲则是要搬演到舞台上供观众欣赏的。诗的语言精致华美，而曲的语言则要求通俗易懂，奏之场上，能"耸听耸观"。文人倘若用诗的方法来写曲，势必导致艺术上的失败。他在《曲律》中写道：

　　白乐天作诗，必令老妪听之，问曰："解否？"曰："解"，

① 《孟称舜戏曲集》，第530—531页。
② 《汤显祖全集·弋说序》，第1647页。
③ 谭坤：《晚明越中曲家群体研究》，第206—215页。
④ （明）王骥德：《曲律·杂论第三十九下》，第159页。
⑤ （明）王骥德：《曲律·杂论第三十九下》，第162页。

则录之；"不解"，则易。作剧戏，亦须令老妪解得，方入众耳。此即本色之说也。①

同样强调"本色"的一大要义在于戏曲语言的通俗易懂。他对戏曲语言过施文采与俚俗粗鄙都持反对态度，在《曲律·论曲禁第二十三》中，把"陈腐""生造""俚俗""蹇涩""粗鄙""太文语""太晦语""经史语""学究语""书生语"等等都列为用曲禁语。王骥德论述曲与诗的区别，还不仅止于语言上的差别，而是进一步论述到曲与诗在精神层面上的不同：

> 晋人言："丝不如竹，竹不如肉"。以为渐近自然。吾谓：诗不如词，词不如曲，故是渐近人情。夫诗之限于律与绝也，即不尽于意，欲为一字之益，不可得也。词之限于调也，即不尽于吻，欲为一语之益，不可得也。若曲，则调可累用，字可衬增。诗与词，不得以谐语方言入，而曲则惟吾意之欲至，口之欲宣，纵横出入，无之而无不可也。故吾谓：快人情者，要毋过于曲也。②

王骥德认为相较于诗词，曲最大的优势就是"渐近人情""快人情"，也就是说，在情感层面也更"本色"，因此在形式上也更为灵活自如，更能自由地抒发感情。他在《曲律》中还说："夫曲以模写物情，体贴人理，所取委曲宛转，以代说词，一涉藻缋，便敝本来。"③ 同样是这个意思。而孟称舜认为，戏曲作家应"身处于百物云为之际，而心通乎七情生动之窍"，才能创作出"当行"的作品来，如果"不化其身为曲中之人，则不能为曲"④。也就是说，戏曲艺术有自身的特点和规律，戏曲作家应设身处地，秉持同情心和同理

---

① （明）王骥德：《曲律·杂论第三十九上》，第154页。
② （明）王骥德：《曲律·杂论第三十九下》，第160页。
③ （明）王骥德：《曲律·论家数第十四》，第122页。
④ 《孟称舜戏曲集·〈古今名剧合选〉序》，第526页。

心，充分体验剧中人物的思想、情感、心理、个性等等特点，才能创作出本色当行的戏曲。除语言的"本色"外，晚明越中曲家也进一步要求人物、情节的"本色"。如张岱对当时传奇创作中普遍存在的"非想非因，无头无绪，只求闹热，不论根由，但要出奇，不顾文理"的文风非常不满，认为"只看《琵琶》《西厢》，有何怪异？布帛菽粟之中，自有许多滋味，咀嚼不尽。传之永远，愈久愈新，愈淡愈远"①，指出传奇创作不能一味追求怪诞，而要从生活实际出发，合乎情理。他们都将是否"本色"视为品曲的一项重要标准。祁彪佳评沈璟《红渠》："今之假本色于俚俗，岂知曲哉。"评《合纵》："时出本色，令人会心。"评月榭主人《钗钏》："此曲词调朗彻，尽有本色。"评黄廷俸《白璧》："然词尽本色，白亦恰当，可取也。"评何斌臣《女状元》："其中数折，不失文长本色。"评沈璟《分钱》："盖欲人审韵谐音，极力返于当行本色耳。"②吕天成说："当行兼论作法，本色只指填词。当行不在组织饾饤学问，此中自有关节局概，一毫增损不得；若组织，正以蠹当行。本色不在摹勒家常语言，此中别有机神情趣，一毫妆点不来；若摹勒，正以蚀本色。"他评《拜月》："天然本色之句，往往见宝，遂开临川玉茗之派。"评《荆钗》："以真切之调，写真切之情，情文相生，最不易及。"③这些都可视为是对徐渭"本色论"的继承与发展。明末越中曲家对"本色"内涵的探讨有重大的现实意义，尽管各人对"本色"的理解有浅深雅俗和角度的区别，但在共同反对曲坛上的骈俪之风和粗鄙之作却有着高度相似，为后来剧作家的戏曲创作提供了坚实的理论依据④。

阳明心学作为明代风行百年的哲学思潮，在思想文化领域产生了广泛而深刻的影响。越中曲家因地域优势，沾溉甚多。王阳明及其后学的心学思想、戏曲观念等，为明代越中曲家戏曲理论的形成提供了丰富的哲学基础和精神资源。他们对"本色"的追求，情理合一的

① （明）张岱：《琅嬛文集·答袁箨庵》，第143页。
② （明）祁彪佳：《远山堂曲品》，第18、28、55、57、62、126页。
③ （明）吕天成：《曲品》卷下，第211、224页。
④ 谭坤：《晚明越中曲家群体研究》，第98—99、114、137页。

倾向以及对戏曲伦理教化作用的重视等，都与心学有着密切的精神联系。在阳明心学指引下，越中曲家在戏曲理论方面取得了突出的成就，他们的创作也形成明显的地域特色，成为明代曲坛的重要戏曲群体，为明代戏曲的发展做出卓越贡献。

结　语

　　心学作为儒学的一门派别，最早可推溯自孟子，北宋程颢开其端，南宋陆九渊大启其门径，而与朱熹的理学分庭抗礼。但将心学发扬光大的则是王阳明，他把"良知"作为其哲学体系的最高范畴，主张"圣人之道，吾性自足"，"心即理"，"心外无理"，打破"天理"主宰一切的格局，高度肯定人的主体意识，"一脱当时程朱派的经院习气，具有一种勇往直前的气概，充满了生机勃勃的活力"①。这对于自明朝开国以来就生活于文化高压之下、噤若寒蝉的文人而言，无疑是极具感染力和吸引力的，故能风行百年之久，不仅在哲学上，而且在文学上，也产生深远的影响。越中是阳明心学的创设之地，王阳明在余姚、山阴两地的讲学活动有着巨大的影响力和感召力，进而促成心学在浙地及全国范围的传播。同时越中也是阳明心学最早自立门户之地，门人后学甚众。因此，地缘、人缘、学缘等多方面因素的综合作用下，明代中后期的越中文士深受心学影响已成为一种群体现象，相较于其他地区而言，心学与文学的关联性也体现得更为集中。本书即在"明代越中"这一特定的时空背景下，着眼于越中的地域文化个性，以心学与文学之间的衔接为切入点，对明代越中心学流播与文学发展的内在关联作系统研究，综合考察阳明心学对明代越中文学的多方面影响。

　　总体而言，阳明心学对明代越中文学的影响，无论是从个体的角度，还是从群体的角度看，都显示出消极与积极两方面的意义，而以后

---

　　①　陈来：《有无之境——王阳明哲学的精神》，北京大学出版社 2006 年版，第 2 页。

者占据主导地位。消极的意义主要体现在阳明心学盛行之初,表现为:

其一,阳明心学作为儒学的重要分支,必然以希贤希圣为人生终极目标,以追寻心性之学为第一等德业,因此必定重学轻文,主张"学文乃余事",不赞成在诗文创作上投注过多的时间和精力。故王阳明虽"才情振拔",一度"溺于辞章",与李、何等相倡和,跻身于一流文人之中,却毅然远离;其弟子徐爱、季本、王畿等,俱有才情,但也皆以道学家自居,或视诗文为"雕虫之技",或无暇顾及,无意于在文学上有大的建树。

其二,阳明心学作为儒学的一支,必然以"文以载道"作为文学创作的重要指导思想,因此包括王阳明在内,深受心学影响的越中文士几乎都看重诗文、戏曲等文学形式的教化功能,这虽有社会价值和现实意义,但也在一定程度上消减了浪漫精神,削弱了文学作品的艺术魅力。

其三,为传递心学思想,王阳明及其弟子的部分诗文作品直接阐述哲理,虽有思想意义,终究难脱道学气,缺乏美感和情韵。这类作品,在沈炼、陈鹤等"越中十子"的诗文集中也还时常可见。

以上三点消极意义,体现的是阳明心学作为一种哲学思潮,在兴起之初,其内在的非审美性质对越中文学的发展所形成的制约和阻碍。但这是一种阶段性的特征,主要原因在于阳明心学的思想精髓还未能与文学艺术自然地交相融会。而王阳明既然将"心即理"作为其哲学的基础,就意味着他要将性与情统于一心,就决定了阳明心学是一种具有重情感特征的哲学思潮。它"不赞成主与客、心与物的分离,而主张心与物的不可分割性;不强调知识概念,而注重内心体验,甚至神秘体验,以精神生活优于知识性活动;强调直觉,而不是分析;……本体性范畴使用较少,情感性和情绪性范畴有重要地位;情感本质受到重视,面对人的情感情绪状态而提出的无我之境有了突出的地位,等等。简言之,从朱子古典理性主义的客观性、必然性、普遍性、外向性的立场转向主观性、内在性、主体性、内在经验"①。

---

① 陈来:《有无之境——王阳明哲学的精神》,第 13 页。

正是这种重情感的特质，决定了阳明心学必定会和以情感为生命的文学发生密切的关联。因此，随着这一哲学思潮自身的发展，尤其是王畿"以自然为宗"思想的推波助澜，它对文人的观念、品性、生活的渗透就会越发全面而深入，对于明代越中文学的积极意义也就呈现得越来越明显。主要表现为：

首先，在精神气质上，阳明心学赋予越中文人独立的人格，使他们摆脱程朱理学的束缚，追求"真我"，崇尚自然，推许光明俊伟的狂者风范。同时，在很大程度上解除了对庙堂的依附，摒除"妾妇"心态，不再以外在的标准来衡定自我生命的有无意义，而更遵从于自我的心安与自足。至晚明，更发展为重"痴"重"癖"，推崇"一往深情"。简言之，无论是内在的精神层面，还是外在的日常生活，都更趋于独立和自我。

其次，通过对阳明心学的研习，越中文士多具有较高的理论水平，且能客观辩证地看待问题。他们的文学理论多继承阳明心学中高扬主体精神的积极一面，认为文学应表现天机触发、自然流露的"真至之情"，应"直写胸中实见"，"自胸膈中陶写出"，重视独立个性和自由生命，同时，也注重情与理的统一，以及内在意趣和外在形式的"双美"。与之相应，他们虽然主张学习古诗文的精神气度，但激烈反对刻意的因袭模拟，对文坛之"伪"深恶痛绝，因此与前后七子复古派多采取不合作的态度；在文学语言上，他们多追求"本色""达意"，反对险怪、雕镂的文风，厌恶矫饰。他们的文学理论因与心学思想有所融汇，往往体现出深厚的哲学底蕴。

再次，在心学思想的熏染下，越中文士的文学创作取得了极高的成就。一方面，他们的哲学思辨情怀与诗人性灵特点融为一体，理趣或"玄雅"之风多维地存在其作品中，呈现出不同的审美方式，精深隽永，融汇着他们对生命和宇宙的体悟。但更重要的是，阳明心学对个人主体意识的高度肯定，促使越中文人在创作上也追求"师心横从，不傍门户"，有鲜显的自我意识和强烈的主观色彩，不胶着于一法一格，因此能够"尽翻窠臼，自出手眼"，在拟古之风中卓然自立，崭然有异，无论是诗文还是戏曲，都取得极高的艺术成就，开晚明进步文艺思潮之先。

总言之，明代中后期是越中文学的一大繁盛时期，而阳明心学乃是此一繁盛之依托，当无可置疑。哲学与文学的相互依存关系，上承千年之前的东晋，在越中大地上再次演绎。前之代表人物为王羲之，后之代表人物为王阳明，是历史的偶然，还是家庭与地域文化传承的必然？明清鼎革之后，阳明心学遭遇猛烈抨击。虽然黄宗羲、毛奇龄等越中文士仍极力维护，他们的诗文、戏曲理论中也依然流露出鲜明的心学内涵，但心学思潮终究是迅速趋于消歇。有清一代，越中文学也再未现明代的辉煌。

主要参考文献

一　原典类

《陈献章集》，中华书局 1987 年版。

《黄宗羲全集》，浙江古籍出版社 2005 年版。

《李贽文集》，社会科学文献出版社 2000 年版。

《刘宗周全集》，浙江古籍出版社 2012 年版。

《茅坤集》，浙江古籍出版社 2012 年版。

《孟称舜戏曲集》，巴蜀书社 2006 年版。

《绍兴通史》，浙江人民出版社 2012 年版。

《四库全书总目》，中华书局 1965 年版。

《汤显祖全集》，北京古籍出版社 1999 年版。

《唐顺之集》，浙江古籍出版社 2014 年版。

《王畿集》，凤凰出版社 2007 年版。

《王世贞文选》，苏州大学出版社 2001 年版。

《王文成公全书》，《万有文库第一集一千种》，商务印书馆 1933 年版。

《王阳明全集》（新编本），浙江古籍出版社 2010 年版。

《王阳明全集》，上海古籍出版社 2011 年版。

钱明编校：《徐爱·钱德洪·董澐集》，凤凰出版社 2007 年版。

《徐渭集》，中华书局 1983 年版。

《张岱诗文集》，上海古籍出版社 1991 年版。

《张元忭集》，上海古籍出版社 2015 年版。

《周汝登集》，浙江古籍出版社 2015 年版。

《邹守益集》，凤凰出版社 2007 年版。

（宋）黎靖德编：《朱子语类》，中华书局 1986 年版。

（宋）陆九渊：《陆象山全集》，中国书店 1992 年版。

（明）陈鹤：《海樵先生全集》，《四库全书存目丛书》，齐鲁书社
　　1997 年版，集部，第 85—86 册。

（明）陈继儒：《晚香堂小品》，上海杂志公司 1936 年版。

（明）董其昌：《容台集》，西泠印社 2012 年版。

（明）谷应泰：《明史纪事本末》，商务印书馆 1936 年版。

（明）归有光：《文章指南》，《四库全书存目丛书》，齐鲁书社 1997
　　年版，集部，第 315 册。

（明）黄汝亨：《寓林集》，《续修四库全书》，上海古籍出版社 1995
　　年版，集部，第 1369 册。

（明）季本：《季彭山先生文集》，《北京图书馆古籍珍本丛刊》，书目
　　文献出版社 1988 年版，集部，第 106 册。

（明）季本：《诗说解颐》，《景印文渊阁四库全书》，台湾商务印书馆
　　1986 年版，经部，第 79 册。

（明）李梦阳：《空同集》，《景印文渊阁四库全书》，台湾商务印书馆
　　1986 年版，集部，第 1262 册。

（明）陆云龙等选评：《明人小品十六家》，浙江古籍出版社 1996
　　年版。

（明）吕时：《甬东山人稿》，《四库全书存目丛书》，齐鲁书社 1997
　　年版，集部，第 187 册。

（明）吕天成：《曲品》，《中国古典戏曲论著集成》（六），中国戏剧
　　出版社 1959 年版。

（明）茅坤：《唐宋八大家文钞》，《景印文渊阁四库全书》，台湾商务
　　印书馆 1986 年版，第 1383 册。

（明）祁彪佳：《远山堂曲品》，《中国古典戏曲论著集成》（六），中
　　国戏剧出版社 1959 年版。

（明）沈德符：《万历野获编》，中华书局 1959 年版。

（明）沈炼：《青霞集》，《景印文渊阁四库全书》，台湾商务印书馆

1986 年版，集部，第 1278 册。

（明）施邦曜辑评：《阳明先生集要》，中华书局 2008 年版。

（明）孙鑛：《书画跋跋》，《景印文渊阁四库全书》，台湾商务印书馆 1986 年版，子部，第 816 册。

（明）孙奇逢：《理学宗传》，凤凰出版社 2015 年版。

（明）陶望龄：《歇庵集》，《续修四库全书》，上海古籍出版社 1995 年版，集部，第 1365 册。

（明）王骥德：《曲律》，《中国古典戏曲论著集成》（四），中国戏剧出版社 1959 年版。

（明）王士性：《广志绎》，中华书局 1981 年版。

（明）王世贞：《弇州四部稿》，《景印文渊阁四库全书》，台湾商务印书馆 1986 年版，集部，第 1281 册。

（明）王世贞著，罗仲鼎校注：《艺苑卮言校注》，齐鲁书社 1992 年版。

（明）王思任：《王季重十种》，浙江古籍出版社 2010 年版。

（明）王思任：《王季重先生自叙年谱》，《北京图书馆藏珍本年谱丛刊》，北京图书馆出版社 1999 年版，第 57 册。

（明）王宗沐：《敬所王先生文集》，《四库全书存目丛书》，齐鲁书社 1997 年版，集部，第 111 册。

（明）徐珊著，谭庆虎校注：《卯洞集校注》，湖北人民出版社 2011 年版。

（明）徐渭：《青藤山人路史》，《四库全书存目丛书》，齐鲁书社 1997 年版，子部，第 104 册。

（明）徐渭著，李复波、熊澄宇注释：《南词叙录注释》，中国戏剧出版社 1989 年版。

（明）张岱：《琅嬛文集》，岳麓书社 1985 年版。

（明）张岱：《石匮书》，《续修四库全书》，上海古籍出版社 1991 年版，史部，第 318—320 册。

（明）张岱：《四书遇》，浙江古籍出版社 1985 年版。

（明）张岱：《陶庵梦忆》，中华书局 2008 年版。

（明）张岱：《西湖梦寻》，北京出版社 2004 年版。

（明）张岱：《越中三不朽图赞》，绍兴印刷局 1918 年版。

（清）陈田辑：《明诗纪事》，《续修四库全书》，上海古籍出版社 1995 年版，集部，第 1711 册。

（清）方苞等辑：《钦定化治四书文》，《景印文渊阁四库全书》，台湾商务印书馆 1986 年版，第 1451 册。

（清）黄宗羲：《黄梨洲文集》，中华书局 1959 年版。

（清）黄宗羲：《姚江逸诗》，《四库全书存目丛书》，齐鲁书社 1997 年版，集部，第 400 册。

（清）黄宗羲编：《明文海》，中华书局 1987 年版。

（清）钱谦益：《列朝诗集小传》，上海古籍出版社 1983 年版。

（清）钱谦益著，（清）钱曾笺注：《牧斋有学集》，上海古籍出版社 1996 年版。

（清）王夫之：《明诗评选》，文化艺术出版社 1997 年版。

（清）王夫之著，戴鸿森笺注：《薑斋诗话笺注》，人民文学出版社 1981 年版。

（清）王世禛：《池北偶谈》，中华书局 1982 年版。

（清）朱彝尊：《静志居诗话》，人民文学出版社 1990 年版。

（清）朱彝尊：《明诗综》，中华书局 2007 年版。

（清）朱彝尊：《曝书亭集》，《四部丛刊初编》，上海商务印书馆 1929 年版，集部，第 1697 册。

伏涤修、伏蒙蒙辑校：《西厢记资料汇编》，黄山书社 2012 年版。

光绪《上虞县志》，《中国方志丛书》，成文出版社 1970 年版。

计文渊：《王阳明法书集》，西泠印社 1996 年版。

嘉庆《山阴县志》，《中国方志丛书》，成文出版社 1983 年版。

钱伯城笺校：《袁宏道集笺校》，上海古籍出版社 1981 年版。

万历《绍兴府志》，《中国方志丛书》，成文出版社 1983 年版。

王利器主编：《元明清三代禁毁小说戏曲史料》，上海古籍出版社 1981 年版。

俞为民等编：《历代曲话汇编·明代编》，黄山书社 2009 年版。

张仲清校注：《越绝书校注》，国家图书馆 2009 年版。

周维德集校：《全明诗话》，齐鲁书社 2005 年版。

朱铸禹汇校集注：《全祖望集汇校集注》，上海古籍出版社 2000 年版。

［朝鲜］张维：《溪谷集》，韩国民族文化推进会编：《韩国文集丛刊》，景仁文化社 1992 年版，第 92 册。

二 论著类

《王国维戏曲论文集》，中国戏剧出版社 1984 年版。

《中国戏曲志》，中国 ISBN 中心 1993 年版。

敖运梅：《王阳明心学思想的诗化》，《船山学刊》2011 年第 4 期。

蔡仁厚：《王阳明哲学》，九州出版社 2013 年版。

陈来：《有无之境——王阳明哲学的精神》，北京大学出版社 2006 年版。

陈望衡：《徐渭和他的"真我"说》，《理论月刊》1997 年第 7 期。

褚纳新：《在尘封的历史中探问王阳明家世》，《寻根》2007 年第 5 期。

范根生：《张岱心学的思想特质》，《理论界》2018 年第 5 期。

冯宁宁：《"性体"与"情识"——论张岱"情欲解放"与"道德严格"的两相并行》，《现代哲学》2017 年第 5 期。

冯宁宁：《张岱对阳明后学的继承与反思》，《浙江社会科学》2017 年第 3 期。

付琼：《徐渭创作实践与"真我"理论的离合》，《南昌大学学报》（人文社会科学版）2005 年第 2 期。

傅振照：《王阳明与绍兴》，《浙江学刊》1988 年第 4 期。

韩经太：《理学文化与文学思潮》，中华书局 1997 年版。

何宗美：《明代文人结社综论》，《中国文学研究》2002 年第 2 期。

侯丹：《阳明诗歌与佛禅》，博士学位论文，福建师范大学，2015 年。

胡益民：《张岱评传》，南京大学出版社 2002 年版。

胡益民：《张岱散文初论》，《滁州学院学报》2007 年第 5 期。

华建新：《王阳明诗歌研究》，安徽人民出版社 2008 年版。

华建新：《姚江秘图山王氏家族研究》，宁波出版社 2010 年版。

黄卓越：《明弘正间审美主义倾向之流布》，《中国文化研究》2002 年第 1 期。

嵇文甫：《晚明思想史论》，东方出版社 1996 年版。

季国平：《宋明理学与戏曲》，中国戏剧出版社 2003 年版。

赖智龙：《越中十子研究》，硕士学位论文，南京师范大学，2013 年。

李灿朝：《陶望龄的文学观念及其小品文创作》，《云梦学刊》2011 年第 3 期。

李丹：《王阳明心学影响下的徐渭诗歌创作流向变化探析》，《成都理工大学学报》（社会科学版）2015 年第 4 期。

李圣华：《冷斋诗话》，上海古籍出版社 2007 年版。

李圣华：《论韩国诗人对明诗的接受与批评——以韩国诗话为中心》，《中州学刊》2007 年第 4 期。

李燕：《张岱对明代心学思想的接受》，《文史博览》（理论）2014 年第 4 期。

李友学：《从在黔散文成就看王阳明在明文学史的地位》，《贵州文史丛刊》2006 年第 4 期。

林邦钧：《梦醒寻梦——张岱及其小品文》，《深圳大学学报》（人文社会科学版）2002 年第 3 期。

梁娟：《论王阳明的良知之学与散文创作——兼论对晚明小品之影响》，《广西民族大学学报》（哲学社会科学版）2009 年第 1 期。

林丽娟：《吾心自有光明月——王阳明诗歌探究》，高雄复文图书出版社 1998 年版。

刘大杰：《中国文学发展史》，百花文艺出版社 2007 年版。

刘志伟：《明清族谱中的远代世系》，《学术研究》2012 年第 1 期。

马积高：《宋明理学与文学》，湖南师范大学出版社 1989 年版。

马晓虹、张恩普：《心学背景下的徐渭文学情感观研究》，《社会科学战线》2011 年第 12 期。

潘运告：《冲决名教的羁络——阳明心学与明清文艺思潮》，湖南教育出版社 1999 年版。

钱基博：《中国文学史》，中华书局 1993 年版。

钱明：《儒学正脉——王守仁传》，浙江人民出版社 2006 年版。

钱明：《王阳明的音乐戏曲思想与实践》，《孔子研究》2006 年第 1 期。

钱明：《王阳明与明代文人的交谊》，《中华文化论坛》2004 年第 1 期。

钱明：《浙中王学研究》，中国人民大学出版社 2009 年版。

钱穆：《阳明学述要》，九州出版社 2010 年版。

钱南扬：《汉上宧文存》，上海文艺出版社 1980 年版。

钱锺书：《谈艺录》，中华书局 1984 年版。

任文利：《王阳明制义三篇》，《北京青年政治学院学报》2007 年第 1 期。

佘德余：《张岱与阳明心学》，《绍兴文理学院学报》2017 年第 2 期。

束景南：《阳明佚文辑考编年》，上海古籍出版社 2012 年版。

宋传新：《文化之链：徐渭、王思任与张岱》，《扬州大学学报》（人文社会科学版）2007 年第 1 期。

宋克夫：《徐渭与唐宋派》，《文学遗产》2006 年第 2 期。

宋克夫：《徐渭与阳明心学》，《文艺研究》2009 年第 9 期。

宋克夫、韩晓：《心学与文学论稿——明代嘉靖万历时期文学概观》，中国社会科学出版社 2002 年版。

宋克夫、金霞：《王畿与中晚明文学思潮》，《湖北大学学报》（哲学社会科学版）2012 年第 1 期。

孙金荣：《魏晋玄学与魏晋文学》，《文史哲》2012 年第 4 期。

孙良同：《王阳明的文学实践及其与心学的关系》，《河北科技大学学报》（社会科学版）2008 年第 3 期。

孙良同、石如：《沈炼诗歌中的“剑”意象》，《时代文学》2009 年第 7 期。

谭坤：《论明代戏曲本体观念的演变和确立》，《艺术百家》2005 年第 1 期。

谭坤：《晚明越中曲家群体研究》，上海三联书店 2005 年版。

王美伟：《晚明"心式"小品——论心学思想对张岱小品文的影响》，《西南农业大学学报》（社会科学版）2011 年第 8 期。

王巧生、黄敏：《"龙惕说"及其争论》，《河南师范大学学报》（哲学社会科学版）2008 年第 4 期。

王晓昕、李友学主编：《王学之魂》，贵州民族出版社 2005 年版。

王颖泰：《王阳明的"戏曲有益风化"论》，《艺术百家》2004 年第 2 期。

吴承学：《晚明小品研究》，江苏古籍出版社 1999 年版。

吴建国：《雅俗之间的徘徊——16 至 18 世纪文化思潮与通俗文学创作》，岳麓书社 1999 年版。

吴倩：《论陶望龄对公安派文学思想的调剂与补充》，博士学位论文，首都师范大学，2005 年。

吴艳萍：《叶宪祖生平创作与家学渊源》，《广西师范学院学报》（哲学社会科学版）2009 年第 2 期。

武道房：《道学与王阳明诗歌的心路历程》，《安徽师范大学学报》（人文社会科学版）2010 年第 1 期。

武道房：《王畿"现成良知"说与公安派文论的形成》，《文学评论》2012 年第 3 期。

夏咸淳：《论张岱的小品散文》，《社会科学》1982 年第 11 期。

向燕南：《晚明士人自我意识的张扬与历史评论》，《史学月刊》2005 年第 4 期。

徐坤、车录彬：《徐渭与汤显祖戏曲创作之心学比较》，《湖北师范学院学报》（哲学社会科学版）2003 年第 3 期。

许总：《宋明理学与中国文学》，百花洲文艺出版社 1999 年版。

杨梅：《略论王思任游记的人文性》，《乐山师范学院学报》2006 年第 1 期。

叶长海：《中国戏剧学史稿》，上海文艺出版社 1986 年版。

游奇伟：《王思任的选文理论及其对张岱的影响》，《科技风》2008 年第 24 期。

尹恭弘：《公安派的文化精神》，同心出版社 2008 年版。

余重耀：《阳明先生传纂》，中华书局 1923 年版。

曾良、李爱平：《执着真我——徐渭的文学本色论》，《内江师范学院学报》2006 年第 5 期。

张如安：《略谈明代杨珂的旅游诗》，《阳明史脉》2010 年第 1 期。

张新建：《徐渭论稿》，文化艺术出版社 1990 年版。

张学智：《明代哲学史》，北京大学出版社 2000 年版。

张则桐：《冰雪之气：张岱散文艺术精神论》，《浙江社会科学》2003 年第 3 期。

张则桐：《"一往深情"：张岱散文情感底蕴论》，《浙江社会科学》1999 年第 3 期。

张则桐：《张岱与徐渭》，《中国典籍与文化》2002 年第 3 期。

章培恒、骆玉明：《中国文学史》，复旦大学出版社 1997 年版。

赵山林：《王阳明与戏曲》，《中国典籍与文化》1997 年第 2 期。

郑振铎：《插图本中国文学史》，人民文学出版社 1957 年版。

周群：《论王畿对唐宋派文学思想的影响》，《齐鲁学刊》2000 年第 5 期。

周群：《论徐渭的文学思想与王学的关系》，《南京社会科学》2000 年第 12 期。

周群：《徐渭文艺观的另一面相：中道》，《江海学刊》2015 年第 4 期。

周振鹤：《从明人文集看晚明旅游风气及其与地理学的关系》，《复旦学报》（社会科学版）2005 年第 1 期。

朱光潜：《诗论》，安徽教育出版社 2006 年版。

诸焕灿：《王阳明世系考索》，《浙江万里学院学报》2001 年第 4 期。

左东岭：《良知说与王阳明的诗学观念》，《文学遗产》2010 年第 4 期。

左东岭：《王学与中晚明士人心态》，商务印书馆 2014 年版。

［日］冈田武彦：《王阳明大传》，杨田等译，重庆出版社 2015 年版。

［日］松下忠：《江户时代的诗风诗论——兼论明清三大诗论及其影响》，范建明译，学苑出版社 2008 年版。